観光が世界をつくる

メディア・身体・リアリティの観光社会学

須藤 廣／遠藤英樹／山口 誠
松本健太郎／神田孝治／高岡文章［編著］

明石書店

はじめに

たかが観光、されど観光――日本の観光社会学をリードしてきた、ある研究者はいう。

ここには、現代社会における観光の本性が、そして観光を研究することの本質が、言表されているように思える。

たとえば観光は、いわゆる個人的な趣味にすぎず、消費的なレジャーの一種といえる。「観光客向けのサービス」や「観光用の施設」などの言葉には、どこか否定的な響きがある。そして本物と偽物の違いもわからない大衆たちの娯楽として、観光を否定する研究もある。たしかに「たかが観光」かもしれない。

ところが観光は、コロナ禍後の国際社会の成長産業と期待され、観光立国の国家プロジェクトとして語られ、あるいは地域づくりの良策と目されることもある。観光は経済を回し、文化を生み出し、そして人を豊かにする、という。それだけに観光がもたらす負の側面も、さまざまに研究されるようになってきた。「されど観光」かもしれない。

ここで前者の「たかが」の立場をとれば、観光は取るに足らない娯楽として、真面目な研究の対象にはならないだろう。むしろ観光は批判や否定の対象となり、大衆社会ならではの偽物のイベントとみなされるかもしれない。

他方で後者の「されど」の立場をとれば、観光は未見の価値を内包した社会的活動となり、そのプラスの効果やマイナスの影響を調査研究することも可能になるだろう。実際、観光の研究と教育は、二一世紀の日本各地の大学で盛んになってきている。

こうした「たかが」も「されど」も、どちらも正しく、どちらも間違っている。なぜなら観光には両義的な作用がつねに同時に働いているためであり、両者は切り離せないだけでなく、混然として一体に作動するからである。

それを須藤廣は「観光の両義性」と呼び、「たかが観光、されど観光」と言表してきたと考えられる。ここで重要なのは「たかが」と「されど」のいずれかを選び取ることではなく、まして「されど」のなかのプラスの効果ばかりを論じたり、マイナスの影響ばかりを批判する研究でもない。「たかが」と「されど」の双方をつねに視野に入れた立場をとり続けることが必要であり、そうした観光の両義性を十分に理解した地点からクリティカルに研究する視座こそが重要である。

ただし両義的な作用をもつのは、観光だけではない。たとえば医療も、メディアも、また開発も教育も、あるいは環境保護も、みなプラスの作用とマイナスの作用をあわせもつ。何かをすれば別の何かが生じ、何かを選べば何かを失い、そうして物事にはプラスの作用とマイナスの作用が同時に働く。両義性は近代性の別名であり、観光はその例外ではない。この意味において観光は、まさしく近代的な行為の一種であり、その両義的な近代社会のメカニズムを具現化していく「場」（アリーナ）の一つである。

それゆえ必要なのは、観光の両義性を特別視して語るのでも、また観光の独自性を前提視して研究するのでもなく、近代社会に根差した両義的な実践の一つとして、観光を捉えることだろう。そのうえで観光における相反した二つの作用を過度に一般化することなく、個別かつ具体的に分析し、そうした観光の両義性のうちに見える近代社会のメカニズムを文脈的に問うことである。

こうして観光の両義性を視野に入れた研究は、観光を頭から否定せず、またやすやすと肯定もしない。あるいは観光の両義性を解消しようとせず、また本物／偽物の二項対立に陥らずに、その両義性の現れ方こそを正面から問うことを試みる。それが、たかが観光、されど観光、といい続けてきた須藤の観光社会学の特徴であり、遠藤英樹とともに著した『観光社会学』をはじめとする、日本の観光研究に新しい道を拓いてきた問いの本質である。

そうして須藤が探究してきた観光社会学の中心に、観光とメディアの関係という、古くて新しいテーマがある。たとえばアメリカの社会学者D・ブーアスティン（D. Boorstin）によれば、われわれはイメージを確認するために旅へ出る、という。イメージがないところへは、行くことさえできない。これをブーアスティンはメディア時代の「疑似イベント（pseudo-events：スードゥ・イベント）」と名づけ、マスメディアがつくりだすイメージを無批判に後追いする大衆の観光をその代表例とみなして、批判的に考察した。

ここで「疑似」を意味する「スードウ（pseudo-）」とは、古代ギリシャ語に由来する「偽の、本物ではない」などと訳せる接頭辞であり、それゆえスードウ・イベントとは「偽物の出来事」を意味する。そもそもブーアスティンの著書のタイトルが『イメージ（*The Image*）』（一九六二年。邦訳タイトルは『幻影の時代』）であり、同書ではメディアの製造するイメージが「疑似イベント」となって人びとを支配していく様子について、観光をはじめとするさまざまな実例をもとに描き出されていた。観光研究の古典の一冊と目される同書は、ほかならぬ「たかが観光」の立場から記された書であり、ブーアスティンにとって観光は批判すべき対象だった。

それから半世紀近くを経て、須藤と遠藤は前述した『観光社会学』を二〇〇五年に公刊した。国内外の観光をめぐる研究と議論を参照しつつ、彼らが試みたのはブーアスティンが疑似イベント論で批判的に論じた「本物／偽物」の問題を「とりあえず棚に上げ」たうえで、「観光現象、観光経験、観光開発等について、それぞれのリアリティの構造と構成の仕方について、そしてそこで巻き起こる葛藤について考え」ることだった（同書、六頁）。日本の観光社会学、そして観光研究にとって記念碑的な達成となる同書において、須藤と遠藤は奈良、ハワイ、神戸、湯布院などのフィールドを取り上げ、「それぞれのリアリティの構造と構成の仕方」と「巻き起こる葛藤」を個別で具体的に考察していった。

須藤と遠藤の『観光社会学』の学術的価値は多岐にわたるが、前述したブーアスティンの疑似イベント論と比較したとき、次の一点が決定的な「違い」だった。すなわちメディアはもちろん、行政や資本から一方的に、または上から下へと与えられた偽のイメージに踊らされるばかりが、観光する人びとの姿ではないこと。むしろ実際には逆であり、われわれはさまざまなイメージを取捨選択し、あるいは編集し、加工し、ときに自らつくりだして、個別で具体的な観光を経験していることを、いくつもの実例から鮮やかに描き切って見せたことである。

そうして須藤と遠藤が観光のフィールドで見出したのは、疑似イベントに支配されるだけの無力な観光客たちの姿ではなかったが、他方で勝手気ままに移動する自由な観光客たちの姿でもなかった。

観光の体験を通じて「それぞれのリアリティ」を構成しつつ、そこに「巻き起こる葛藤」を生きる観光者たちの姿であり、その両義的な観光のパフォーマンスであった。言い換えれば、イメージの「本物／偽物」の問題ではなく、イメージの体験によるリアリティの「構造と構成の仕方」こそが問題として浮上し、そこに「巻き起こる葛藤」を問うことが、彼らのあとに続く観光社会学のテーマの一つになった。

『観光社会学』の出版後、単著として須藤は『観光化する社会』（二〇〇八年）を上梓し、さらに『ツーリズムとポストモダン社会』（二〇一二年）を発表した。遠藤は『ガイドブック的！観光社会学の歩き方』（二〇〇七年）を著した後、『ツーリズム・モビリティーズ』（二〇一七年）を発表した。そして二人は再び共著『観光社会学2.0』（二〇一八年）を世に送り出し、一〇年余りにわたる研究成果をもとに、さらなる議論の深化を試みてきた。両者が歩む道筋は必ずしも同一ではなかったが、しかしその道の先にはわれわれの時代の観光社会学が問うべきテーマ群が見えていた。

ここで須藤の歩みに照準すれば、彼はハワイ（アメリカ）、カオサン（バンコク）、門司（山口県）、湯布院（大分県）、あるいは鷲宮（埼玉県）や西成（大阪府）などを歩き、それぞれのフィールドに根差した「リアリティの構造と構成の仕方」を問い続けた。それは疑似イベントがつくりだす「偽の現実」ではなく、観光する人びとがイメージを体験することを通じて生きるリアリティであり、そうして観光が生み出す世界の構造と構成だった。やがて彼は、観光を通じて具現化した疑似イベントを「観光的リアリティ」（二〇一四年）と呼んだ。

もちろん須藤がいう「観光的リアリティ」は、疑似イベントの単なる言い換えではない。むしろそれは二〇〇五年の『観光社会学』が「棚に上げ」た、前述の難問に対する一つの解答だったと考えることができる。すなわちメディアが製造する概念的で非物質的なイメージたちは、観光のプロセスを透過することで、身体的で物質的な現実（リアリティ）として成立する。そうして「観光的リアリティ」が積層されて重層化され、また別の観光者たちにも共有されて体験されていくことで、やがて世界そのものとして立ち現れていく。そこには本物のイメージも、偽物のイメージもなく、観光の生成プロセスを経て現実になったイメージたちと、そうではない幾多のイメージたちがある。

こうして観光とは、現実を構造化して構築していく社会過程の一つと考えることができ、あるいは疑似イベントの体験を通じて観光的な現実をつくりだしていく、近代社会の回路と考えることが可能になった。

イメージは、そのままでは単なるイメージにすぎない。須藤と遠藤をはじめとする観光社会学の成果が示してきたように、われわれはイメージを選択して編集し、それを身体的・空間的・物質的に体験することで、疑似イベントを文字どおり「リアリティ」へと具現化することを、観光というモビリティの回路を通して行ってきた。それゆえ観光社会学は、それぞれの文脈において特定のイメージが具現化していくプロセスを問うことを、中心的なテーマの一つとすることができる。

この観光社会学の道をさらに延伸すれば、世界のすべてが身体的かつ物質的に生きられることで構築され、また再構築される「疑似イベントの世界」である、といえるだろう。なぜなら観光地にならないことを約束できる場所など、もはや地上には残されていないためである。イメージは身体的に生きられ、物質的に空間化されることで、われわれの生きる近代社会の現実となり、やがて世界そのものとなっていく。そうして、観光が世界をつくる。

われわれはイメージを先行させて世界を構築していくが、ただしイメージは具体的に生きられるプロセスを経て、初めて現実となり、そして世界を構成する出来事（イベント）となる。それゆえ、観光という回路を通じて具現化された疑似イベントたちの世界こそが「スードウ・ワールド（pseudo-worlds）」であり、それは「観光化する社会」の別名である。あらためて見ると驚くべきことに、須藤は二〇〇八年に発表した初の単著へ、その名を与えている。

『観光化する社会』の公刊後も数々の論考を発表し、学会や大学院などで後進の育成に力を尽くしてきた須藤は、観光を私的で個人的な消費活動とも、また純粋でロマンティックな創造行為ともみなさない。観光は、自由に、あるいは任意に世界を構築できるわけではない。むしろ須藤がときにシニカルに、ときに期待と愛情をこめてクリティカルに論じてきたように、観光とは資本や権力、収奪や無理解などがさまざまに交錯する、両義的で複合的な社会行為である。

言い換えれば観光には、つねに両義性が作用し、虚構性、偶然性、他者性などがかかわり、そして覚醒と幻覚が併存している。観光をすればするほど、新たな発見や初めての体験から遠く離れていき、自由な逃避は不自由な惰性になっていき、非日常は日常化されていくことがある。観光こそが共同体を疲弊させ、資本を暴走させ、他者や外部を収奪することもある。やはり観光は近代社会の「場」であり、近代性そのものが具現化した出来事なのだろう。

この「観光化する社会」、すなわち「スードウ・ワールド」において、われわれは何を欲して観光することをやめず、さまざまに続けているのだろうか。いったい観光は、われわれに何を与え、何を奪ってきたのだろうか。そして世界をつくりだす作用と世界を解体する反作用をあわせもつ観光の両義性は、われわれをどこへ連れて行くのだろうか。

本書は、かつて『観光社会学』を著した須藤と遠藤のもと、そして同書を世に送り出した出版社のもと、その学術的影響を直接・間接に受けた研究者たちが集い、われわれの時代の観光をめぐる問いを継承して、新たな地平へと接続するための試みである。

ここでは、すべてを一網打尽に説明し尽くす概念や理論枠組みを求める道ではなく、須藤と遠藤が歩んできた道に倣《なら》い、次の方法で各章のテーマを探究することに努めた。すなわち（一）過度な一般化を避けるため、個別で具体的なメディア表現（映画、小説、音楽、ゲームなど）とそれに関係する観光の事例を取り上げ、（二）そこに観察できる「スードウ・ワールド」あるいは「観光化する社会」の生成のプロセスを考察することで、（三）観光とは何か、そして観光を研究することとは何か、について、（四）「私」という、やはり個別で具体的な地点から文脈的に問う、という道である。

そうして本書は、一五の章から現代社会の観光の事例とその生成を考え、観光社会学の新たな地平をまなざすことを試みる。このたび定年を迎えて大学を離れ、さらに自由に移動できるようになった須藤廣が、これまで学会の研究発表や質疑応答で、または講義や講演で、ときには旅先や、宴席や、帰りの列車で、さまざまに口ずさんできた、あの言葉とともに――たかが観光、されど観光。

二〇二三年三月

編者の一人として　山口　誠

目次

第1章 伝わらないことの快楽
——映画『ロスト・イン・トランスレーション』から観光経験について考える

須藤　廣

はじめに

社会学者N・ルーマン（N. Luman）によれば、人は複雑な環境のなかで、手に余る多義的な情報を単純化し縮減させ、理解可能なものにしながら生きている（ルーマン 2016）。人は有り余る複雑性には耐えきれないからである。とくに、複雑性が極まり、不確実性に満ちあふれている現代社会のなかではなおさらである。観光文化もまた同様であり、観光地の情報は地域イメージを記号化したステレオタイプのなかに回収されていく。

しかし、このことを逆にいえば、咀嚼《そしゃく》しやすいように縮減された観光地の情報の外側には、ステレオタイプ化から外れたノイズが存在し（ルーマンのいう「パラドキシカルなシステム」）、コミュニケーションはそちらの方向にも開かれていることを意味している。複雑な情報をある種のステレオタイプへと縮減することが記号（言語）の役割であり、私たちはそのおかげで、有り余る情報を個々人が切り分け単純化し咀嚼できるように操作している（ルーマン 2016: 20）。

咀嚼した感覚を他者と共有しようとするときには、また記号（言語）の助けを借りなくてはならないことはいうまでもない。日常的な行為のなかではそれとなく伝わっているかのように思えた意味の共有は、じつは誤解や齟齬《そご》に満ちあふれているかもしれない。そして、それでも日常行為は通常遂行されている。この誤解や齟齬が、前景化されることの多くは、記号（言語）の伝え手と受け手が異文化のなかにいるときである。そしてこのことは、観光の現場ではたびたび起こる。観光における文化解釈には、時間や場所、言語や文化理解のリテラシー等々、数々の制限がついてまわり、完全な理解にはとうてい達し得ない。換言すれば、観光することとは、齟齬や誤解というノイズを引き受けつつ、「伝わらない」人間たちが、お互いに通じ合うかたちにイメージを組み換える「異化」（自他の異質性に気づくこと）の「ゲーム」をすることなのである。

この章ではこの「異化」の「ゲーム」の姿を、東京を舞台にしたハリウッド映画『ロスト・イン・トランスレーション（*Lost in Translation*）』（監督・脚本：ソフィア・コッポラ、二〇〇三年）を題材に検討していく。

1. 観光におけるフレームワークの変容と観光地解釈の綻び

(1) 観光の歴史から

近現代における観光の特徴は、名所・旧跡・名勝といった、大衆に合意され共有されたイメージを受動的に消費する「マスツーリズム」的あり方から、観光客や観光地住民がイメージを能動的に発見し掘り起こし創造する、参加型観光への変容として描き出せる。日本におけるこの変容のプロセスは戦前の観光にも見られるが、(1) 観光の文化創造的傾向は、一九七〇年代の「ディスカバー・ジャパン」キャンペーンのころから明確になる。この変容は観光地イメージとその権力性の分化と変化の過程と捉えられる。ポスト・マスツーリズム（あるいはニューツーリズム）とはこの変動のプロセスのことである(2)（上山／須藤／増淵 2021: 13-32）。

とはいえ、この時代の「発見」「創造」観光が、あくまでも観光業者（または観光地行政やメディア）主導のものであったことは、このキャンペーンに広告代理店電通が大きくかかわってきたことからもわかる（森 2007）。観光業者主導のマスツーリズムは、バブル崩壊後の一九九〇年代からは、観光地主導の、そして観光客による文化創造への参加のかたちへと概ね舵を切る。観光客や地域住民は積極的に観光文化創造に参加し、固定的な地域イメージを、バーチャルなものも含めて別様のものへと、「発見」「創造」していったのである。このような「新しい観光」の典型が、一九九〇年代後半から現れた初期のコンテンツ・ツーリズムである。この観光の新しさは、コンテンツのファンが、観光地における一般的に共有されたイメージではなく、特殊な趣味をもつバーチャルな集団的イメージをリアルな場所で「発見」することにある。こういった「大きなイメージ」から「小さなイメージ」への移行と、そのことによる地域と観光消費者のイメージ創造への参与を、文化の多義性を観光に求めるポストモダニズムの特徴として捉えられよう。現代の観光は概ねポストモダン的なのである。

観光を含むポストモダニズムの文化運動の特徴は、消費者（鑑賞者）によるイメージ「発見」や「創造」への参加であり、日常生活の「審美化」あるいは「異化」にある（フェザーストーン 2003: 128-

129）。しかしながら、いうまでもなく、観光における消費者参加による「発見」の創意は——たとえば、地域のＮＰＯが行っていた発見型の「まち歩き」が、高級ホテルのアトラクションへと容易に取り込まれてしまうことからもわかるように——容易に産業や行政の権力へと回収されてしまう[3]。

しかしそれでもなお、観光的ポストモダニズムの文化のなかで、観光地解釈と観光行動の自由度はノイズとして残されているということが本章の論点である。ポストモダニズムの芸術運動では、鑑賞者の美的創造性への着目と同様、商品化への力が、日常生活に「美的再帰性」（S・ラッシュ）、「日常生活の審美化」（M・フェザーストーン）をもたらし、また同時に、作者と作品との間に生じる偶有性、鑑賞者の解釈のズレ（まさに「Lost in Translation」）や相互浸透が、その芸術文化運動における新奇性の特徴となっていった[4]。繰り返すが、現代の観光文化もこの文化運動と同様のプロセスのなかにある。

本章では、観光現象を、そのヘゲモニーの変容とともに露《あら》わになる、観光文化における解釈のズレと迷いに着目して説明しようと思う。

(2) 観光の構造と変動

筆者はここで「観光的リアリティ」の観点から、市場や行政等、上からのイメージと、地域社会や消費者等、下からのイメージの双方でつくられる観光世界のあり方を示そうと思う。世界の意味のズレや相互浸透が顕著なのは、現代観光のようにイメージの構造が脱分化しており、消費の社会的ヘゲモニーが生産者から消費者へと移行しつつある領域である。ヘゲモニーが供給側にある近代初期型観光よりも、ヘゲモニーが消費者側にある現代観光のほうが、ズレや相互浸透という「偶有性」への依

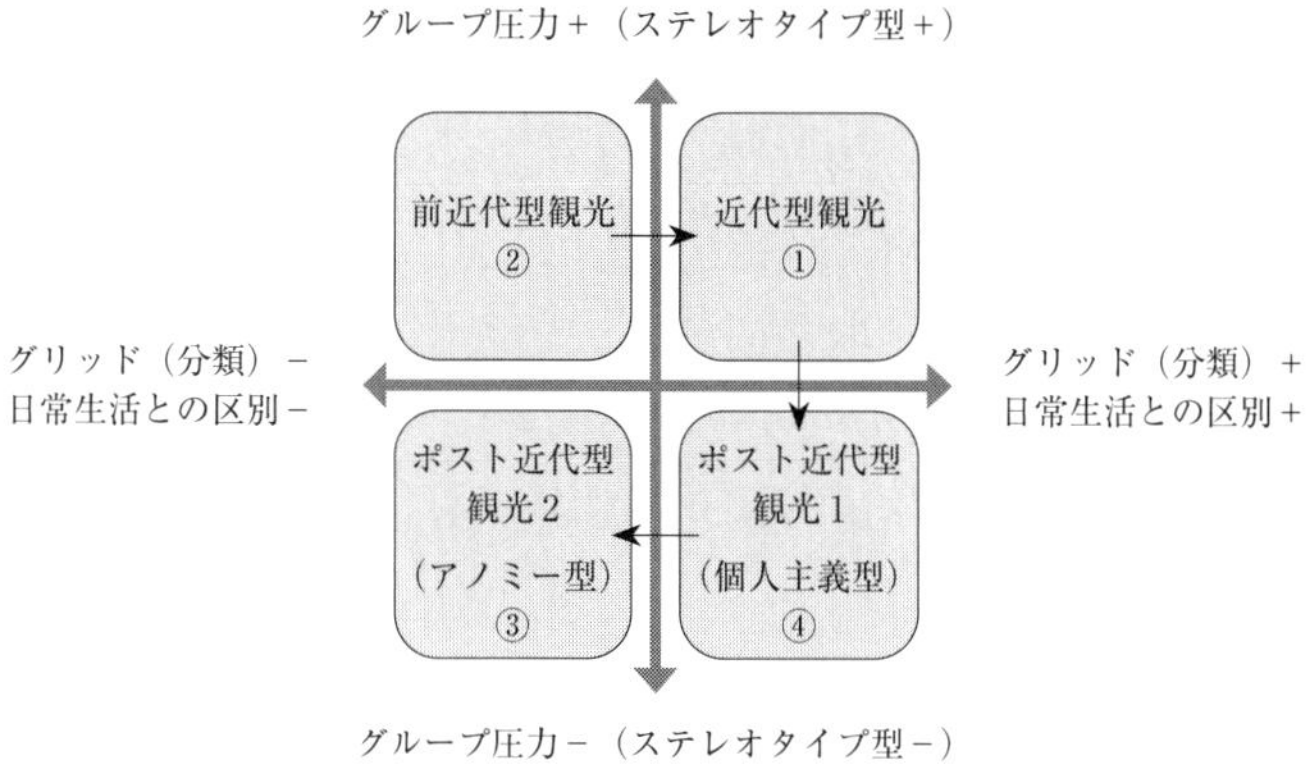

図１　観光経験のモデル（バーンスティン、ダグラスの理論より筆者作成）

存が大きい。

観光経験を、B・バーンスティン（B. Bernstein）やM・ダグラス（M. Douglas）等が行った、グリッド・グループ分析（圧力＋－と分類＋－で分析する）で示すと図1のようになる（ダグラス 1983; バーンスティン 2000）。図のとおり、前近代から近代まで観光は、観光客の創意が大きく加わる余地がない。次第に近代観光のかたちは、ステレオタイプなものから、観光客の参与の余地が大きい型の定まっていないものへ時計回りに進化していった。この変化は予定調和的な観光から非予定調和的な観光へ、必然中心から偶然中心への変動として理解できる。

近代の観光現象は、市場における構造的視点からは、消費社会における生産者から住民や消費者へのヘゲモニーの変容（ポスト・フォーディズム）と、そのことによる商品価値の強化として見えるが、現場的・現象的視点からは、むしろ市場の構造の綻びとして捉えることができる。ポスト近代型観光においては観光者に能動的創造性が許されている。それゆえ容易に名所・旧蹟・名勝といった定番を与えられない観光者は、観光対象を「発見」しなければならない。図1の下の第4象限（圧力－分類＋）、第3象限（圧力－分類－）（とくに第3象限）では、観光者の解釈の自由度が高い分、解釈の綻びの程度も強い。つまり、観光者は観光地で意味の過剰（あるいは希薄）ゆえの「アノミー」（解釈の無規制）に晒される。そこでは、観光者の主体的参加度が高く、能動的かつ創造的であるとともに、環境の及ぼす作用に対しては受動的であり、リスクと偶有性に満ちた存在となる。[5] このように能動性と受動性をともにそなえた観光者こそ現代の観光者の姿である。こういった「リキッド」（形の定まらない）な現代の観光者の「アノミー」を、そのネガティブな側面ではなく、むしろそのポジティブな側面について、映画『ロスト・イン・トランスレーション』を通して考えてみよう。

2.『ロスト・イン・トランスレーション』と非予定調和な環境に対する受動性

(1) 日常からの逃亡の旅

以上のようなポストモダン観光者の姿を極端なかたちで映し出したものに、映画『ロスト・イン・トランスレーション』がある。主人公のボブ（ビル・マーレイ）は中年の俳優であり、日本の酒造メーカー、サントリーのコマーシャル撮影のために日本に滞在している。もう一方の主人公、シャーロット（スカーレット・ヨハンソン）はカメラマンである夫の出張に帯同してきたが、ホテルに置いてきぼりにされている若い妻である。主人公の二人は正確には「観光客」ではない。しかし、ホテルのバーで出会い、異国における意思疎通不能性による孤独感を共有する二人は、ホテルから抜け出し観光に消極的に巻き込まれてしまう。消極的観光者は図1における第3象限の極端なかたちである。二人は「観光客」でない分、「定型」の「記号」的解釈からは自由であるが、訪れる場所に対する解釈の枠付けも、解釈への圧力も欠けているので、「翻訳（translation）に戸惑い（lost）」、ふるまいや文化の意味をうまく咀嚼できない。

ボブとシャーロットは孤独な日本滞在と家族生活への疎外感を共有しているがゆえに、一種の愛情をもつに至るのだが、これもまた「定型」のものからは自由であり、「定型」にたどり着かないものである。題名が表しているようにすべてが「定型」の文化解釈の予定調和からズレている。「翻訳からこぼれ落ちるもの（Lost in Translation）」を主題として描かれているこの作品は、前半こそ撮影現場における通訳の不手際や、シャーロットが足を挫いて診察してもらった病院で巻き起こる意思疎通不能の場面等が描かれるが、後半ではディスコミュニケーションの焦点はボブやシャーロット各々の（結婚二五年と二年）夫婦間の意思疎通不能の問題へと移る。

やがて二人は、気乗りのしない仕事上の役柄や、すれ違いの危機を迎えている夫や妻としての役割からの逃亡を始め、シャーロットの日本人の友人に誘われるままに東京の街へと繰り出す。ここで描き出される東京は、いわゆる観光対象とはかけ離れた、クラブ、カラオケ等、東京の若者が集まるメディア性、演技性の強い日常的空間である。空間でありメディアでもある街の装置と、そこにおけるちょっとしたアクシデント、そしてそれを取り囲む人びとの行動に身を任せ、二人は日常の役割やアイデンティティから解放される。また、たび重なる偶然（夜中にホテルの非常ベルが鳴り外に避難を強いられるシーン等）によって、二人の絆が強まる。東京で浮遊するなかで生まれた二人それぞれの自省

（再帰性）は、E・コーエン（E. Cohen）が『観光経験の現象学』（コーエン 1988）のなかで述べているような、観光経験が深まるなかで「気晴らし」なモードから「実存的」なモードへと至るような経験とは異なる。彼らの経験は、自己のあり方に拘泥《こうでい》する「実存」ではなく、答えなき再帰性の経験であり、アノミックな自己アイデンティティの拡散、浮遊の経験である。

最後の別れの場面、ボブはシャーロットとのハグと軽いキスの後、耳元で映画の観客には聞き取れない言葉をささやく。この場面では二、三のフレーズの後の「ＯＫ？」という言葉のみがわずかに聞き取れる（この会話の詳細は撮影後も明かされていない）。ここで示唆されているのは、解釈を超えたところで成立する暗黙の共感と承認である。アイデンティティの拡散は、ズレた相互作用によって自己を再発見しようとする不協和音に満ちた共同的自己創造へと収斂《しゅうれん》する。

(2) うまく伝わらないことの快楽

この作品のテーマに戻せば、内的な解釈の綻びこそが観光者（鑑賞者）の「翻訳」の喜びであることがここで示される。言葉が理解できないスキマ的状況のなかで、言語の外部の介在をもって、互いに理解し合う世界こそが観光の極北にあり、それはいわゆる観光の現場で起こることとは限らない。この映画の英語版において、日本語のセリフに字幕がないこともこのことを表している。また、病院の待合室の場面で、英語をまったく理解しない老婆と、ボブとの会話がジェスチャーだけでなんとか通じ合えたことで、老婆が大声で笑うシーンがある。このシーンはあたかも、記号不在のコミュニケーションのなかで、お互いになんとかわかろうとすること、そのことこそが異文化理解の喜びであることが示唆されている。究極のツーリズムはコミュニケーションのズレをめぐる旅なのであるといいたげである。

こうして、観光は「集合的」な「余暇」から、「実存的」あるいは「個人主義的」（＝能動的）なものへ、そしてそれを超えて「アノミー的」（＝受動的）なものへと向かう。ちょうどE・デュルケム（E. Durkheim）が『自殺論』のなかで、「個人主義（自己本位）的な自殺」から「アノミー的な自殺」へと進む道筋で示したように、存在意義や献身価値という目標を失った歯止めなき自由な欲望は「自殺」をする自由へも向かう（デュルケーム 1985）。しかし、デュルケムが「個人主義（自己本位）的」なもので示したような「つながりの断絶」はここでは起こらない。ここにあるのはボブとシャーロットの「弱いつながり」（東 2016）というある種の「愛」のかたちである。現代人の親密性は（良くも悪しくも）むしろ日常的共同性を基礎とした親密性の世界（親密圏）を超えたところにおける共感の渇望へと向かう（中森 2022）。

(3) 内なるものと外なるものとの循環的生成

さらにいえば、ポスト・マスツーリズムの最終的デスティネーションは、世界で一番近くて遠い場所、それは象徴としての意味をもち、自己としての意志をもった人間の身体であるとともに、自己の意志を超えたモノとしての肉体であろう。映画の出だしの三〇秒間はピンク（桜を象徴していると思われる）の下着をまとったシャーロットのヒップという「物質（肉体と下着だけ）」が映し出されているのも示唆的である。象徴する身体と象徴を超えた肉体が解釈を超えてせめぎ合う「対象」が三〇秒間無音で差し出される。それは記号の翻訳から逃れており、人間の意識の内部でもあり外部でもある、偶有性をはらんだシャーロットの身体／肉体なのだ。

映画のなかでは、アノミックな関係のなかにおける身体／肉体を介した「弱いつながり」が美化されているが、いつもそうとは限らないことも付け加えておこう。同時期の映画『ファイト・クラブ』のような真逆の暴力的つながりの世界もまた「アノミー」の極北には待ち構えている(6)。

(4) ポスト・マスツーリズムにおけるアフォーダンスの役割

「たかがイメージ（言葉）で作った世界をイメージ（言葉）でこわすことがなぜできないのか。引き金を引け、イメージ（言葉）は武器だ」と寺山修司はいう（寺山 2003）。寺山の趣旨とは反対に、イメージでしかないのに何らかの客観性（＝主観性の共有）を装う「真正性」は儚《はかな》いものだ。この部分に限定すれば、環境と交渉する（受動する）媒体は言葉（イメージ）だけでは十分でないことを寺山は見過ごしている。交渉の引き金は人間の内的イメージ（象徴や記号）にではなく、外的なモノ（アフォーダンス）にある（佐々木 1994）。人間の外側にあるモノや自然や肉体の介在なしに意識は十分パフォーマティブになれない。人間の受動性と能動性は分けることはできない。そのことこそが、前述したこの映画の最初の三〇秒で伏線として示されている。観光者は、意識の構築の相対性に気づき覚醒するだけではなく、意識の外部にある「何ものか（it）」に晒され、そこでは内的意識と外部の環境とが循環的に生成されている。「ポスト・マスツーリズム」においては、そのことが顕著なのである。

3. 観光における予定調和と非予定調和

（1）観光経験の二重性

観光は定型的な記号性とそこから外れる現象的なものとで成立している。とくに、現代の観光は伝統的な記号中心のものから、そこから外れるものを人工的に演出するかたちへと進んでいることを、マキァーネル（D. MacCannell）は『ザ・ツーリスト』（マキァーネル 2012: 110-131）で描き出した。マキァーネルの描き出す観光とは、ポストモダンの観光のことである。マキァーネルのいう「舞台化された真正性（staged authenticity）」は、固定的な記号と流れゆく現象との接点で成立しているのである。そもそも「舞台（stage）」がこの接点で成立していることを演劇論者Ｅ・フィッシャー＝リヒテ（E. Fisher-Lichte）は指摘している。フィッシャー＝リヒテは舞台芸術が、虚構世界を構成する「記号的身体」と現実世界を構成する「現象的肉体」との「緊張関係」によって成立しているという（フィッシャー＝リヒテ 2013: 53）。フィッシャー＝リヒテの演劇論のバックグラウンドにある言語学者Ｊ・Ｌ・オースティン（J. L. Austine）の行為遂行論でいえば、記号を使った「パフォーマンス（行為遂行）」とはこの緊張を演じ抜く「行為」のことである（オースティン 2019: 15-27）。

二重の真正性こそが現代観光の特徴であるのだが、『ロスト・イン・トランスレーション』で描かれている二重性は一般的な観光のそれではない。前述したように、そもそも主人公の二人は観光客ではない。二人の観光らしき行動は予定されたものではない。二人は日本についての観光イメージをほとんどもっていない。シャーロットが新宿のホテルからほど近い寺（成願寺）を巡り、ホテルで開催されていた生け花教室に仲間入りしてしまうシーンにおける戸惑いを伴う日本文化体験と対比するかたちで、シャーロットの友人の誘いでクラブやカラオケで遊ぶシーンが描かれている。日本人の友人と夜遊びをするシャーロットは、疎外感を払拭するかのように生き生きしている。アメリカの家族に、寺院や生け花のようないわゆる日本文化体験を彼女は「何も感じなかった」（「翻訳できない」ともいえる）と語っている。その後、シャーロットは新幹線で京都まで足を伸ばし南禅寺と平安神宮を巡り文化を体感しようとする。東京での夜遊びのあと富士山を背景にゴルフに打ち込むボブも同様である。二人の日本文化体験はステレオタイプの日本文化体験のように描かれてはいるが、向き合う方向が観光客の体験とは真逆である。すなわち、ここでは、夜遊びの東京という「裏領域」から入り、社寺仏閣（南禅寺や平安神宮）や富士山という観光の表領域に至っている。このことは、裏から入った表領域の経験、すなわち偶然性に身を任せるままの「観光」経験を、かえって神秘的に見せている。「表」と「裏」といった二重性がつくりだす観光経験という意味では、マキァーネルの「真正性」への接近に近いが、「真正性」へと近づく方向が真逆なのである。

(2) 記号と現象の界面

二人の観光経験が一般のそれと逆なのは、「予定調和」から逸れる経験といったことからも同様に述べることができる。マキァーネルが描き出す、「表舞台」から「舞台裏」へと向かう現代の観光経験とは、「予定調和」の経験を求めながら同時に「予定調和」から外れる経験も求めてしまう矛盾した現代人の姿である（マキァーネル 2012）。映画の二人ははじめから仕事と夫婦といった予定調和から脱け出るための「非予定調和」を求める、「舞台裏から入った」観光客の姿である。フィッシャー＝リヒテの「記号」（役柄）と「現象」（非役柄）といった舞台設定からいえば、この映画の設定は「現象」的である。先に示した映画の出だしの三〇秒で映し出されたものとは、二人の日本体験が「記号的身体」と「現象的肉体」が示し出す翻訳不能の混合的身体／肉体であり、それらにおける言語化不能の界面である。二人が体験する東京（や京都）も「翻訳」不能な「現象」から入り、理解可能な「記号」的理解へと身を投じようと試みている。この映画は、非予定調和と予定調和の界面、「記号」と「現象」の界面という、到達しそうで到達できない、あらかじめ失われている観光の「真正性」の根元へと向かっている。だがしかし、「真正なるもの」は映画の観客をも交えた不可能な翻訳（変換）のプロセスのなかに閉じ込められつつ、解釈という行為の向こう側に薄っすらと見えるものでしかない。

おわりに

映画『ロスト・イン・トランスレーション』は、アカデミー賞脚本賞、ゴールデングローブ賞作品賞、その他数多くの賞を獲得した作品であり、優れた映画作品として名を馳せた。現代人の疎外、都市生活におけるコミュニケーションの不在、夫婦をはじめ親密な人間関係においても発生する意思疎通の欠損を、異言語、異文化間の翻訳の困難を通して表現した現代的作品として評価されていた。そのことと同時に日本における高評価は、この作品がちょうど、「観光立国宣言」がなされビジット・ジャパン・キャンペーンが始まった二〇〇三年の作品であったこともあり、東京の日常を見る欧米系外国人の「まなざし」に視点が注がれたことにある。見慣れた東京の街は、外国人から見ると奇妙にメディア化された街（たとえば、渋谷駅前交差点のビルの窓を使った大型液晶パネル）であることを、この作品は私たちに教えてくれた。一方で結局、京都（南禅寺や平安神宮）の描写や日本文化に対する見方が、（インバウンド）マスツーリズム的ステレオタイプに陥っていることも指摘されていた。筆者はこれも、裏側から入り込んだ観光者が表側の観光地表象へと至る場における観光文化の二重性の界面の表現であると理解したい。観光表象のステレオタイプなくしてそこから「外」に出ることはできない。都市のメディアと「外部」は観光客を意識の内側から解き放ち、観光者を客体的なものにする。観光システムの内と外の界面を扱ったこの作品には、観光表象のステレオタイプも必要だったということが筆者の見立てである。

フェザーストーンは、経験（experience）の語根である「per」とは「試すこと、危険を冒すことを意味する」（フェザーストーン 2009: 270）という。観光は究極のところ、多かれ少なかれ「予定調和」ではなく危険を冒して「非予定調和」な裏側へと「向かう」、「遊歩者（フラヌール：flâneur）」の経験としてある。ボードレール（C. Baudelaire）やベンヤミン（W. Benjamin）、ジンメル（G. Simmel）の「遊歩者（フラヌール）」とは、都会の風景のなかで立ち現れる「現象」へと向かう「混淆と記号の戯れの感覚」を防御的に経験する観光者の姿なのである（フェザーストーン 2009: 270）。『ロスト・イン・トランスレーション』の主人公二人はまさに「翻訳」や「変換」を超えた共感という多義的世界を垣間見せてくれる。

メルッチ（A. Melucci）が現代における社会運動のあり方の変容から、社会的アイデンティティが自己と環境の間で多義的、循環的に再構築されていくプロセスを「アイデンティゼーション（identization）」と呼んだように（メルッチ 2008）、不確実性に満ちた現代社会のなかでは、観光者たちも「アイデンティゼーション」のなかに投げ出されている「ノマド（遊牧民）」なのである。そのことこそが、観光文化においても創造的文化をともに構想し、生成する力となりうる（メルッチ 2008）。現代の観光文化の創造性は、市場を通じて予定調和の内側（商品）へ向かうと同時に、その外側へと広がっている。観光とは既存の「イメージ（言語）」に向かう同化の行為遂行であると同様に、既存の「イメージ」を突破する「異化」に向けた行為遂行のことなのである。

ボブがシャーロットの耳元で伝えた（観客には聞こえない）言葉（聞こえなくていいものをあえて言い当てようとすれば）は、「うまく伝わらなくても大丈夫。きっとうまくいくよ」という台詞《セリフ》だったのではないかと筆者は考える。伝わったかどうかという結果にではなく、互いに意味を言い当て、伝えようと努めるそのプロセス、すなわち「世界」の構築と実在を媒介する表象の「ゲーム」のなかにこそ、観光的コミュニケーションの快楽はある。(7)

［注］

（1）たとえば別府観光の観光地住民がでっち上げた「地獄」というデスティネーションの創作があげられる（須藤 2008）。

（2）筆者は「ニューツーリズム」を「マスツーリズム」における文化破壊や環境破壊に対抗する「社会運動」と

して捉える見方には――一部は認めるものの――懐疑的である。
（3）このことについては、コンテンツ・ツーリズムにも同様の現象を確認できる。
（4）J・ケージ（J. Cage）の現代音楽等はその典型であろう。
（5）私たちはこのことをコロナ禍とウクライナ戦争を通じてさんざん見てきている。
（6）中森（2022）が取り上げたツイッターで「死にたい」とつぶやく若者たちを標的とした殺人事件もまた、『ファイト・クラブ』の暴力性と通底している。
（7）ライターになりたいというシャーロットにボブが言う「keep writing」という言葉、すなわち「keep〜ing」、意思疎通の難しさに対する「行為し続けること」＝「コミュニケーションとは行為のことである」といった意味が、この映画の裏のテーマとなっていると筆者は考える。

［文献］

東浩紀（2016）『弱いつながり――検索ワードを探す旅』幻冬舎
オースティン、ジェーン・L（2019）『言語と行為――いかにして言葉でものごとを行うか』（講談社学術文庫）飯野勝己訳、講談社
上山肇／須藤廣／増淵敏之編著（2021）『ポストマスツーリズムの地域観光政策――新型コロナ危機以降の観光まちづくりの再生に向けて』公人の友社
コーエン、エリック（1998）「観光経験の現象学」遠藤英樹訳（『奈良県立商科大学研究季報』九巻一号、奈良県立商科大学、三九〜五八頁）
佐々木正人（1994）『アフォーダンス――新しい認知の理論』（岩波科学ライブラリー）岩波書店
須藤廣（2008）『観光化する社会――観光社会学の理論と応用』ナカニシヤ出版

ダグラス、メアリー（1983）『象徴としての身体――コスモロジーの探求』（文化人類学叢書）江河徹／飯塚利明／木下卓訳、紀伊國屋書店
デュルケーム、エミール（1985）『自殺論』（中公文庫）宮島喬訳、中央公論社
寺山修司（2003）『寺山修司名言集　身捨つるほどの祖国はありや』パルコエンタテインメント事業局
中森弘樹（2022）『「死にたい」とつぶやく――座間９人殺害事件と親密圏の社会学』慶應義塾大学出版会
バーンスティン、バジル（2000）『〈教育〉の社会学理論――象徴統制、〈教育〉の言説、アイデンティティ』（叢書・ウニベルシタス）久冨善之ほか訳、法政大学出版局
フィッシャー＝リヒテ、エリカ（2013）『演劇学へのいざない――研究の基礎』山下純照ほか訳、図書刊行会
フェザーストーン、マイク（2003）『消費文化とポストモダニズム　下巻』小川葉子／川崎賢一編著訳、恒星社厚生閣
――（2009）『ほつれゆく文化――グローバリゼーション、ポストモダニズム、アイデンティティ』（叢書・ウニベルシタス）西山哲郎／時安邦治訳、法政大学出版局
マキァーネル、ディーン（2012）『ザ・ツーリスト――高度近代社会の構造分析』安村克己ほか訳、学文社
メルッチ、アルベルト（1997）『現在に生きる遊牧民（ノマド）――新しい公共空間の創出に向けて』山之内靖／貴堂嘉之／宮崎かすみ訳、岩波書店
――（2008）『プレイング・セルフ――惑星社会における人間と意味』新原道信／長谷川啓介／鈴木鉄忠訳、ハーベスト社
森彰英（2007）『「ディスカバー・ジャパン」の時代――新しい旅を創造した、史上最大のキャンペーン』交通新聞サービス
ルーマン、ニクラス（2016）『自己言及性について』（ちくま学芸文庫）土方透／大澤善信訳、筑摩書房

第2章 観光の加速主義・宣言
——あるいは逃走のマジカル・ミステリー・ツアー

遠藤英樹

1.『トゥルーマン・ショー』あるいは虚構的リアリズム

本章では、『トゥルーマン・ショー』という映画作品から話を始めていこう。

『トゥルーマン・ショー』は、ジム・キャリーが第五六回（一九九八年度）のゴールデングローブ賞を受賞した作品で、彼の代表作の一つともいえるものである。ジム・キャリーが扮するのはトゥルーマン・バーバンクという主人公で、あらすじは以下のようなものである。

トゥルーマンは、シーヘブンという離島で保険会社のセールスマンとして働く平凡なサラリーマンで、近隣の人に会ったときには挨拶を欠かさない明るい人柄だ。ある日、いつものように新聞を買おうとして、亡くなったはずの父親を見かける。そこから彼は自分を取り巻いている世界に何らかの違和感を覚え始める。

いろいろ調べていくうちに、自分の生活のすべてが『トゥルーマン・ショー』というテレビのリアリティ番組で、世界二二〇か国に放映されているものであったということに気づいていく。家族も親友も俳優、シーヘブンという住む場所もテレビの巨大ドームのセットという、メディアによって一〇〇%つくりあげられた「虚構の世界」に彼は生きてきたのだ。

トゥルーマンは、テレビセットである「虚構の世界」からの脱出を決意する。しかし彼が何も言わずに「虚構の世界」から「外部の世界」へ行こうとしたとき、テレビ局のディレクターは彼に「何か話せ! テレビに映っているんだぞ!」とマイク越しに怒鳴る。そこで彼はディレクターや視聴者に向かって、近隣の人たちにいつも決まって言っていた挨拶「おはよう! そして会えないときのために、こんにちは、こんばんは、おやすみなさい!(Good morning, and in case I don't see ya, good afternoon, good evening, and good night!)」を、皮肉をこめて言い放つ。

この映画を見ると、私たちもまた、シーヘブンというテレビセットのなかで生きていたトゥルーマン同様に、メディアによる「虚構の世界」に生きているのではないかと考えさせられる。だが『トゥルーマン・ショー』という映画は、はたして主人公トゥルーマンが「外部の世界」へ脱出して終わっているのだろうか。これについては、ラストシーンを見るとよくわかるだろう。

ラストシーンでは主人公トゥルーマンがテレビセットから出て行くプロセスがテレビに放映されており、それをテレビで見ていた視聴者たちは、脱出に成功した瞬間テレビの前から拍手喝采を送っている。ついに番組は終了し、同僚とピザを食べながら見ていたある視聴者が「番組表はどこだ?」とつぶやくシーンが映され、それでスイッチが切れるように画面が暗くなり、音楽とともにエンドロールが流れる。

ここに注目して見ると、番組を見ているテレビの視聴者が、最後にはメディアのなかで見られる存在となって作品が終了していることに気づく。『トゥルーマン・ショー』という映画（＝メディア作品）で最後に見られているのは、『トゥルーマン・ショー』というリアリティ番組を見ていた視聴者なのである。視聴者もまた見られるべき存在となっていくほどに、ことごとくがメディア化＝虚構化されている。映画は、そう強く印象づけるかのように終わっているのだ。

エンドロール直前のワンシーンにおいてこそ、「視聴者もまた視聴される存在となる」再帰性が色濃く表現されている。そうであるならば、視聴者がシーヘブンの向こう側からリアリティ番組を見ている「メディアの外部」だと思っていた世界さえ、じつはことごとく、メディアによる「虚構の世界」になっているといえないだろうか。

『トゥルーマン・ショー』が問いかけるのは、このことである。この映画は、私たちの世界では、あらゆる事物・現象が「虚構」のなかで表現され、「外部的なリアリティ」などあり得ないことを垣間見せてくれる。それどころか「外部的なリアリティ」＝「現実」は、「虚構」という回路を通じて初めて実現されるものとなっている。クラインの壺のごとく、「外部」と「内部」がつながり合っているのである。

「虚構」という内部の回路を経て初めて実現（realize）されていく「現実（reality）」――私はこれを「虚構的リアリズム」と呼ぶことにしたい。「虚構的リアリズム」とは、マーク・フィッシャーの概念である「資本主義リアリズム」にインスパイアされたものである。彼は、（フレドリック・ジェイムソンやスラヴォイ・ジジェクが述べたとされる）「資本主義の終わりより、世界の終わりを想像するほうがたやすい」という言葉を念頭に置きつつ、「資本主義リアリズム」について「資本主義が唯一の存続可能な政治・経済的制度であるのみならず、今やそれに対する論理一貫した代替物を想像することすら不可能だ、という意識が蔓延した状態」だという（Fisher 2009=2018: 10）。フィッシャーは資本主義にもはや「外部」はあり得ないと主張するが、それに倣《なら》っていうならば、もはやメディア的虚構に「外部」などあり得ない。

2. クラインの壺あるいは虚構からの「出口なし」

このことは、観光現象においてより鮮やかに見て取れる。

ジャック・ラカンの用語を借りていえば、観光とは「想像界」の位相にある。ラカンによれば、私たちの世界は「現実界」「象徴界」「想像界」の三つの層が折り重なって成り立っているとされる（新宮 1995; 片岡 2017）。そのうちの一つである「現実界」は、意味の剝ぎ取られた、私たちが「不気味さ」「おぞましさ」を感じる層である。「象徴界」は、社会の約束事、法、倫理などが支配する層である。そして「想像界」は夢や願望やイメージによってつくられている層である。

斎藤（2006）は、映画『マトリックス』を例に用いて、「現実界」「象徴界」「想像界」を非常にうまく、かつわかりやすく説明している（斎藤 2006: 66-69）。『マトリックス』の舞台は二一九九年に設定されており、そこではすべての人間は巨大なコンピューターの「熱源」としてコードでつながれ培養されている。人間たちは眠らされコンピューターが創り出す偽物の世界、幻想のなかで一生を過ごす。この仮想世界が「マトリックス」と呼ばれる。そのなかでたまたま目覚め、「マトリックス」の存在に気づいた人間が反乱軍を組織しコンピューターと戦うというストーリーで、主人公ネオはその反乱軍の救世主となる運命を帯びている。この映画を用いていうならば、「想像界」とはコンピューターが創り出すイマジナリーな幻想のことであり、「象徴界」とはそうした幻を人間に見せているコンピューター・プログラムである。そして「現実界」とは、目覚めた人間が目にすることになる、幻想が剝ぎ取られた「不気味」で「おぞましい」砂漠のような現実である（ネオが覚醒し、今まで自分が見ていたものがコンピューターの創り出した幻想にすぎなかったと気づくとき、反乱軍のリーダーが語りかける「ようこそ、砂漠の世界へ」という言葉は、「現実界」の「不気味さ」「おぞましさ」をよく表現しているといえよう）。

観光は、まさに私たちがこの社会のもとで生きることが快適に思えるような、イマジナリーな幻想の快楽を創出する社会的装置である。この位相の快楽は、「現実的な世界」から生み出されるもの（経済システム、政治体制、イデオロギー的幻想、常識的枠組み等）の「外部」すなわち向こう側へと、人びとを誘うことは決してない。それは、つねに、人びとを「虚構の内部」にとどめおこうとする。

ダニエル・ブーアスティンの「擬似イベント」論も、観光の快楽が「虚構」的でイマジナリーな幻想の快楽にすぎないことを指摘したものだといえよう（Boorstin 1962=1964）。現実よりも雑誌、テレビ、映画、広告といったメディアで描かれたイメージのほうが現実感（リアリティ）をもつという現象をブーアスティンは「擬似イベント」という。メディアは現実を再構成したものであるにもかかわらず、そのメディアによって再構成されたイメージが一人歩きしだし、現実以上の力をもつに至る。こうした現象について、ブーアスティンはかつて『幻影の時代』という本のなかで、さまざまな事例を取り上げ考察した。

そのさまざまな事例の一つとして、ブーアスティンは観光を取り上げている。観光地の本当の姿、本当の文化よりも、観光パンフレット、観光情報誌、映画、テレビ、SNSなどのメディアによるイメージのほうに観光客は惹かれるようになっており、そうしたイメージを確認するために現実の観光地へ出かけるようになっている。

観光には、つねに、このような「擬似イベント」の要素がつきまとっているだろう。たとえば沖縄へ観光に行くとき、私たちはインスタグラムの写真で見たような「ライトブルーの海」に注目するのではないだろうか。京都も同様である。京都観光では、インスタ映えしそうな、日本的ではあるものの、かわいくて、おしゃれな風景を探そうとする。たとえ私たちの目の前に人であふれる都会的な繁華街が広がっていようとも、そうした風景は決して目に入らない。メディア・イメージによって、イマジナリーな幻想の快楽が提供されている。「擬似イベント」論はこのことを指摘する概念である。

そしてブーアスティンは、メディア・イメージにまみれた「虚構の世界」となっている観光を批判し、リアルな「外部の世界」への脱出を呼びかけるのである。だが先にも述べたように、「虚構的リアリズム」の時代にあって、そうしたリアリティさえもメディアによる「虚構」の回路を経て初めて実現されている。その意味でブーアスティンはまだなお、「外部」に対する淡い幻想を抱いてしまう誘惑から逃れられておらず不徹底なのである。これについては、ディーン・マキァーネルの「演出された真正性（staged authenticity）」の議論が参考になる（MacCannell 1973=2001, 1999=2012）。

彼は、地域の文化・自然・暮らしが「本物」（真正）であるという感覚でさえ、「虚構」のなかに取り込まれているということを指摘している。彼によると、観光客は「真正性」を求めているとされる。マキァーネルはこのことをアーヴィング・ゴフマンの用語を借りて、観光客が「表舞台（表局域：front）」ではなく「舞台裏（裏局域：back）」を求めているのだと表現する。観光の「表舞台」とは、ゲストである観光客の誰もが見ることのできる場所であり、つねに観光用にディスプレイされ飾り立てられている。それに対して、観光の「舞台裏」とは、観光用に演出されてはいない現地の人びとだけが知っている場所・文化のことである。観光客は訪問した場所でそれを見たいと思っているのだと、マキァーネルは述べている。このように「表舞台」と「舞台裏」というゴフマンの用語を利用しながら、マキァーネルは、観光客が現地の人たちの本物の暮らしといった「舞台裏」を希求していると主張するのだが、観光客が見たり経験したりしたものがはたして本物かどうかは、結局のところ確かめられはしない。これこそが本当の暮らしぶりや文化だと思っていたのに、じつは、観光客が訪問してもよいように演出された「表舞台」であるといった場合もある。現代の観光状況においては、本物（舞台裏）に触れたと思ったとしても、本物（舞台裏）風に演出されているだけである場合が少なくない。

マキァーネルはこうした状況を「演出された真正性」と呼ぶ。観光客は、擬似的な「表舞台」と真正性に満ちた「舞台裏」が交差する、クラインの壺（あるいはメビウスの環）のごとく捩《ね》じれた空間を旅していると、彼はいう。真正な「舞台裏」が演出された「表舞台」へと反転し、逆に演出をほどこされた「表舞台」が真正な「舞台裏」につながっている。

現代社会では、事態はさらに複雑さを増す。現在、新たな観光のかたちとして「持続可能な観光」が展開されるようになっている。たとえばエコツーリズムでは、演出がほどこされていない真正な自然が観光対象となっている。屋久島の天然杉を観光客が見に来るのは、それが真正であるからである。つまりエコツーリズムでは、「自然を演出している」のではなく、「自然を〝演出していない〟ということを演出している」のである。それは「演出された真正性」ではなく、「『真正性』という記号性の演出」である。

現代の観光においては、過去という時間でさえ「虚構」化されている。大分県豊後高田市にある「昭和の町」などは、まさにその好例であろう。ここは、昭和三〇年代の町並みを再現した観光地である。豊後高田市中心部の商店街は、昭和四〇年代までは賑やかな商店街であったものの、大型店の出店や過疎化のために衰退しさびれていた。そこで、かつての賑わいを取り戻すために二〇〇一年に観光まちづくりを展開し、昭和三〇年代の町並みを再現し、ノスタルジックな観光地をつくりあげたのである。そこでは、メディア・イメージのなかでつくりあげられた虚構としての〈昭和〉が呈示される。

図1　大分県豊後高田市にある「昭和の町」
（筆者撮影：2013年9月23日）

そのとき振り返られている〈昭和〉は、じつは、現在の投影である。そこにおいて喚起されている

〈昭和〉という過去は、現在の投影（あるいは現在において人びとが抱く記号としてのノスタルジックな「夢」の投影）になっているのではないか。それはまさに、マーク・フィッシャーが「憑在論《ひょうざいろん》」として議論している、現在に取り憑《つ》いた過去（のイメージ）である（遠藤 2021）。〈昭和〉ノスタルジーとは、そのように読解されるべきだろう。そして、そうした時間意識を有する〈昭和〉ノスタルジーは、たしかに存在した過去を記憶に刻印することではなく、現在の投影としてどこにもなかった「ユートピアとしての過去」を別につくりあげ、たしかに存在した過去を記憶から抹消することに手を貸してしまうものなのかもしれないのである。

3.『マジカル・ミステリー・ツアー』あるいは不安への〈加速〉

以上のように、観光においては「真正性」や「時間」などを含めて何もかもが、「虚構」にまみれていく。メディアのイメージが乱反射するなかで〈観光者のまなざし〉が交わされ、相互に入り混じっていくのである。イメージの乱反射において交わされていく〈観光者のまなざし〉は、ジャン＝ポール・サルトルのいう「出口なし」の「まなざしの地獄」にかかわる状況かもしれない。

しかしながら「虚構的リアリズム」の「外部」が存在することは考えられ得ないのだろうか。「外部」はじつは、エマニュエル・レヴィナスの表現を借りていうならば〈存在するとは別の仕方で〉存在するのではないか（Levinas 1974=1999）。すなわち、「外部」を実定的なものとして考えるのではなく、実定化を拒むような否定性のもとに考えるべきであろう。本章では、最後に、これについて『マジカル・ミステリー・ツアー』を取り上げながら考えていくことにしよう。『マジカル・ミステリー・ツアー』は、ビートルズが製作・主演したテレビ映画で、イギリスBBCにおいて一九六七年一二月二六日に初めて放映されている。

内容は、とあるバスツアーの様子を描いている。そのバスツアーでは、ビートルズのメンバーである四人（ジョン・レノン、ポール・マッカートニー、ジョージ・ハリスン、リンゴ・スター）と、彼らのロードマネージャーを長年務めていたマル・エヴァンズが演じる魔法使いたちの気まぐれによって、ジェシー・ロビンズ扮するリンゴの叔母（ジェシー・スターキー夫人）がエキセントリックなブラッドヴェッセル氏という人物と恋に落ちたり、イギリス陸軍の人材登用事務所のような場所を訪れたり、ストリップ・ショーを見に行くことになったり、いろいろな出来事が起こっていく。ほとんどストーリーもなく、音楽や映像をはじめとするメディア・イメージのがらくた＝欠片（fragments）が延々と羅列されていくだけの映画である。

この作品は、放映された当時「〝永遠に〟一〇年早い映画」「愚かなホーム・ムービー」などとさんざんに酷評された。この映画が初めて放映された一九六七年、私はまだ幼かったので、これをリアルタイムで見ることはなかった。ただ中高生のころにディープ・パープルやキッスというロックバンドのコピーに加えて、ビートルズのコピーもしていた私は（ベースギターとボーカル担当で、ビートルズでいえばポール・マッカートニーのポジションにいた）、これが劇場で再演されると知って、とても楽しみにして見に行った。

しかし、内輪ネタにすぎないような映像がまったく洗練もされていないかたちで次から次へと脈絡もなく映し出されており、次第に気分が悪くなっていったことを憶えている。イメージのがらくた＝欠片（fragments）が過剰に乱反射し続ける不気味さを感じ、眩暈《めまい》がしそうなくらいに、不気味であるがゆえの不安や吐き気が起こってきたのである。

だが、このような不安や吐き気こそが、〈存在するとは別の仕方で〉存在する「外部」への通路ではないだろうか。「想像界」における幻想の快楽が眩暈を生じさせるほど過剰に反復されることで、そうした幻想の快楽＝「虚構」に浸りきっている自己の均衡点が揺らぎ始める。それは、マルティン・ハイデガーがいう「不安」概念に近いのかもしれない（戸谷 2022）。ハイデガーは「不安」を契機に、虚構に安逸する「世人（Das Man）」から抜け出て自己の「本来性」を取り戻し、「現実界」の「砂漠のような世界」に耐えていくことを呼びかけている。

だが、ここで述べている不安には、ハイデガーの「不安」概念と決定的に異なっている点がある。それは、「自己の本来性を取り戻す」のではないということである。不安は、「自己の均衡点をつねに揺らし続ける」契機となるのであって、「自己の本来性を取り戻す」こととは無関係である。この点で、ハイデガーの主張とはまったく違っている。自己の「本来性」という「外部」は、決して存在することはない。不安とは、〈存在するとは別の仕方で〉存在する「外部」（逃走線を引く運動としての「外部」）であり、さらにいえば本来性に決して至ることなく自己の均衡点をつねに揺らし続ける、自己からの逃走線を引く運動なのである（Deleuze & Parnet 1977=2011）。

ここで『トゥルーマン・ショー』に戻ろう。北田暁大は『広告都市・東京』において『トゥルーマン・ショー』を参照しつつ、シーヘブンという「虚構の世界」を主人公トゥルーマンが疑い「外部の世界」へと向かおうとする契機になったのが、リアリティ番組のなかで自分の妻や親友が急に商品の紹介を始めたりして、さまざまなかたちで行われる商品の広告だったと主張する。そして、そこから「外部の世界」を見出していったのだと述べる（北田 2011）。北田の議論は広告＝メディアの社会学として非常に重要な議論を含んでおり、それは別途真摯《しんし》に議論すべきだが、私は北田の主張と少し異なる意見ももっている。

主人公トゥルーマンは、「外部の世界」など決して見出したりはしていないと感じるのである。出て行った先も、結局それは「虚構の世界」にほかならない。ではトゥルーマンには何が起こっていたのだろうか。トゥルーマンは、「虚構」の過剰さに由来する不気味さ、そこから生じる不安や吐き気を覚えていたのである。ただ、それだけだ。しかし、トゥルーマンは、「外部」が〈ない〉のかもしれないという不安を募らせていくことで初めて、「外部」が〈ある〉のではないかと考えるに至っていた。すなわち「外部」がないがゆえにある、あるがゆえにないという、「外部」の「不在としての存在」「存在としての不在」が浮上していたのである（それはロジックとして、「I miss you」のロジック――「あなた」の「不在（miss）」が大きくなればなるほど「あなた」の「存在」が明確になり、そうなればなるほどに、「あなた」の「不在」が恋しいほどに切なく思える――に相当するのかもしれない）。

このように、「虚構」を喰い破っていくような「外部」は、〈存在するとは別の仕方で〉存在している。観光は、そうした逃走線を引く運動を絶えず生じさせているのではないだろうか。私たちに必要なのは、観光の「虚構」を拒否することではなく、それを過度なまでに突き進めていき、不安へと〈加速〉していくことである。観光の「虚構」＝幻想の快楽をぎりぎりの地点まで進めていくようなマジカル・ミステリー・ツアー――これこそが、観光では必要ではないのだろうか。フィッシャーたちによる「加速主義」の概念を用いていうならば（Fisher 2009= 2018: 10）、私たちは「観光の加速主義」を以下のように宣言すべきときに来ているのだといえよう。


観光は過剰なほどに「虚構」をすみずみに充溢させよ！

眩暈がするほどに、イメージの乱反射を起こせ！

観光の「虚構」を〈加速〉せよ！

「虚構」への不安を、「外部」への不安を、そう感じている「自己」への不安を煽《あお》れ！

これからも軽やかに逃走線を引くツアーを続けていこうではないか、友（friend）よ。


自分のことを「スードウ（pseudo：擬似）」だと言う友Ｓに本稿を捧ぐ――

【文献】
遠藤英樹（2021）「現代社会における『捩じれた時間意識』――『ちびまる子ちゃん』をはじめとする諸事例を通して」（友原嘉彦編『ちびまる子ちゃんの社会学』古今書院、二〇～三九頁）
片岡一竹（2017）『疾風怒濤精神分析入門――ジャック・ラカン的生き方のススメ』誠信書房
北田暁大（2011）『増補　広告都市・東京――その誕生と死』（ちくま学芸文庫）筑摩書房

斎藤環（2006）『生き延びるためのラカン』（木星叢書）バジリコ
新宮一成（1995）『ラカンの精神分析』（講談社現代新書）講談社
須藤廣／遠藤英樹（2005）『観光社会学――ツーリズム研究の冒険的試み』明石書店
――――（2018）『観光社会学2.0――拡がりゆくツーリズム研究』福村出版
戸谷洋志（2022）『１００分de名著　ハイデガー「存在と時間」』ＮＨＫ出版
レヴィナス協会編（2022）『レヴィナス読本』法政大学出版局
Baudrillard, Jean (1981) *Simulacra and Simulation*. Ann Arbor: University of Michigan Press.［竹原あき子訳（1984）『シミュラークルとシミュレーション』（叢書・ウニベルシタス）法政大学出版局］
Boorstin, Daniel J. (1962) *The Image: Or, What Happened to the American Dream*. New York: Atheneum.［星野郁美・後藤和彦訳（1964）『幻影の時代――マスコミが製造する現実』（現代社会科学叢書）東京創元社］
Deleuze, Gilles and Claire Parnet (1977). *Dialogues*. Paris: Flammarion.［江川隆男／増田靖彦訳（2011）『ディアローグ――ドゥルーズの思想』（河出文庫）河出書房新社］
Fisher, Mark (2009) *Capitalist Realism: Is There No Alternative?* Winchester: John Hunt Publishing.［ブロイ、セバスチャン／河南瑠莉訳（2018）『資本主義リアリズム』堀之内出版］
Goffman, Erving (1959) *The Presentation of Self in Everyday Life*. New York: Doubleday & Company.［石黒毅訳（1974）『行為と演技――日常生活における自己呈示』（ゴッフマンの社会学）誠信書房］
Levinas, Emmanuel (1974) *Autrement qu'etre, ou, Au-dela de l'essence*. La Haye: Martinus Nijhoff［合田正人訳（1999）『存在の彼方へ』（講談社学術文庫）講談社］
MacCannell, Dean (1973) "Staged Authenticity: Arrangements of Social Space in Tourist Settings." *American Journal of Sociology*, Vol.79, No.3, 589-603.［遠藤英樹訳（2001）「演出されたオーセンティシティ――観光状況における社会

空間の編成」（『奈良県立商科大学研究季報』一一巻三号、奈良県立商科大学、九三～一〇七頁）〕
――（1999）*The Tourist: A New Theory of the Leisure Class.* Los Angeles: University of California Press.〔安村克己ほか訳（2012）『ザ・ツーリスト――高度近代社会の構造分析』学文社〕

第3章 スードウ・エンドの観光社会学
——「一九八三年のエドガー」から考える

山口 誠

はじめに

一九八三年、小学生だった私は、ホストになった。もちろん盛り場のホストではなく、V・L・スミスたちが『ホスト・アンド・ゲスト』で論じた、観光のホストだった。

私が通っていた矢切小学校は、東京都と千葉県を厳然と分け隔てる江戸川のそばにあった。国鉄（当時）の最寄駅からバスで二〇～三〇分ほどの、ねぎ畑と新興住宅地が混在する地域にある、千葉県松戸市の公立小学校だった。

ある日、その矢切小学校の周りを、大勢の人びとがぞろぞろと歩き始めた。五月の大型連休のころだったと思うが、もう少し前だったかもしれない。週末に出没した行列は、やがて連日現れるようになった。夏休みになると、バス停の周辺には縁日のような屋台が立ち、路線バスは混雑して乗れない日も出てきた。私の生活圏が、突然の観光地になったときだった。いったい何が起こったのか、当時の私には理解できなかった。

本章では、一九八三年の江戸川の下流域で生じた観光の事例を再考することで、かつて須藤廣が論じた「観光的リアリティ」（須藤 2014: 45）の生成プロセスを考え、これからの観光社会学の地平を探究することを試みたい。

1. 観光が観光を生む

それは、細川たかしが歌う『矢切の渡し』の大ヒットから始まった。曲名にある「矢切の渡し」とは、東京都と千葉県の間を流れる江戸川を手漕ぎの渡し船で横断するための渡し場のことである。江戸幕府が定船場（川の関所）として公設した、川幅の広い江戸川を渡るには欠かせない交通インフラだったが、明治期以降の近代化の過程で大半の定船場が消えていき、江戸川では唯一残ったのが、この「矢切の渡し」だった。

そんな千葉の川船を文字どおり急浮上させ、年間二〇万人が訪れる観光スポットへと変身させたのが『矢切の渡し』だった。もともとこの曲は一九七六年にちあきなおみが発表したアルバムの一曲だったが、一九八二年にシングルにカットして再発表したところ注目を集め、翌一九八三年には多くの歌手が競演する曲になったという。なかでも細川たかしの明るく伸びやかな歌唱は人気を博し、TBSの歌番組「ザ・ベストテン」で数か月間のランクインを果たすなど話題となり、累計売上で一〇〇万枚を突破するミリオンセラーになった。

その『矢切の渡し』の歌詞をあらためて見ると、許されぬ仲の男女の逃避行を切々と、またはノロノロと歌う、よくある演歌の一つにも思える。

つれて逃げてよ／ついておいでよ／夕ぐれの雨が降る／矢切りの渡し
親のこころに／そむいてまでも／恋に生きたい／二人です

なぜこれが一九八三年を代表するヒットソングになったのか、理由はわからない。おそらくテクストには、何の意味もない。切り刻んでも、積み重ねても、この文字の連なりからは何も出てこないだろう。それでも『矢切の渡し』は、私が住んでいた地域を大きく変え、観光が生み出す現実としての「観光的リアリティ」を発生させた。しかもそれは別の「観光的リアリティ」たちと連鎖して、江戸川ならぬ「エドガー」の世界を演じ出していった。

たとえば渡し船を千葉側で降りて二〇分ほど歩くと、文学碑の建つ小高い丘がある。そこにはアララギ派の歌人として知られる伊藤佐千夫の小説『野菊の墓』の舞台地とされる公園がある。ここで注目したいのは、前述の『矢切の渡し』は、この『野菊の墓』へのアンサーソング（応答歌）として聴くことができることである。

『野菊の墓』は映画やテレビで何度も作品化されてきたが、もはや過去の物語かもしれない。それは明治期の農村を舞台に、豊かな地主の長男である一五歳の政夫と、その貧しい分家の従姉で二歳上の民子の間に芽生えた恋をめぐる、葛藤の物語である。本家と分家の差や年齢の差などから結婚を許されなかった政夫と民子は、結ばれることなく別々の道を歩み、数年後に民子の墓へ政夫が野菊を供えるという悲劇的な結末を迎える。ここに『矢切の渡し』は応答し、死別するぐらいならば「親のこころに／そむいてまでも／恋に生きたい／二人です」と、『野菊の墓』では叶わなかった逃避行を歌う。

その『矢切の渡し』の大ヒットは、『野菊の墓』の再発見につながった。それまで東京側から江戸川の渡し船に乗った人びとは、対岸の千葉側へ到着すると、そのまま帰りの船に乗って引き返した。しかし一九八三年には「矢切の渡し」から足を延ばし、『野菊の墓』の舞台地へ向かうルートあるいはラインが生まれ、人の流れが変わった。たとえば渡し船から文学碑のある丘へ徒歩で向かった人びとは、そこから再び西へ二〇分も歩いてねぎ畑の農道を引き返すのではなく、東へ五分ほど歩けば見えてくる、国鉄の松戸駅と市川駅を結ぶ路線バスの停留所へ向かうようになった。それが冒頭に記した、私の生活圏に突如現れた、大勢の人びとの正体だった。

やがてバス停の前には屋台が出店し、ちょっとした縁日のような空間も生まれた。年末にはさらに屋台が増え、そこここのラジカセからは『矢切の渡し』とともに繰り返される、おなじみのメロディが流れていた。それは渥美清が歌う、あの映画の主題歌だった。

2. ニッポンのロードムービー

「矢切の渡し」の千葉側には、前述した小説『野菊の墓』の舞台地があった。その対岸、つまり江戸川の東京側には、柴又のまちがあり、映画『男はつらいよ』の舞台地があった。

柴又は東京の東端に位置するが、最寄りの柴又駅は都心から三〇分ほどで着くため、千葉の矢切よりはアクセスが断然に良い。そのため、まずは柴又を訪れて帝釈天の愛称で知られる題経寺の参道で名物の草団子や川魚料理などを食べた後に、「矢切の渡し」で千葉へ渡る人が多かった。そして一九八三年の柴又のまちは、その正月に公開された映画『男はつらいよ』の三〇作目「花も嵐も寅次郎」が久々の人気作となったため、細川たかしのヒット曲とも相乗して、多くの観光者を集めていった。

『男はつらいよ』は、一九六八年のテレビドラマから始まり、翌六九年に映画化されると、毎年お盆とお正月の年二回に新作が公開される人気シリーズとなった。二六年間で四八作もの映画がつくられ、そのすべてで主役を務めた渥美清の名演で知られる、日本映画に一時代を築いた作品だった。その『男はつらいよ』の物語は、じつにシンプルである。全国各地の縁日を巡っては故郷の柴又に帰ってくるテキ屋の車寅次郎、通称「寅さん」は、柴又に住む養父たちとの間に騒ぎを起こして故郷を旅立つのだが、結局はすぐに柴又へ再帰する。ただその繰り返しである。

おそらく先述の『矢切の渡し』と似て、その映画の内容（コンテンツ）を微分しても積分しても、何も出てこない。注目すべきは、寅さんの旅のかたちであり、故郷と旅先を行き来し続ける移動のスタイルである。そうした移動の様式と体験、すなわちモビリティが駆動する映画のジャンルに、ロードムービーがある。そして『男はつらいよ』は、日本で生まれたロードムービーと考えることができる。

ロードムービーと観光の関係は興味深いテーマだが、これまでの観光研究では十分に検討されてきたとはいいがたい。そもそもロードムービーとは「旅する物語」の映画ジャンルであり、アメリカ映画でいえば『俺たちに明日はない』(一九六七年)や『イージー・ライダー』(一九六九年)が有名だが、これらは日本の『男はつらいよ』と「同世代」である。オックスフォード英語辞典を引けば、ロードムービーとは陸路(ロード)を行く旅の物語を意味し、「何らかのかたちで覚醒や自己認識を得ること(some form of insight or self-knowledge is gained)」が特徴としてあげられるという。

これを観光社会学の視座から言い換えれば、ロードムービーとは「モビリティが駆動する再帰的な自己の物語」となるだろう。もちろんそれは映画に固有の物語の様式ではなく、古くはホメロスの叙事詩『オデュッセイア』や松尾芭蕉の俳諧紀行『おくのほそ道』など、さまざまな作品で表現されてきた。

そのうえで映画というメディアの特徴ゆえ、ロードムービーでは登場人物たちの移動そのものが印象的に描かれることが多くあり、その身体的で物質的な移動の様式と体験こそが、物語を駆動する源となる作品が少なくない。いわば旅の目的(地)やその途中に起きる事件と同等かそれ以上に、移動する様式と体験、すなわちモビリティこそが物語の主軸となる。なかには移動の目的(地)は曖昧で「とりあえず」のまま、モビリティそのものが主要な出来事(イベント)として描かれ、その移動の体験を通じて登場人物たちが自分自身と向き合い、成長し、あるいは覚醒していくロードムービーもある。映画『スタンド・バイ・ミー』(一九八六年)はその代表作であり、少年たちの移動と成長が融合した、モビリティが駆動する再帰的自己の物語といえる。そこでは、移動する少年たちの真正なる目的(地)など、誰も興味がないし、ほとんど意味をもたない。

『男はつらいよ』の寅さんも、これによく似ている。あるいは、もっと息の長い、それゆえに壮大なロードムービーだったのかもしれない。前述したように寅さんは、縁日の屋台でものを売るテキ屋を生業《なりわい》として、各地を旅して生きている。ときに寅さんは故郷（ホーム）に帰るが、それは束の間の、一時的な帰郷であり、すぐに旅（アウェイ）へ出る。それでも彼は、どうしても旅から故郷へと再帰するのだ。

そうしてホームとアウェイの間を行き来する寅さんの移動には、二つの特徴がある。第一に、目的地がなく、また目的そのものがない。むしろ移動し続けることが目的であり、生き様そのもののように見えること。第二に、ホームとアウェイの間を単純に往還しているのではなく、さまざまなアウェイの先には屋台のテキ屋として商売をするための祭りがあり、そして物語を動かす出会いがあること。ただし祭りも出会いも、寅さんにとって「本物の目的（地）」ではない。寅さんの移動は、固有名をもつ場所への移動ではなく、「疑似の目的（地）」へ向かう移動である。それゆえ旅先での出会いも別れも、偶然の産物として与えられ、やがて失われていく。

そうして寅さんの旅先は作品ごとに変わっていき、出会いも別れも変わり続けていく。変わらないのは寅さんが続ける移動の様式（モビリティ）であり、それこそが物語の駆動力となり、このドラマのアトラクション（魅力）となっている。その移動の物語は、日本に生まれたロードムービーの一様式といえる。

約言すれば、寅さんのモビリティには「本物の目的（地）」はない。とりあえずの行き先があり、仮の宿があるだけである。そしてホーム（故郷）に再帰しても一時的で、遅かれ早かれ次の移動が始まる。故郷の柴又も「本物の目的（地）」にはなり得ず、むしろ一つの「疑似の目的（地）」として捉えるべきだろう。

ここで「本物の目的（地）」をリアル・エンド（real ends）とすれば、「疑似の目的（地）」はスードウ・エンド（pseudo-ends）といえる。これはD・ブーアスティン（D. Boorstin）が『幻影の時代』（原題は*The Image*）で展開した「疑似イベント（pseudo-events）」を参照した概念だが、ここから進む方角は、ブーアスティンとは異なってくる。

3. スードウ・エンドのモビリティ

周知のようにブーアスティンは、道なき道を独力で苦労しつつ進む旅を「本物の出来事」とみなす一方で、旅行会社やホテルが提供する安楽な観光を「偽物の出来事」と批判した。これを本章の議論に接続すれば、前者は「本物の目的（地）」としてのリアル・エンドを目指す旅であり、後者は「疑似の目的（地）」としてのスードウ・エンドへ向かう観光となる。

ただしリアル・エンドとスードウ・エンドは、二律背反の関係にはない。多くの場合で両者は混ざり合い、そして文脈的かつ具体的に現象すると考えられる。そこで須藤廣と遠藤英樹が『観光社会学』（二〇〇五年）で展開した、本物と偽物の二項対立を超える議論を援用し、今日の観光社会学の視座からブーアスティンの疑似イベント論を再考すれば、次の問いが浮かび上がる――「本物」を目指す旅とは異なる価値や可能性が、スードウ・エンドの観光には、本当にないのだろうか。

おそらく「本物の目的（地）」を目指す旅は、これからもさまざまに行われ続けていく。リアル・

エンドへの移動は消滅しない。そのことを確認したうえで「疑似の目的（地）」へ向かう移動には、その目的（地）の虚構性と一時性ゆえに、独特なアトラクション（魅力）があると考えることができる。

たとえばいくつかのロードムービーでは、「本当の目的（地）」にたどり着かない結末や、当初の想定とは違うエンディングを迎える作品が少なくない。むしろ、そんな作品ばかりかもしれない。それにもかかわらず、あるいはそれゆえに、魅力的な物語を生み出すことがある。明確な目的（地）は移動の必要条件ではなく、とりあえず、仮に、そして一時的に、「エンド」は「あればよい」のかもしれない。

これは『男はつらいよ』の寅さんのモビリティに、そしてその生き様にも通じる。前述したように寅さんは、「本当の目的（地）」ではなく「疑似の目的（地）」へ向かう移動の体験を生き続ける。定住を避け、定職にも就かず、「本当の目的（地）」もなく、ただ「疑似の目的（地）」への移動こそを生きる。そこには、とりあえずの、仮の、そして一時的な目的（地）だからこそ可能になる、スードウ・エンドならではのモビリティがある。これは映画の物語だけでなく、その舞台地を巡る人びとの体験にも、いえることだろう。

たとえば『男はつらいよ』を観て柴又を訪れる人びとは、また『矢切の渡し』を聴いて矢切を訪れる人びとは、たしかに映画や歌などのメディア表現が描き出す江戸川の両岸を物理的かつ身体的に訪れる。ただし、そのまなざしの先には「本物の目的（地）」としての柴又や矢切があるわけではない。とくに後者の場合、千葉県松戸市矢切という固有名の地理空間を体験するために、わざわざ足を運ぶわけではない――誰が「本物の千葉」などへ、来たいだろうか。

『男はつらいよ』も『矢切の渡し』も、とりあえずの、仮の、一時的な目的（地）を供給する疑似イベントの物語である。そうしたメディアが描く「疑似の目的（地）」を理解したうえで、人びとは自らの意思でスードウ・エンドの観光地へ向かう。なぜならリアル・エンドの観光（地）よりもスードウ・エンドの観光（地）のほうが、「本物」たちが発する他者性や真正性などのノイズが少なく、より純度が高い観光の体験を期待できるためである。

たとえば富士山や京都御所や原爆ドームのような本物と目される目的（地）よりも、メディアが描き出す下町や名所や舞台地のような、観光することで行為遂行的につくりだされる「疑似の目的（地）」のほうが、移動の体験が可能にする人びとの関与や参加の度合いが高く、また先述したように体験の純度が高いため、その結果として目的（地）よりも移動の様式のほうが観光を誘発し駆動する原動力となりうる。言い換えれば、リアル・エンドよりもスードウ・エンドのほうが「まちあるき」や「舞台地めぐり」や「日帰り観光」や「休日デート」などの観光的な移動の様式（モビリティ）をつくりだすのに親和的であり、より高度な観光のアトラクション（魅力）を作動させうるといえる。

かつてブーアスティンは「本物の目的（地）」への旅を賛美し、「疑似の目的（地）」への観光を批判した。これに対し、今日の観光社会学は「本物の目的（地）」への旅とは異なる様式をもち、異なる体験を生み出す「疑似の目的（地）」への観光も分析の対象とすることができ、そのメカニズムを探究することができる。リアル・エンドへの旅とは別に、スードウ・エンドへの観光にも固有の体験が、明らかに存在するためである。さらにはスードウ・エンドこそが新たな観光を駆動し、リアル・エンドとは異なるモビリティを実現する、観光のアトラクションの源泉となることもある。その例を見るため、いま一度「一九八三年のエドガー」へ再帰したい。

4. 「一九八三年のエドガー」のキャストたち

江戸川の西岸と東岸で「疑似の目的（地）」が人気を博した一九八三年、同じ川の数キロ先には、およそ桁違いの人びとが全国から参集する「スードウ・エンドの王国」が誕生した。東京ディズニーランドである。

千葉県浦安市に建造された「東京」ディズニーランドの開園日は一九八三年の四月一五日であり、それは細川たかしの『矢切の渡し』発売から一か月半後だった。ちなみに同年の七月には任天堂が「ファミリーコンピューター（ファミコン）」を発売してビデオゲーム機が多くの家庭に入り、疑似イベントも新たな段階に入った。また同年の一〇月にはテレビドラマ『スチュワーデス物語』が放送され、当時一六歳の主演の「疑似な演技」が大当たりした。さらには「本物の俳優」ではない坂本龍一とビートたけしが熱演した映画『戦場のメリークリスマス』の公開も同年だった。G・オーウェルの『一九八四年』より一年早かったが、一九八三年の日本は「スードウなイベント」で満ちていた。

そんな年に出現した東京ディズニーランドは、ディズニー映画を原作とするテーマパークであり、メディアのイメージが誘発する「スードウ・エンドの王国」である。それゆえディズニー映画と東京ディズニーランドの関係は、映画『男はつらいよ』と柴又の関係と似ているものの、両者には決定的に異なる点がある。柴又にはリアルな住民が実在し、その住民たちの生活が存在するが、東京ディズニーランドには住民は存在せず、厄介な歴史や面倒な生活もない点である。いうまでもなく後者は海を埋め立てた人工の造成地、つまり「スードウな土地」に建造された、千葉県に位置する「東京」である。そこは地元住民というホストのいない、また地域もコミュニティもない、より虚構性の高い疑似イベントの具現化された空間であり、伝統文化や地域住民などが必ず醸し出すノイズの発生しない、文字どおりの「疑似の目的（地）」として理想的な「スードウ・エンドの王国」である。

そのため東京ディズニーランドでは、所在する千葉県浦安市の地域文化を活かした食べ物や買い物や乗り物など、誰も期待しない。むしろ「本物の千葉」は隠蔽され、それを連想させる要素はことごとく忌避される。ここではアトラクションも、パレードも、ショッピングも、すべて「スードウ・エンドの王国」を構成する疑似イベントたちであり、とりあえずの、仮の、そして一時的な目的（地）であることこそが求められる。そうした本物のホストもコミュニティも存在しない一九八三年のエドガーの「疑似の目的（地）」であることが、東京ディズニーランドの達成だったといえる。

ただし、この程度の議論では、先述した須藤・遠藤が切り拓いた今日の観光社会学から問い返せば、まだまだ十分な水準に達していない。なぜなら東京ディズニーランドにも、ホストの役割は存在すると考えられるからだ。それはスードウなホストたちであり、当地では「キャスト」と呼ばれる、来園者を迎える従業員たちである。

そもそもキャスト（cast）とは、演劇や映画などの出演者を意味し、それは虚構の世界で身体的な表現をするパフォーマーを指す。そして東京ディズニーランドは園内で働く従業員たちをキャストと呼び、単なる労働者としてふるまわないよう、むしろミッキー・マウスをはじめとするディズニーのキャラクターたちと同様に、ディズニー的世界を上演するアクター（役者であり主体）となるよう、正規や非正規の従業員たちに求めている。そうしてさまざまなキャストたちのうち有名な役は、園内の掃き掃除などを主に担当するカストーディアル・キャストだろう。彼らは場内に落ちたゴミを集めたり、水に濡らしたほうきで路上に絵を描いたり、道案内をするかたわら、来園者が持ち込んだ自作の弁当を広げて食べだしたり、同行者たちと大騒ぎして「スードウ・エンドの王国」を棄損するような行為を防ぐよう、園内を巡視している。そうしてスードウ・ホストであるキャストたちは、ゲストたちにも「スードウ・エンドの王国」のコードを遵守し、それに従って各自が行動するように促す。

このとき注目すべきは、カストーディアルをはじめとするさまざまなキャストたちから発せられる、「王国」のまなざしを浴びる来園者たちが、自ら「スードウ・エンドの王国」のパフォーマーとなり、スードウ・ゲストとしてのもう一方のキャストたちになることを習得し、やがて自然と実践するようになることである。すなわち、スードウ・ゲストたちのキャスト化である。

たとえば単なるゲストを抜け出し、良いキャストとしてパフォーマンスすることを自ら望む来園者たちは、ディズニーのキャラクターたちや従業員たちと一緒に「スードウ・エンドの王国」を上演するドラマに、じつに積極的に参加する。良きキャストとしてアトラクションの長い行列に不満を言わずに笑顔で並び、パレードを定められたゾーンのなかから見物して型どおりの歓声を上げ、そしてひたすら写真を撮りまくり、ＳＮＳで熱心に広く報じる。こうした良きキャスト（スードウ・ゲスト）たちのパフォーマンスに応答するため、もう一方の良きキャスト（スードウ・ホスト）たちは、目の前の良きキャスト（スードウ・ゲスト）たちへ声をかけ、手を振り、グリーティングし、そしてまなざしを送り続ける。そうして良きキャストは、良きキャストを生む。

東京ディズニーランドにはリアルな「ホストとゲスト」の関係の代わりに、スードウな「ホストとゲスト」の関係があり、後者は「キャストとキャスト」の関係と言い換えることができる。そして一九八三年のエドガーに現れた「スードウ・エンドの王国」では、乗り物や買い物や見せ物と同等かそれ以上に、キャストとキャストの集合的で身体的な上演が、アトラクションの一つになっている。このとき「キャストとキャスト」の関係は、スードウ・ホストとスードウ・ゲストの関係だけでなく、スードウなゲストたちの間でも上演されていくことが見逃せない。良きキャストは良きキャストと笑顔で接し合い、乗船中に目が合えば相互に手を振り合い、そしてフォトスポットではスマートフォンやカメラを渡し合い、お互いに撮影し合う。そうして「スードウ・エンドの王国」は、他のリアルな観光地よりも圧倒的にノイズの少ない、それゆえに純度の高い「観光的リアリティ」の体験をキャストたちにアフォード（提供）する。

この東京ディズニー・リゾートに独特なアトラクションを味わったキャストたちは、「王国」の忠良なるリピーターになる。もちろん「本物の観光地」としてのリアル・エンドでも、キャストとキャストの集合的上演は可能である。そのうえで「疑似の目的（地）」としてのスードウ・エンド、とくにその「王国」である東京ディズニーランドでは、およそ水準の違う集合的上演が数多くの多様なキャストたちによって日夜、パフォーマンスされている。ここを訪れる人びとは自ら望んで入園料を支払い、良きキャストになる。その「王国」に特有のアトラクションを味わえば味わうほど、幾度も再帰するリピーターになっていく。まるで「寅さん」のように、ホームとアウェイを往還し続ける。

そうしてスードウ・エンドの再帰的なキャストたちは、「王国」を訪れるたびにそれぞれの上演の技法、すなわちドラマトゥルギーを熟練させていき、その「疑似の目的（地）」を行為遂行的に「あり」にしていく身体的で物質的な生成のプロセスに、自らの実存をかけて熱中していく。

スードウ・エンドの観光とは、それぞれのキャストのパフォーマンスを通じた世界の体験であり、世界を具現化し、それをつくりあげるプロセスへの参加である。これは一九八三年に誕生した東京ディズニーランドに限らず、同年に出現した矢切、野菊の墓、柴又などエドガーの各所でも観察されるプロセスであり、そして「本物の世界」の観光よりも純度の高い、キャストとキャストの集合的上演が増幅するアトラクションが渦巻く、スードウ・エンドの観光が浸透していったモメントでもある。これら「一九八三年のエドガー」に見られる事例たちは、それ以降の日本社会がスードウ・エンドの駆動する「観光化する社会」になっていく転換点を、鮮やかに示していたように考えられる。

5.「観光の覚醒」は可能か

かつて遠藤英樹とともに日本の観光社会学を新たなステージへ到達させた須藤廣は、現代社会を「観光化する社会」と捉えて論及した。今それを援用し、先述したスードウ・エンドの観光を問い返せば、キャストとキャストのパフォーマンスが織り成すさまざまなドラマたちが「せかい」をつくりだすという、観光社会学が向き合うべき地平が見えてくる。すなわち観光は、集合的で一時的でスードウな「せかい」をつくるドラマである。そしてキャストたちが上演する個々のドラマから、「まちあるき」や「下町さんぽ」や「デート」などのドラマトゥルギーが精錬されていき、それらと相応して世界は「せかい」として観光的に再構築されていく。

もはや明らかなように、世界が観光を可能にするのではなく、観光が世界を可能にする。もちろん世界をつくるのは観光だけではないが、その主要な回路の一つであることは、否定しようもない。

かつてE・ゴフマンは、対面コミュニケーションにおけるドラマトゥルギーを問うた。J・アーリとJ・ラースンはゴフマンの研究を援用し、観光におけるパフォーマンスを問うたが、個々のドラマを可能にするドラマトゥルギーまでは達していない。そして須藤と遠藤の『観光社会学』を手にしたわれわれは、スードウ・エンドの観光におけるキャストたちのパフォーマンスを問い、そこで生成する「観光せかいづくり」のドラマトゥルギーを問うことができる。個々のドラマの具体的な分析を重ねていく先に、この「せかい」の上演法が見えてくるだろう。

観光は「まち」も「ひと」も「もの」も「こと」も上演する。おそらく観光とは、「せかい」を上演するキャストたちの、ドラマの一演目である。そして観光には独特な「せかい」づくりの技能があり、リテラシーがある。それが観光のドラマトゥルギーであり、とくにスードウ・エンドのドラマトゥルギーを問う作業は、「せかい」のつくり方を明らかにするプロジェクトとなる。

もちろん、ここに見た「観光化する世界」は「魔法の王国」でも「義理と人情の下町」でもなく、そして良いことばかりが待っているわけでもない。「観光化する世界」は再帰的で流動的な近代社会そのものの別名でもあり、そこではフェイクニュースや、悪意のあるイメージや、過度に複雑化したスードウ・エンドも渦巻いているため、「せかい」はつねに両義的につくられていく。それだけにキャストたちの演じ上げの方法が、そしてその集合的上演の方法としてのドラマトゥルギーが、これまで以上に問われるだろう。

その主著『観光化する社会』の「あとがき」で、須藤廣は次のように記している。「筆者が観光社会学の領域に足を踏み入れた理由も、旅の『快楽』を得る（回復する）道筋を知りたいといった単純な動機であった。この本も結局はその単純なところに行き着く。旅の社会学（「観光社会学」とまでは言わないが）の目的は、旅の〈他者性〉と〈異化作用〉を取り戻し、それをとおして旅人たちが覚醒する道を探ること……。こう言ったら読者は身を引いてしまうだろうか」（須藤 2008: 186）。

旅と観光を切り分け、前者に限定して謙虚に語ろうとする須藤の学的姿勢に見習うべきところが多いが、最後に問いたい。須藤が探究した「旅の覚醒」に対し、「観光の覚醒」は可能だろうか。そもそもスードウ・エンドの観光には、すなわちキャストとしてのドラマを上演し続ける先には、覚醒などないのだろうか。われわれは、ずっと幻覚し続けるのだろうか。それとも「観光の覚醒」があるならば、それはどのような姿をしており、「観光せかいづくり」といかなる関係を取り結ぶのだろうか。

ブーアスティン、ゴフマン、アーリとラースン、そして須藤と遠藤をはじめ、さまざまな研究者たちが議論を積み重ねてきた観光社会学は、これからさらに「観光せかいづくり」の両義的な地平へと、その歩みを進めることができる。

［文献］

須藤廣（2008）『観光化する社会――観光社会学の理論と応用』ナカニシヤ出版

――――（2012）『ツーリズムとポストモダン社会――後期近代における観光の両義性』明石書店

――――（2014）「観光メディア論の試み――観光的リアルの構造とその変容」（『観光学評論』二巻一号、観光学術学会、四三～五四頁）

須藤廣／遠藤英樹（2005）『観光社会学――ツーリズム研究の冒険的試み』明石書店

――――（2018）『観光社会学2.0――拡がりゆくツーリズム研究』福村出版

ブーアスティン、ダニエル・J（1964）『幻影の時代――マスコミが製造する事実』（現代社会科学叢書）星野郁美／後藤和彦訳、東京創元社

山口誠（2017）「『観光のまなざし』の先にあるもの――後期観光と集合的自己をめぐる試論」（『観光学評論』五巻一号、観光学術学会、一一一～一二五頁）

――――（2023）「ドラマトゥルギーのひと」（難波功士・野上元・周東美材編『吉見俊哉論――社会学とメディア論の可能性』人文書院、四一～六五頁）

吉見俊哉（1987）『都市のドラマトゥルギー――東京・盛り場の社会史』弘文堂

第4章 ウォルトがディズニーランドからいなくなる日

——融解・流動化するTDRのテーマ性

新井克弥

東京ディズニーリゾート（以下、TDR）は開園以来、四〇年の間にめざましい変化を遂げ、本家アメリカのディズニーランドとは異なる様相を見せている。テーマに基づいて環境を統一するテーマパークというコンセプトが次第に破壊されていくプロセスがそれである。にもかかわらず、入場者は年々右肩上がりを続け、コロナ禍直前の二〇一九年には年間三二〇〇万人もの数を記録した。ディズニーの基本理念から離れていくほど活況を呈するTDR。本章ではその理由を探る。また、こうしたTDRの変容が情報化社会の未来のありようを示唆するものとして捉えてみたい。

はじめに——〝ゆめの くに でぃずにーらんど〟

ディズニーランドの存在を知ったのは三歳（一九六三年）、母が姉に買い与えた講談社ディズニー絵本（アンデルセン 1962）の巻末に「ゆめの くに でぃずにーらんど……おとぎのくに」のタイトルでファンタジーランドの様子がカラーで紹介されていたのを発見したときだった。「こんなところがあるのか！」、文字どおり「夢の国」と映り、一気に魅せられることに。その年、両親は開園間もない奈良ドリームランド（ディズニーランドを模倣した遊園地）に自分を連れて行ったが、それがディズニーランドへの思いをさらに募らせることになった。

ただし当時、海外旅行に出かけられるのは富裕層に限られていた。ラーメン一杯五〇円程度の時代に一ドル三六〇円の固定相場制では、庶民がアメリカにあるディズニーランドを訪れることなど、どだい無理な話だったのだ。以降、ディズニーランドへの思いは日本テレビの番組『ディズニーランド』を見たり、ディズニーアニメを見に映画館へ出かけたりすること[1]でお茶を濁していたのだが、これまたパークへの思いをいたずらに拡大していくだけだった。幼少期の自分にとってディズニーランドは、まさに「おとぎの国」「ネバーランド」、つまり到達不可能な場所だったのだ。

だが、月日の流れとともにディズニーランドへの思いは薄らいでいく。第一世代（一九六〇年生まれ）としてアニメ（ジャパニーズアニメ）に親しみ、一〇代になるとより複雑なストーリーを求めるようになった自分にとって、勧善懲悪、シンプル、ハッピーエンドに思えたディズニー作品は、いわば「お子様ランチ」でしかなくなっていたのだ。

しかし、大学生になった一九八三年、状況は一変する。〝Disneyland comes to my town〟そう、わが街（浦安）に東京ディズニーランド（以下、TDL）がオープンしたのだ。そこでキャスト[2]として参加することに。とはいえ、仕事先として選んだ理由は家から近く、時給が高かったから。もうディズニーへの想いなど、とっくになくなっていた。ディズニーランドへのかかわりは、ここでリスタートされる。

もっとも、これは自分に限った話ではなかった。当時、企業としてのディズニー人気は低落、日本の子どもたちの関心もアニメに向かっており、ディズニーは過去のものとしてすっかり忘れ去られていたのだ。事実、同期に入社した他のキャストたちの大半が、ディズニーについてはプルートとグーフィーの区別ができないレベルの知識しかもち得ていなかった。それゆえ八三年は「日本におけるディズニーのリスタート」（ただしディズニーではなくディズニーランドとしての）と位置づけられるだろう。ＴＤＲ側はオープンにあたって前年のクリスマスイブに映画『ピーター・パン』をテレビ放映したほか（長編もののディズニー映画のテレビ放映は本邦初だった）、四月からは「ディズニーランド」のタイトルのもと、午後七時枠で毎週短編アニメを三本放送した。いわば、テコ入れを開始したのである。言い換えれば、ディズニーが日本人からは忘れ去られた存在であることをＴＤＬ側も認識していた。事実、パークのデザインも中央にシンデレラ城を据えるといった具合にフロリダのパークを踏襲しており、いわば「ディズニーの再教育」に尽力していた。

オープン当初、ゲスト(3)のパーク内での反応は現在とはまったく異なっていた。それはさながら「初めて外国に観光に訪れたパックツアー客」。上気しつつも緊張し、少々落ち着かないといった様子。パーク内ではキャストがオーバーアクションでゲストを迎えるが、これにゲストのほうは腰が引けていた。昼間のパレードでは「東京ディズニーランド・イズ・ユア・ランド」のタイトルで各テーマランド紹介のフロートが流れていたが、これもまた「ゲストを教育する」といった目的をもつものであることは明白だった。ゲストはパレードに魅了されつつも、派手なパフォーマンスに一歩後ずさりといった状態だったのだ。

初年度の入場ゲスト数は一〇〇〇万人。パーク内はけっこうガラガラという感じで、キャストを務めながらも「ここ、大丈夫なんだろうか？」と、ちょっと不安になったりするほどだった。

1. パークの変容

(1) ウォルトがパークを支配していた

当時、ゲストがディズニーそしてパークに関する情報の入手手段はきわめて限られていた。ときおり特集されるテレビや雑誌の特集、オフィシャル・インフォメーション、上映される新作アニメーション映画のプロモーション（ただし、ディズニー映画が再び活性化するのは一九九一年に上映された『リトル・マーメイド』から）、CM、そして一九九〇年に創刊された季刊誌『Disney Fan』（九一年より隔月刊化）、そのほかは口コミのレベル程度だった。パークではアトラクションの新設時、スニーク・プレビューと呼ばれる試運転を行う。これはオープニングに先立って、一般にはインフォメーションせず抜き打ちでアトラクションを稼働させ、ゲストを入場させるもの。当然ながら、ゲストはパークに入って初めて、もうアトラクションが稼働していることを知る。ゲストにとっては「ラッキー」なのだが、一般的には情報が浸透していない分、アトラクションに乗るゲストも少なくなる。つまり、オープンを待ち受けるゲストを出し抜くことで試運転とOJT（職場内訓練）が行えるという仕組みなのだ。これは、この情報が一般にリークされないがゆえに可能なやり方でもあった。

こうした「限定された情報環境」は、情報の送り手＝TDR側がゲストやファンをコントロールするためには最適だった。マスメディアを通じたワンウェイ、フィードバックなしの環境ゆえ、ＴＤＲ側は思いどおりにファンやゲストをコントロールすることが可能になる。要するに、インフォメーションは「ディズニーという名の大本営による発表」にほかならなかった。

ただし、これはファンたちにとってはディズニー世界の複雑性を縮減する最適な手段でもあった。こうしたインフラはディズニー世界に関する知識＝イデオロギーを涵養するソリッドな揺籃として、さながらＧ・オーウェルのディストピア小説『一九八四年』に登場するビッグブラザーによる支配（ただし快適なそれ）のごとく機能していた。それゆえファンはじつに従順な存在だったのだ。

やがて、ファンは年月を重ねるにつれ、ディズニー知識を成熟させていった。またＴＤＬ自体もこうした完全管理体制のもと、本家のアナハイムやフロリダのディズニーランドのような、ウォルト・ディズニーが創造した世界を日本国内に再現していくと思われた。少なくとも九〇年代末までは……。

⑵　ＴＤＬに愛想をつかせた弟夫婦

ゼロ年代の終わりのある日、弟夫婦とパークについてちょっとしたやりとりがあった。夫妻はキャストの経験があり、アメリカの両ディズニーランドを何度も訪れたこともある筋金入りのディズニーファン。ところが二一世紀に入ってパークに行くことがとんとなくなっていたのだ。その理由を義妹は一刀両断した。曰《いわ》く、「あそこは、もう終わっている」「ただのてんこ盛り」「キャストの質がひどい」……。

じつは同様の印象を自分も抱いていた。テーマパークと称しながら、次第にそのテーマ性が希薄になっていくのを感じていたからだ。ひたすら豪華になる反面、あらゆるものが乱雑になり、パークのメッセージが読み取りづらくなっていたのだ。これはパレード、ショー、新設のアトラクションからレストランで供されるメニューにまで及んでいた。

ゲストもまた変容していた。その行動が次第にパークのガイドライン的なものから逸脱し、勝手気ままにその空間を切り取り始めたのだ。典型はDヲタと呼ばれるファン＝ディズニーオタクの出現だった。コスプレ姿でのパーク内闊歩、ブルーシートを広げ、おびただしいディズニーグッズを並べて長時間にわたってパレードの開始を待つ「地蔵」と呼ばれる行為、インスタグラムに映える写真をアップするための禁止エリアへの立ち入りなど。もちろん、もう彼らがキャストやパレードに対して後ずさりすることなどなくなっていた。

こうした事態が発生したのはなぜか、そしてこれからTDRはどこへ行くのだろうか。

2. テーマ性の破綻

(1) テーマ性の二つの軸――範列と統辞

TDRの基調となるコンセプトはパークのテーマ化である。ブライマン（Aran Bryman）はテーマ化について「『ワイルドウエスト（西部の荒野）』をナラティブ（物語）にしたカジノやレストランのように、対象となる施設や物体をそれとはほとんど無縁のナラティブで表現すること」（ブライマン

2008: 15）であり、「ナラティブ（物語）を組織や場所に適用することで成り立っている」（ブライマン 2008: 40）と指摘している。しかしながら、ブライマンはナラティブの側面についてほとんど語っていない。むしろ強調しているのはテーマ性に基づいた環境の統一のほうだ。

こうしたブライマンにおける議論の欠落は、テーマ性が二つの側面、①パラダイムと②ナラティブから構成されていることを逆照射する。前者はパークをテーマに基づいたジャンルで空間を統一する側面、後者はパークの空間を物語によって一筆書き、あるいは重層化する側面だ。ブライマンには後者の記述がほとんどないのである。

これを言語学的用語で置き換えてみよう。英文〝I eat an apple〟は意味、範列、統辞という三つの要素で構成されている（ここでは議論の関係上、後者二つのみを取り扱う）。範列とはジャンルの決まりについての側面で、〝apple〟は「果物」という範列のなかの一つ。言い換えればジャンル内には〝banana〟〝strawberry〟〝orange〟などが存在する。これはテーマ性においてはパラディグム＝範列に位置づけられる。ウエスタンランドであるならば「西部開拓＝フロンティア精神」という範列のなかに収まるもので統一を図るわけだ。統辞は「単語配列の決まり」についての側面で、英語の場合には五文型が該当する（例文の場合は第三文型：S＋V＋Oとなる）。こちらについてはナラティブ＝物語に位置づけられる。ＴＤＲにはアトラクションやレストランを含めて統辞的側面であるバックグラウンド・ストーリーが付与されている。たとえばビッグサンダー・マウンテン。これは金を採掘する鉱山という設定＝範列だ。ところが、この鉱山に精霊が住み着いてさまざまな災害をもたらすことになったため廃坑となり、街もゴーストタウンに。だが、その後も精霊たちが無人の鉱山列車は走らせ続けているという設定＝統辞（ただしパークによって微妙に異なる）が付与されている。そして、このアトラクションは西部開拓＝ウエスタンランドというマクロな範列の一つとして位置づけられ、この下位にアトラクションの統辞とミクロな範列がリンクされている。

そこでＴＤＲの変容を、これら二側面の変化を踏まえて、送り手（ＴＤＲ）、受け手（ゲスト）の二つの側面から考えてみよう。キータームは「テーマ性の破綻」だ。

(2) 送り手＝ＴＤＲにおけるテーマ性の破綻

まず送り手＝ＴＤＲから見てみよう。東京ディズニーシー（以下、ＴＤＳ）のテーマポート（ＴＤＬのテーマランドに相当する）の一つにポートディスカバリーがある。ここは未来において気象を解明し、これをコントロールする目的で建設されたマリーナ。巨大な嵐を消し去ることができるストームライダーの実験が成功し、その研究成果を発表、そしてそれを祝うフェスティバルが開催されているというテーマが設定されている。中心的存在はアトラクション・ストームライダーで、これとの関連でアトラクション・アクアトピア、ホライズンベイ・レストランが範列的に設定されている。前者は「新しい航海システム・ウォーターヴィークルを研究中の施設をフェスティバル訪問者に開放」、後者は「ヨットクラブの場所を改装したレストラン」で、これら統辞とポートの範列がマリーナのフェスティバルにゲストを招き入れるかたちで統一したテーマ性を構成していた。ところが二〇一七年、ポートの中心的存在であるストームライダーがニモ＆シーライダーへと変更されることで、まずメインアトラクション自体の範列性が破綻した。アトラクションに登場するニモと仲間たちは現代の存在なので未来とは関係がない。またテーマは「海を守ることの大切さ」に変更されており、こうなるとポート内の他の施設との範列性＝祝祭が破綻する。また統辞的部分についても無理のあるアリバイ的なストーリーとなっており、テーマ性はほぼ崩壊したといってよい。事実、この変更にあたっては多くのディズニーファンから非難が浴びせられたほどだった。

これは象徴的な例だが、こうした範列／統辞の両側面でのテーマ性破綻はＴＤＲ内の至るところで発生している。二〇二四年、ＴＤＳでは七つ目のポート・ファンタジースプリングス（これはＴＤＬのファンタジーランドに相当する）がオープン予定だが、そもそもスプリングスは泉であり、上位の範列であるシー＝海、ポート＝港とは関連性がない。また設けられるアトラクションは『塔の上のラプンツェル』（ラプンツェルの森）、『アナと雪の女王』（フローズンキングダム）、『ピーター・パン』（ピーター・パンのネバーランド）に関するもので、これらがポートとどのように関連づけられるのか（いずれの作品も泉ではなく海や入り江に関連する）は定かではないし、また、なぜこれらが選択されたのかについても範列／統辞の両側面で希薄だ。強いてアイロニカルに範列的な統一性をあげれば「日本人に人気のあるディズニー映画」であることで、もちろんこれは別のくくりとなる。その他、ＴＤＬではアドベンチャーランドのレストラン・チャイナボイジャーでラーメンを提供したり、もう一つのコンセプトであるファミリーエンターテインメントの基本となるアルコール販売禁止を解除したりと、パークはそのテーマ性を次第に液状化させつつある。(4)

(3) 受け手＝ファンはオタク化する

次に受け手＝ゲストを見てみよう。とりわけ取り上げたいのは、前述したDヲタと呼ばれるディズニーオタクの一群である。一九八九年、『週刊読売』は、オタクのパーソナリティを、一部のトリビアルな領域に傾倒する若者で、情報を主としてメディアを介して入手するため、その副作用としてコミュニケーションが苦手と表現した[5]（週刊読売 1989）。また、社会学者の大澤真幸はオタクの特性を「情報の過剰と意味の希薄」と表現している（大澤 1995）。まず情報を入手することが目的であり、内容それ自体についてはさしたる関心を抱かない。それゆえオタク同士の会話では次々と単語が羅列される。つまり、オタクにおいては範列的な情報が中心となる一方で、それらを統辞的に接続すること、言い換えれば物語ることは希薄になる[6]。この定義を踏まえれば、これと対照的な「情報の希薄と意味の過剰」な一群は、かつての趣味人たちが該当するだろう。つまり、情報の入手手段が限られているため、少ない情報をつなぎ合わせて妄想する。ここでは、こうした統辞性が過剰な一群を「マニア」と呼んでおきたい。

前述したように、ＴＤＬ開園から一〇年ほどは情報源が限定されていたため、ＴＤＲのガイドラインに従順なゲストが趨勢を占めていた。だが、このゲスト層は次第にＤヲタに転じていく。そして、こうした流れを推進したのがインターネット環境の出現だった。わが国におけるインターネット普及率は一九九七年には九・二％にすぎなかったが、二〇〇〇年前後から急激な上昇を見せ[7]、さらに二〇〇八年フェイスブック、二〇〇九年ツイッターの国内サービス開始によってＳＮＳが爆発的な広がりを見せていく。これがパーク、ゲスト側の変容と見事にシンクロしているのだ。

Ｄヲタ出現の原因は、情報に対する受け手＝ゲストの能動性の高まりに求めることができるだろう。インターネットをめぐる情報インフラの整備は、それまでもっぱらディズニーランドに関する情報をディズニー側のコントロール、つまりウォルトの理念による支配のもとで享受していたファンたちを、こうした管理下から解放した。インターネット経由の情報量はマスメディア経由のものよりも勝っており、この環境を用いてファンたちは次第に自らの嗜好に合わせて情報を選択し始めた。そして、こうした傾向は二〇一〇年代にはＳＮＳの普及によって拍車がかかっていく。安易な発信力を獲得したことで、受け手は送り手にも転じ、自らディズニー、とりわけパークに関する情報を発信するようになったのだ。パークを訪れたＤヲタたちは、自らの経験をテクスト／音声／写真／イラスト／映像を通じて次々とネットへアップしていく。その情報量は膨大で、ディズニー側がリリースする情報など、それらの一部分としてしか位置づけられなくなった。たとえば前述のスニーク・プレビューは、インターネット上でオタクがその情報を事前にリークしてしまうため、もはやかつての機能を失ってしまっている。かくしてパーク内には弟夫婦があきれる情景が展開されることとなったのだ。

(4) マイディズニーランドと二つの志向性

ただし、膨大な情報量ゆえ、Ｄヲタたちにとってもこれらすべてを取り込むことは不可能だ。そこで、このなかから任意に情報を選択、カスタマイズし、加えてこれを発信するようになっていく。いわばフィルターバブル的に情報の取捨選択を行うようになるのである（パリサー 2012）。その結果、それぞれの好み＝マイテーマに基づいた独自のディズニーランド世界＝マイディズニーランドが構築されていく。こうした位置づけをするDヲタたちは、やがてガイドラインやしきたりを無視してパーク内を闊歩し始め、前述したコスプレ、地蔵、禁止エリアへの立ち入りによる撮影といった行為を頻発させることになる。それは、かつてのトップダウン的に構築されていたパークのテーマ性を根本から打ち崩すものでもあった。もうビッグブラザー＝ウォルトはいなくなったのだ。

Dヲタには二つのタイプがある。一つは、大澤が指摘する「情報の過剰と意味の希薄」を基調とする一群だ。これを「ピュアDヲタ」と呼んでおこう。このタイプは範列が極度に肥大化しており、好みの情報やアイテムで周辺を埋め尽くす点に特徴がある。たとえば、推しキャラのグッズをひたすら収集する、すべてのイベントをチェックする、パーク内のポップコーンと期間限定のバケット（ポップコーンを収納する籠）をコンプリートし続けるなど。彼らにとっては情報を収集し続けることそれ自体が最重要課題なのである。必然的に他者とのコミュニケーションは前述した単語の羅列、つまり情報を次から次へと繰り出し続けることが基調となる。ただし、膨大な範列のなかから好みに応じて情報を選択し、マイディズニーとしての範列＝ミクロコスモスを構成するため、コミュニケーションを開く範囲は限定される。

もう一つは「ネオマニア」とでも呼ぶべきDヲタだ。これはかつてのマニア同様、情報を統辞的にまとめ上げる点に特徴がある。かつてのマニアをめぐる環境は情報の絶対量が少ないため、マニア内では範列と統辞構造が近似だった。また、他者とのかかわりにおいても、これら限定された内容＝範列を換骨奪胎して展開するため、共有部分の多い、コミュニケーションを開く、比較的「ソリッド＝安定した物語」となっていた。一方、ネオマニアの場合、膨大な範列のなかから断片化された情報を切り取り、これを自らの文脈に基づいて物語＝統辞を構成するのだが、マニアのようにマクロ的に共有された範列の規定に与《あずか》ることはないので、物語はそれぞれのマイディズニーに基づくミクロコスモス的な「リキッド＝不安定で極小の物語」となる。それゆえ、こちらもピュアＤヲタ同様、コミュニケーションを開く範囲は限定される。

⑸ アイデンティティの永続的なメンテナンス

さて、この二つのタイプであるが、パークとのかかわりのなかで自らのアイデンティティのメンテナンスを行っている点では同質である。そして、こうした戦略は流動化する社会でのわれわれの適応方法を示唆するものでもあるだろう。

社会全体を見通すことを可能にするような大きな物語が失われ、アイデンティティを形成するために拠るべき安定した対象が失われた。その一方で、情報は無限に拡大し、どのようにアイデンティティを構築するかは個人に委ねられることになった。そこで個人は情報を任意に選択し、それをベースに自己を築こうとする。ただし、母集団は小規模かつ流動的なため、そこから安定性を確保することは難しい。そこで、場つなぎ的にひたすら情報にアクセスし続けることがノルマとなっていく。言い換えれば、それは自己の構築を目指すというよりも、永続するアイデンティティのメンテナンスになる。そして、その戦略の一つがピュアＤヲタが志向したような限定された範列的情報に埋没する＝萌えること、もう一つがネオマニアが志向したような限定された範列的情報に統辞＝物語を見出し、自己イメージを妄想的に描く＝燃えること、というバリエーションを生むのである(8)。

3. パークとDヲタによるパークの変容

(1) TDRとDヲタのウィンウィン関係

TDR側としては、統制の利かないこうしたゲストたちに難渋を示すのではないかと思うかもしれない。ところが、むしろDヲタとTDRは奇妙なかたちであれ、ウィンウィン(Win-Win)関係を構築することに成功している。

アイデンティティのメンテナンスを求めてパークにやってくるDヲタたちに、TDR側は継続的に消費物を提供することでこれに応える。それは新しいアトラクションやイベント、飲食物、グッズであったりするのだが、これを頻繁に変更するのだ。典型例はさまざまな種類のポップコーンの提供で、その際には前述した期間限定のバケットを販売する。ただし、Dヲタたちが消費するのはその味というよりも付与された情報のほう(だからバケット購入は必須)。パークへと向かうのは、これら情報のメンテナンス=更新のため。こうした情報消費の循環のなかでグッズは無限の変容を見せていくのである。そして、Dヲタたちはこのような送り手と受け手の無限の循環=グルグル回りのなかで、パークへの訪問を嗜癖化=ルーティーン化させていく。

ただし、こうしたパーク側とDヲタ間のウィンウィン関係は、テーマ性の崩壊にますます拍車をかけていくことになる。もはやビッグブラザーとしてのウォルト不在のパークでは、送り手と受け手の間でパークが不断かつ重層的にアレンジされることになるからだ。パークはこうした循環のなかで液状化し、さながら鵺《ぬえ》のようにつかみどころのないものへと変容していく。二〇二〇年、TDLのファンタジーランド内にオープンしたアトラクション「美女と野獣〝魔法のものがたり〟」と「ベイマックスのハッピーライド」、そして前述したTDSに建設中のファンタジースプリングスは、この状況を象徴する。これらは、いずれもウォルト的なトップダウンではなく、ポピュリズム＝送り手と受け手の重層決定によって考案された、いわばメタテーマ性に基づくものといえるだろう。

(2) ポストコロナとパークの変容──融解するパーク、そして社会もまた融解する

二〇二〇年、コロナ禍の発生によってTDRはこれまでとは異なった対応を見せ始める。二月末から四か月にわたる休園と、それに伴う年間パスポートの販売中止、さらにはファストパス、スタンバイパスの中止、一部人気アトラクションへのプレミアムアクセス・サービス（プラス二〇〇〇円を払うことで待つことなく入場できる）の導入と、TDR側はゲストを再びコントロールし始めたのだ。これら一連のパーク側の方針は、もちろんコロナ禍に対応したものだが、少々穿《うが》った見方もできる。

じつは近年、パークにおける送り手受け手双方の質の低下がささやかれるようになっている。そして、この張本人がDヲタと目されているのだ。ゲストの場合、前述したガイドラインを無視した一連の行動がそれだ。またキャストもDヲタ化している、というよりもかなりの数のDヲタがキャストになるため、そのマイディズニーに基づいた身勝手な行動によって統制がとれなくなり、それがゲストを不快にさせる。それゆえ、こうした「質の低下」を払拭するためにDヲタの排除に踏み切ったとの見方もある。Dヲタがパークへ日参するための活動源は年間パスポートで、これがなければ毎回、高コストになるワンデイパスポートを購入しなければならないゆえ、低コストで日参する手段を断たれ

てしまうからだ。

二〇二二年暮れのＴＤＳ。Ｄヲタとおぼしきゲストの割合は減少していた。その一方、以前にも増して女性の割合が高まっていたのだが[9]、そのなかで薄ピンクとベージュでコーディネートしていた一群が目立っていた。これら女性は「淡色女子」と呼ばれ、若者文化では「量産型女子」と呼ばれる一群に属する。九月にダッフィー＆フレンズの七番目のキャラクター・リーナベルがデビューしたのだが、これが薄ピンクを基調としており、この一群と志向性がマッチしたためだろうか。パーク内にはリーナベルの耳型のカチューシャを装着したたくさんの淡色女子が闊歩していた。興味深いのは、これら一群が必ずしもＤヲタではないことだ。量産型女子は「とくに個性的な部分をもたない、周りと似たような行動を好む女性」を指しており、これはオタクというよりもむしろ保守的な大衆＝マスに属する存在である。

仮に、これがＴＤＲ側の方針であるとすれば、今後、ＴＤＲ側とゲストの関係もまた変容していくだろう。ただし、すでに膨大な数のＤヲタが出現している。それゆえ、今後ともＤヲタや新しく出現した量産型女子などのさまざまなゲストがＴＤＲと相互に情報の応酬を繰り返し、パークの様式を不断に、そして重層決定的に変容させていくことになるだろう。ただしテーマ性をさらに破壊し、その様相を液状化させながら。

ブライマンは「ディズニーテーマパークの諸原理がアメリカ社会および世界のさまざまな分野に波及するようになってきているプロセス」（ブライマン 2008: 14）をディズニー化と呼んだ。また、ディズニーランドが現代社会の態様を標本的、象徴的に示すとも指摘した。すなわち、ブライマンが指摘したのは世界のテーマパーク化、言い換えれば世界がディズニー化することであった。ところが、いまやＴＤＲ自体がテーマ性を熔解させ、パークは流動化、液状化しつつある。それはブライマンすら見抜けなかったディズニー化の次の段階、いわば「脱ディズニー化」的状況の出現にほかならない（新井 2016）。それゆえブライマンの提示した原理の形式的部分のみ、つまり「ディズニーランドから社会へ」という流れを敷衍《ふえん》すれば、こうしたＴＤＲの現状もまたディズニーが顕現させる次の諸原理を示唆し、これらが「世界のさまざまな分野に波及するようになってきている」ことになる。つまり、社会もまたテーマ性を破壊し、液状化していく、いや、もうしているということになるのだろう。

ただし、「ＴＤＲ空間」は無限に変容、流動化し続ける鵺のごとき存在ゆえ、その未来の予測は限りなく難しい。それゆえ、必然的に未来社会の予測も同様に限りなく難しい。このことだけは確かなのではなかろうか。

［注］

（1）多くのディズニーアニメは「文部省推薦」と明記されていたため、教育熱心な母親が筆者を積極的に映画館へ連れて行った。

（2）ディズニーランドでは従業員のことを「キャスト」と呼ぶ。

（3）ディズニーランドでは入場者を「ゲスト」と呼ぶ。

（4）詳細については新井（2016）を参照。
（5）現在ではオタクに対する人びとの認識は変化し、後者の文脈は希薄化しつつある。
（6）こうした傾向をもつパーソナリティを大平健は「モノ語りの人々」と呼んだ（大平 1990）。
（7）二〇二二年、総務省白書より。
（8）もちろん、現実的にはこの二つのハイブリッドな運用によるメンテナンスになるだろう。
（9）コロナ禍で女性比率は七一％（二〇一九年）から七七％（二〇二一年）へ上昇した（ＯＬＣ ＧＲＯＵＰ 2022）。

【文献】

新井克弥（2016）『ディズニーランドの社会学――脱ディズニー化するＴＤＲ』（青弓社ライブラリー）青弓社
アンデルセン原作（1962）『みにくいあひるの子』（講談社のディズニー絵本）壺井栄文、講談社
ＯＬＣ ＧＲＯＵＰ（2022）「ゲストプロフィール」http://www.olc.co.jp/ja/tdr/guest/profile.html（最終閲覧：二〇二三年五月二一日）
大澤真幸（1995）『電子メディア論――身体のメディア的変容』（メディア叢書）新曜社
大平健（1990）『豊かさの精神病理』（岩波新書）岩波書店
週刊読売（1989）宮崎特集第3弾「おたく族とは」（『週刊読売』九月一〇日号）
バウマン、ジークムント（2001）『リキッド・モダニティ――液状化する社会』森田典正訳、大月書店
パリサー、イーライ（2012）『閉じこもるインターネット――グーグル・パーソナライズ・民主主義』井口耕二訳、早川書房
ブライマン、アラン（2008）『ディズニー化する社会――文化・消費・労働とグローバリゼーション』（明石ライ

ブラリー）能登路雅子監訳、森岡洋二訳、明石書店
モリス、チャールズ・W（1988）『記号理論の基礎』（双書プロブレーマタ）内田種臣／小林昭世訳、勁草書房

第5章 旅先の「相乗り」とコミューン・ツーリズムの両義性
――恋愛観察バラエティ『あいのり』に見る旅先の共同性から

鍋倉咲希

はじめに――『あいのり』との出会い、旅先の出会い

本章は恋愛観察バラエティを標榜する『あいのり』を入口に、筆者がこれまで研究を行ってきた観光者同士の交流に関する事例を取り上げながら、観光を介して形成されるつながりや共同性の今日的様態、およびその重要性の高まりを議論するものである。

『あいのり』とは、七人の男女（男性四人、女性三人）がラブワゴンと呼ばれるピンク色のバンに乗り、「真実の愛」を探して「地球一周無期限の旅」を行う恋愛リアリティショーである。一九九九年から二〇〇九年まで約九年半の間、フジテレビ系列で放映され、若者を中心に大きな人気を集めた。番組が一度終了したあともCS放送やネット配信における続編の制作が続き、今でも数多くのファンを惹きつけている。(1)

『あいのり』の特徴は旅の資金が最低限に限られた貧乏旅行において、出演者が旅先のさまざまなイベントを通して男女の仲を深め、自分を成長させていく点にある。見どころの一つは告白にあり、

告白が成功すればキスをして二人で帰国、失敗すれば告白したメンバー一人が帰国するという「あいのりのオキテ」は、出演者はもちろん、視聴者の不安や共感を喚起する重要な仕掛けとなっている。告白のあとに空いた席を新メンバーが埋めることも『あいのり』の特徴の一つだ。ニックネームが書かれた段ボール紙を掲げるメンバーと道端で合流するシーンは番組おなじみのものである。このように『あいのり』では告白を契機に少しずつメンバーが入れ替わりながら、七人のまとまりがゆるやかに保たれる「相乗り」の旅が行われる。

二〇〇〇年代を小中学生として過ごした筆者の世代では、二三時からという深夜の放送にもかかわらず『あいのり』は誰もが知る番組の一つだったが、筆者はこれまで『あいのり』にまったく触れてこなかった。しかし、大学院在学時に、旅先における観光者同士のつながりに関する調査を東南アジアの日本人向けゲストハウスで行っていたとき、あるコミュニケーションに対して「あれはあいのりだよね」「あいのりみたい」と表する会話を聞くことが増え、『あいのり』の内容に関心をもち始めた。ここでのあるコミュニケーションとは、旅先で出会った相手との即興的なグループの形成や合コン的なノリを指していた。

そうして『あいのり』に対するゆるやかな関心を抱いたまま、二〇二〇年二月にタイ・チェンマイの日本人向けゲストハウスに宿泊した際、宿の共有スペースで日本人の男女数名がネットフリックスで『あいのり Asian Journey』を視聴している姿を見かけた。上述のとおりそこでのノリが「あいのり」や「合コン」と形容されることもあるゲストハウスにおいて、その舞台の中心で『あいのり』が鑑賞されている状況に筆者は少なからず困惑した。観光者は旅の退屈をまぎらわすエンタメの一つとして『あいのり』を観ていたのかもしれないが、自らの旅のスタイルに酷似するその番組を視聴する姿は、自らのモデルとして旅のマニュアルを確認しているようにも、「鏡」を見ているようにも思えた。

『あいのり』とゲストハウスにおける交流の同型性に鑑みれば、『あいのり』という番組には旅先で経験される人間関係のありようを理解するための手がかりが示されていると考えられる。本章では『あいのり』で描かれる貧乏旅行と、調査から観察された観光者同士の交流の様態をオーバーラップさせながら、観光を介した他者とのつながりや共同性をめぐる現代観光のあり方と、そうした共同性の創造性と危うさについて論じる(2)。

1.『あいのり』という視点

(1)「リアル」なものとしての『あいのり』

『あいのり』の旅では七人のメンバーが長く濃密な時間をともに過ごす。出演者の旅の経験値や語学力はさまざまであるが、各国では番組から渡された必要最低限の資金を七人でやりくりして旅が進められていく。貧乏旅行の厳しさは、つねに相部屋で過ごさなければならないホテルや現地料理中心の食事、携帯電話没収のルールなど、さまざまな場面を通じてＶＴＲからも伝わり、出演者にかかるストレスの大きさは計り知れない。しかし、貧乏旅行を通じて日本とはまったく異なった環境に身を置く状況は、出演者の価値観をつねに揺るがせ、むしろ仲間との結束力や恋愛への気力を高める方向へと作用していく。ある種の「極限状態」といえる現地での生活や恋愛の愚痴、不安、喜びは、出演者による日々の日記やスタッフとの面談で語られ、ＶＴＲにまとめられる。そうして編集されたＶＴＲを、視聴者はスタジオパートで交わされるタレントのコメントや会話とともに楽しむ。

『あいのり』の出演者は一般人からの応募と選考によって決定し、その点で「素人」が参加するリアリティショーとしての特徴をもつ。リアリティショーとは一九九〇年代後半から世界的に拡大を遂げた映像ジャンルであり、「製作者が設けたシチュエーションに、一般人や無名のタレント等を出演させ、そこに彼らの感情や行動の変化を引き起こす何らかの仕掛けを用意し、その様子を観察するような番組」（村上 2020: 2）と広く定義される[3]。

リアリティショーが流行した欧米では、一九九〇年代の流行初期からその倫理的問題やフィクション／現実、公共空間／私的空間の境界を壊乱するリアリティショーの問題性が指摘されてきた[4]（樫村 2003）。リアリティショーにおける現実性の問題として注目すべきは、そこで編集され放送される内容が真実であれ虚構であれ、ある種の「確からしさ」がつくりだされるという点である（樫村 2003）。『あいのり』においても、旅先の非日常空間を舞台とした物語が視聴者に恋愛や旅のリアリティを訴求し、仲間との旅や異国での自分探しなどの旅のイメージが生み出されてきた。とくに、ＳＮＳなどメディア空間の影響が現在よりも限定的だった二〇〇〇年代の時代状況や、番組で描写される貧乏旅行の生々しさから、『あいのり』は「リアル」なものとしての性格が強かった（田島 2021）。

（2）『あいのり』に表象される貧乏旅行――前景化する人間模様

それでは、『あいのり』という番組において貧乏旅行はどのように表象されてきたのだろうか。『あいのり』にはＶＴＲ上で繰り返される定番の流れ――「出会い→関係性の進展→告白（する／される）→別れ」――がある。以下では定番の流れと番組構成に注目し、『あいのり』に映し出された貧乏旅行の特徴を、①恋愛だけでなく七人の友情が演出されていること、②旅先の現地社会が人間関係の後景に退いていることの二点から説明したい。

まず、恋愛だけでなく七人の友情が演出されている点を見ていこう。恋愛観察バラエティを標榜する『あいのり』だが、ＶＴＲには男女の恋愛関係だけでなく、同性間・異性間の友情や三角関係、同性同士の敵対関係なども出演者の「生の感情」として描かれている。出演者は互いの恋を応援し、励まし合い、ときに嫉妬や競争を行いながら自身の恋を進める。七人はバラバラの男女ではなく、一つのチームである。

七人の関係や友情が象徴的に表れるのは「別れ」の場面だ。たとえば告白の結果が明らかになる「運命の朝」には、その結果がどうであれ、必ず一人か二人が旅から離脱しなければならない。メンバーは告白とその返答をラブワゴンから見守り、告白後の別れの場面では涙を見せることも多い。そこでは互いの励ましや、ともに旅をしたことに対する感謝が伝えられ、それぞれの絆が確認される。

トム（号泣しながら）「長い間　旅一緒にしてくれてありがとう」
ユウちゃん「トムありがとう　なんか情がめっちゃあるトムには」（中略）
ユウちゃん「ありがとねでっぱりん　でっぱりんいろいろ言ってくれたやん　本当に感謝　本当

に出会いが大きかったでっぱりんとの出会いが本当に　ありがとうね」
でっぱりん（抱き合いながら）「頑張ったね！　めっちゃ成長したねユウちゃん　日本でも頑張ってね　わたしも頑張る～泣く～やだ～」（中略）
ユウちゃん（ラブワゴンに向けて）「本当出会えてよかった本当ありがとうね！めっちゃみんなに出会えてよかった」

（『あいのり Asian Journey シーズン2』第九話のテロップをもとに筆者作成）

また、帰国後の記録においても、メンバーへの思いが頻繁に言及されている。番組終了に際して出版された『あいのり卒業アルバム』には「過酷で、苦しいこともたくさんあった。だけどメンバーとだったから乗り越えられたし、（中略）素敵なメンバーとだから一生友達と思える」（テレビライフ編集部 2009: 120）や、「基本的には旅行に行くとしたら気の合う仲間と一緒に行きますが、あいのりはメンバーは選べません。（中略）日本で知り合っていればまず友達になっていないタイプです。（中略）それでも毎日一緒にいなけりゃいけなくて毎日一緒にいるうちに相手の事を認めはじめてどんどんその魅力に引き込まれていきました」（テレビライフ編集部 2009: 125）などの仲間への想いが肯定的に語られている。

『あいのり』において、出演者は初対面の男女と過酷な貧乏旅行に投げ込まれる。彼らは非日常の環境で互いに協働と競争を重ねることによって、恋愛関係だけでなく、チームとしての友情や絆を深めていくのである。

次に、旅先の現地社会が『あいのり』の舞台背景として位置づけられ、人間関係の後景に退いている点を取り上げたい。ＶＴＲで強調されるのは前述したような恋愛や友情などの人間模様であり、『あいのり』は旅を番組の重要な構成要素としているにもかかわらず、現地での観光の様子は積極的には描写されない。たとえばラブワゴンで旅をする『あいのり』では、一定の期間ごとに国を移動するが、各国の歴史や文化、政治、経済に関する情報が視聴者に伝えられるのは入国時のナレーションによる説明のみであり、その後も各国の自然や文化的な観光地などをまわっていくものの、それぞれの場所の説明はきわめて限定的なものとなっている。

『あいのり』定番の流れには、現地の公園やビーチ、市場などにおける自由時間を通して意中の相手との関係進展を図る演出がある。また、七人が互いを知る機会として、登山や川遊び、バーベキュー、民族衣装体験などの企画が設定されていたり、地域の社会問題を学び、その当事者と議論するコーナーがシリーズを通して設けられていたりもする。(5) したがって、関係を進めるための演出として、現地での観光が果たす役割は大きい。しかし、企画の数やその役割の重要性にもかかわらず、地域や文化に関して提示される情報は断片化され、さまざまな体験は関係進展のためのイベントとして消費されている印象が強い。それは、実際の観光であれば必ず出会うはずの現地の人びととの顔や声、地域の暮らしぶりに関する描写がＶＴＲのなかにほとんど登場しないことに起因する。街へ出てカメラが追うのは、旅先の地域社会の様子ではなく、互いに向き合うメンバーの表情なのである。

また、旅の一要素である移動も人間模様の舞台として位置づけられている点は興味深い。前方から二・二・三人の配置で座る移動中のラブワゴンは、誰がどこに座り、何をどのように話すかという点で男女の仲の進展、駆け引きの場となっている。ＶＴＲでは車内の上や前から出演者の表情やコミュニケーションの様子を映す画角が頻繁に見られる。ここでも移動中のカメラは車外ではなく、車内へ、そして人びとの内面へ向けられている。

さらに、実際に貧乏旅行を行う際の難しさの一つは、現地の公共交通機関などを利用する際の非快適性や計画・手配の困難などにあるが、移動をラブワゴンに任せる『あいのり』の旅では、そうした困難やリスクはあらかじめ排除されているため、じつはパッケージ化された団体旅行としての性格も強い。つまり、『あいのり』では出演者も視聴者も、貧乏旅行といいつつ地域との生の接触は限られており、番組という「環境の泡」[6]に守られている。VTRでは人間関係「以外」のトラブルは生じない。

以上、『あいのり』における貧乏旅行の表象を踏まえ、旅先の現地社会の後景化と、恋愛や友情などの人間模様の前景化を指摘した。もちろん、現地での多様な文化体験や貧乏旅行の日々を通じて、出演者はさまざまな場面において日本との差や各国の生活文化の相違を感じているに違いない。しかし、少なくともVTRや番組においては、旅を舞台に他者とのつながりや共同性が目的化し楽しまれるという現代観光の一側面が先鋭的に表れている。次節では以上の視点を手がかりに、『あいのり』的な旅が「現実の」観光でいかに生じているのかを見ていきたい。

2. 観光を介した共同性の生成と価値づけ――旅先の「相乗り」

(1) 旅における一時的な共同性――日本人向けゲストハウスの事例から

筆者は二〇一八年から二〇二〇年にかけてタイやベトナム、カンボジア、ラオスなどに立地する日本人向けゲストハウスで現地調査を行ってきた。ゲストハウスには安く長く旅をするさまざまな年代のバックパッカーや旅好きの人びとが集まってくる。本節では現地調査で得られたゲストハウスにおける交流とタビイクという事業を例にあげ、『あいのり』的な旅の実践を指摘する。

ゲストハウスとは素泊まりやドミトリーなどの宿泊形態を特徴とする簡易宿所である。食事サービスが必須ではなく、部屋や水回り施設を複数人で共同利用することからホテルに比べて宿泊料金が安い。しかし、宿泊の醍醐味は料金などの機能面だけでなく、共有スペースやドミトリーにおけるほかの観光者との交流や情報交換にもある。

ゲストハウスでは宿泊者の間に濃密な交流を見ることができる。たいてい一人か二人などの少人数で訪れる観光者は、互いの本名や年齢や職業などを知らないまま、ともに観光や食事に出かけ、新たな出会いを楽しんでいる。その日知り合った関係であるにもかかわらず、そこでの交流はまるで旧知の友人であるかのような親密性を見せることもあり、お酒も入った会合はときに熱狂的な盛り上がりを生む。注意すべきはこうした関係性が、翌日に宿を去れば消失してしまうような一時的なものであるという点だ。このような見知らぬ人との交流や、一時的だが濃密な関係性は、ゲストハウス特有の経験として観光者を惹きつける魅力になっている。

ゲストハウスにおいて楽しまれる観光者同士のコミュニケーションを観察すれば、それが「出会い→関係の進展→別れ」という流れの反復によって成り立っていることが見えてくる。この関係構築は、七人のメンバーがゆるやかに入れ替わる『あいのり』と同型であり、メンバーの変化がよりハイスピードに生じている例だといえよう。バックパッカーが即興的なグループ形成を行うように

（Sørensen 2003）、ゲストハウスでも関係の形成と消失が日々繰り返され、一時的な共同性が経験されている。

また、ゲストハウスに好んで通うリピーターが、ほとんどゲストハウスの敷地内を出ずにスタッフや見知らぬ相手との交流を楽しむ点も重要である。カンボジアで知り合ったある観光者は、本人が「実家」と呼ぶゲストハウスにおいて、三泊の滞在中に二度しかゲストハウスの敷地外（本人はこれを「国境」と呼んだ）に出なかったことを誇らしげに述べていた（二〇一九年一一月一七日、二〇代後半女性）。日本人向けゲストハウスにおいて日本人同士の交流が楽しまれ、それがときに旅の目的となるとき、施設が立地している地域社会やほかの観光者はしばしばコミュニケーションの舞台背景として後景に退く。ゲストハウスは旅先の共同性やつながりを形成する一つの装置であるが、観光者の経験は島宇宙として閉鎖的な性質を帯びているのである。

（2）旅を通じて獲得される仲間——タビイクの事例から

次に「旅人育成」を目的にツアーを企画しているタビイクという事業を取り上げたい。この事業は『あいのり』に類似するものとして、ゲストハウスにおける観光者同士の会話でたびたび言及された観光形態である。

タビイクは一人旅やバックパッキングに関心をもつ旅の初心者に対して「一週間の旅の練習」の場を提供するツアー事業である。[7] コースはアジアやアフリカ、南米などの国や地域を対象にしたものと、ダイビング資格の取得や難民キャンプの訪問などテーマに特化したものがある。料金は二〜四万円台で、それに自らの旅費が加算される（タビイク 2023）。

ツアーは研修を受けた「引率者」と一〇人前後の参加者によって行われる。空港集合・現地解散の形態をとることが多く、ツアー中は少人数のグループに分かれて移動や宿探しなどを行ったり、現地の観光地をみんなで訪ねたりする。ツアーの様子や参加者同士の仲の良さは、ＳＮＳに投稿される集合写真やハッシュタグなどに見ることができる。集合写真の典型は、各地の観光地を背景に、お揃いの服、同じポーズで撮影された写真が色鮮やかに加工されたものであり、それらは親密性や活況を示す記号として働いている。

タビイクを通じた仲間との出会いやそこでの関係構築への価値づけは、参加者からも聞かれた。調査で知り合った参加者は、「旅好きの友だちや人生について相談できる友だちが周りにいないのでつくりたかった」ためにツアーに参加し、「旅が好きという共通点があるからか、ずっと前から友だちだったような感覚を得られた」と、そこでの関係性を表現した（二〇一九年三月四日、タイ、二〇代前半女性）。また、別の参加者は関係形成のプロセスを次のように話す。文中の「みんな同じ地点」とは、タビイクの参加者に初心者が多く、旅の能力が同程度であるということを示している。

タビイクは空港で集合して一瞬で仲良くなる。今回も引率者が合流する前にかなり仲良くなっていた。周りは大学生だから最初は敬語を使う人もいたけど、みんな同じ地点だから仲良くなる。（二〇一九年三月一六日、ベトナム、二〇代後半女性）

さらに、旅先における他者との出会いへの期待は、ツアー経験者が参加しているSNSグループなどにも見られる。一〇〇人ほどのメンバーがいるグループでは、頻繁に「〇月△日までタイにいる人、遊ぼう！」などの呼びかけが行われ、それに対して見知らぬ人が「私もいるよ！」などと積極的に応答をするという。観光者同士は現地で初めて会い、一緒に観光へ行くが、それは数日間の付き合いにすぎないこともある。この例から、観光者はデジタル・メディアをも駆使して、旅先で生じる出会いや関係性の調整を行っていることがわかる。

もちろん、タビイクを介したつながりの性質は一枚岩ではない。しかし、参加者が他者との出会いを強く価値づけている様子は、ある引率経験者が「引率がいなかったら『あいのり』ですよ」（二〇一八年九月一日、カンボジア、二〇代前半男性）と述べたように、『あいのり』に表象される貧乏旅行と重複する。また、貧乏旅行をパッケージ化されたツアー事業として行う仕組みも、環境の泡に守られているという点で『あいのり』と同型性をもつ。

ゲストハウスとタビイクという二つの事例からは、いずれも旅先で即時的に親密性が形成され、それが一時的なものになること、しかし、そうであるにもかかわらず、むしろ人びとは一時的な関係性を積極的に求めている状況が見えてくる。さらに、そこではつながる場所＝旅先の現地社会は必ずしも主要な要素となっていないことも示唆された。こうした状況は今日の観光において、どこに行くか、何を見るかよりも、誰と出会えるか、誰と楽しむかといった要素や、さらにはつながることそのものが、観光者の関心事として重要性を増していることの証左である。ゲストハウスとタビイクはいずれも人びとを一時的に「相乗り」させる装置であり、観光者は目的や行為、気分が同調する限りにおいて形成される束の間の共同性や関係性に軽やかに参与することを楽しんでいる。

3. つながりを求めるコミューン・ツーリズム――自分探しから共同性へ

(1) 貧乏旅行をめぐる論点

『あいのり』を通してゲストハウスやタビイクの事例から見えたのは、他者との出会いや仲間との関係性が前景化する観光のかたちであった。そこでは旅先の他者性や非日常性よりも、旅を介して出会う価値観の近い人同士のつながりが旅のリアリティをつくりだしている。

ここで、貧乏旅行に関する先行研究としてバックパッカー研究を取り上げ、前節までに取り上げてきた旅のあり方を観光研究の文脈に位置づけておきたい。

日本人の若者による海外でのバックパッキングは、一九八〇年代から本格化した。なるべくお金を使わずに旅をする初期のバックパッキングは、マスツーリストが訪れない未知の場所を探し求め、現地社会に深く入り込み、長く旅を続けるための手段として選択されてきた。しかし、大衆観光を避けたバックパッキングも徐々に制度化の道を歩み、「貧乏」という要素は他所を深く知るための手段ではなく、もはやゲームを盛り上げるための一条件として位置づけられていく（新井 2000）。

以上の変化と並行し、バックパッキングは次第に自分探しの手段として確立していった（速水 2008; 大野 2012）。二〇世紀末に先進国を中心に生じた社会の流動化によるアイデンティティの危機やリアリティの欠如などの問題を背景に、欧米や日本では「本当の自分」や「あるべき自分」を追い求める自分探しが隆盛した。日常から離れるバックパッキングは、これまでの自分と決別し、「自分とは何か」を探すうってつけの手段として若者を中心に実践されていく。しかし、そのときバックパッカーのまなざしは、現地社会ではなく、旅先の非日常的な出来事に遭遇してリアクションをとる「私」自身に向けられていた（山口 2010）。

このように、従来の日本人バックパッカーに関する研究は、時代ごとのバックパッカー経験の変容や、旅による自己の探求がいかなる社会構造のもと行われてきたのかという問題を主たるテーマとしてきた(8)。そのため、旅先で紡がれる共同性やコミュニケーションに関する考察は二次的なものにとどまってきた。自分探しという論点だけでは前節までに指摘した旅のリアリティを捉えるには不十分である。なぜなら、いまや貧乏旅行のまなざしは外の世界ではなく、「私」を超え、「私たち」に向けられているからである。

(2) コミューン・ツーリズムの欲望

他方、旅を介した共同性の形成を捉える先駆的議論もある。たとえば、社会学者の古市憲寿は世界一周の船旅・ピースボートにおける若者の経験を取り上げた。ピースボートに乗船する若者は、終わりのない自分探しでは満たされない他者からの承認や、同じ悩みや夢をもつ仲間を旅という装置を通して得るという。これは流動化する現代社会における自分探しの延長にありつつも、他者とのつながりが重視される共同的な経験である。古市はこれを、「みんなと一緒に行く自分らしい旅」（古市 2010: 69-70）である「新・団体旅行」（古市 2010: 69）と呼んだ。

また、ライフスタイルに基づく共同性が観光目的化する状況を、須藤廣は「コミューン・ツーリズム」と名づけている（須藤 2012: 41）。須藤はその例を映画『ザ・ビーチ』（二〇〇〇年）における「禁断の島」のコミューンに見出す。西欧人バックパッカーは、消費主義に侵食された観光を嫌悪し、同じ価値観をもつ少数の人びととある島に移り住み、共同生活を営む。このコミューンは西欧人たちにとっては理想郷だった。しかし、映画の後半では、じつはそのコミューンも消費主義の一部にすぎないこと、そして西欧人バックパッカーの理想郷が、現地住民の生活の論理と対立していることが示される。彼らの理想郷はマイクロ・ユートピアであり、地域住民やほかの価値観をもつ観光者との連帯をつくりだすことはなかった。

観光における共同性の問題を論じた以上の研究は、観光によって出会いや仲間が調達されることの社会背景やそれが生む問題性に触れている。こうした議論を踏まえれば、貧乏旅行の経験をめぐっては、自己や個人の経験の次元を問うだけでなく、そこで実践されるつながりや共同性、さらには、そのなかで生成する自己のあり方などを捉えるための新たな分析が求められているといえよう。

また、その際には人間関係や親密性を築く多様な回路が存在している現代社会において、なぜ観光がその手段として選択されるのか、旅や観光を通じて形成される関係性にはいかなる特徴があるのかについて考察することが肝要である。それは本章で論じてきたような関係の即時性や一時性などの「相乗り」的特性が示唆する点でもある。

おわりに——コミューン・ツーリズムとその両義的性質

今日の観光の現場では、ゲストハウスやタビイク、ピースボートなど、さまざまな手段が「相乗り」の装置となり、コミューン・ツーリズムの舞台をつくりだしている。安さやリスク回避を強みとして観光者に訴求するそれらのシステムは、地域社会や旅という舞台設定をスパイスにしながら、人びとが世界を知り、他者とつながり、新たな自分に出会うことができる機会を創出している。

『あいのり』において、現地社会の要素が後景化しつつそれでも旅という形式が残り続けているのは、非日常の空間における旅が価値観のゆらぎや変容を引き起こし、それが人間関係を進展させるある種の「吊り橋効果」を生んでいるからだと考えられる。『あいのり』では、地域描写が限定的である一方、社会問題を考えるコーナーがシリーズ化していることや、出演者が貧乏旅行を通じて異文化に触れ、自分を見つめ直す機会になっていることも事実であった。その点で、非日常という舞台設定はそれでも教育的効果を有し、異化効果を発揮する創造的な可能性をもつ。

また、即時性や一時性などに特徴づけられる旅先の「相乗り」的共同性は、単に観光という趣味を通じたつながりの形成という側面だけでなく、見知らぬ他者との束の間のつながりによる気晴らしや社交の機能を果たす。旅先の「相乗り」は「一期一会」の関係を生むにすぎないが、観光者はあえてそうした他者との付き合い方を実践し、楽しんでいる。

他方で、現地社会やそこでの社会問題までをも身近な他者との友情や恋愛の舞台として馴化するシステムは、観光者の特権性や観光の場における非対称性、環境の泡に見られる現地社会からの脱文脈化など、従来の観光研究で指摘されてきた観光の問題性を乗り越えてはいない。ゲストハウスやタビイクの例から明らかになったのは、旅先で求められる「私たち」には、ほとんどの場合、異なるタイプの観光者や現地の人びとは含まれていないことであり、それは「禁断の島」のような排他的なコミューン・ツーリズムだといえよう。[9] 旅における共同性の前景化は、その創造的作用と問題の両義性を抱えているのである。

［注］

（1）続編にはCS放送での『恋愛観察バラエティー あいのり2』（二〇一〇〜一一年）や『恋愛観察バラエティー あいのり2Z』（二〇一二年）、ネットフリックス・オリジナルの『あいのり Asian Journey』の二シーズン（二〇一八年）と『あいのり African Journey』（二〇一九年）がある。

（2）『あいのり』は恋愛を番組の主題としているが、紙幅の都合により本章では番組におけるジェンダー規範や恋愛至上主義的なまなざしを詳細に論じることはできない。しかし、本章で扱う観光者同士のつながりやコミュニケーションの経験には、人種、性別、外見、服装、言語能力、旅のスタイルなどの要素によってさまざまな差異や摩擦が生じていることを指摘しておきたい。

二〇〇九年時点の『あいのり』の「実績」は、訪れた国が九二か国、参加メンバーは総計一八八人（男性一〇〇人、女性八八人）、誕生カップルは四四組、結婚したカップルは八組、告白回数は一一一回、告白成功率は四〇％となっている（テレビライフ編集部 2009: 46）。

（3）日本ではドキュメントバラエティの要素を強くもつリアリティショーが一九九〇年代に広がった。その先駆として『猿岩石のユーラシア大陸横断ヒッチハイク』や『未来日記』『ガチンコファイトクラブ』などの番組企画、『ASAYAN』や『あいのり』などの番組が位置づけられる（村上 2020）。

（4）視聴者が全能的存在として出演者の行動を監視し、物語の展開にすら影響を与えるリアリティショーでは、出演者の精神的負担が重く、それが病気や自死につながった例も多い。また、フィクション／現実の境界についても、出演者の行動に対する番組側の介入などはしばしば議論を呼ぶ点であり、リアリティショーはさまざまな面で問題含みのジャンルといえる。しかし、視聴率の高さや製作費の安さなど制作側にとってのメリットの多さから、新たな番組が次々と生まれていることも事実である。

（5）「あいのり学校」や「あいのり講座」などと呼ばれるコーナーである。そのテーマは貧困、スラム、売買春、内戦、障害、途上国における医療、女性の労働、環境問題、IT技術、ジェンダーや家族の多様性など多岐にわたり、出演者は問題の当事者やメンバー内での議論を通じて、世界の社会問題を学ぶとともに互いの価値観を知ることができるようになっている。こうした体験やその情報が番組で放送されることは、出演者および視聴者に対して観光を通じた異文化理解や社会理解に関する教育的効果をもたらす部分もある。また、『恋愛観察バラエティー あいのり』では「あいのり基金」として視聴者から募金が集められ、途上国への寄付や七校の小学校の建設が行われた。以上の番組の態度やコーナーの維持からは、番組制作者が現地社会や各地での社会問題に関心をもっていることもわかる。

（6）「環境の泡（environmental bubble）」とは社会学者のエリック・コーエン（Erik Cohen）が提起した用語であり、旅先の衣食住において、観光者が自ら慣れ親しんだ文化や習慣を維持する状態を指す。観光者は見知らぬ土地の異文化や非日常を楽しむが、じつはそれはなじみのある環境の「保護膜（バブル）」の安心感のなかから行われる傾向にある（Cohen 1972）。

（7）ウェブサイトによれば、これまでの八年間で四五〇回以上のツアーが開催された。参加者の九割は一人で参加し、大学生が七割を占め、女性の参加率が六割である。なお、タビイクのサイトでは「旅行ツアー」ではなく「旅人育成企画」であることが強調されている（タビイク 2023）。

（8）速水は自分探しの一例として『あいのり』にも言及している。恋愛においても自分中心に物事を考える出演者の様子は、もはや「〝自分探し〟観察バラエティー」の様相を呈しているという（速水 2008: 23）。自分探しの要素は二〇一〇年代以降の続編でも見られた。

（9）ただし、ラブワゴンやゲストハウス、タビイク、ピースボートなどを通して形成されるつながりは、それ自体が観光者やデジタル・メディアとともに動くモバイルな共同性である。それらは絶えず移動し成員を変えるために、包摂と排除の境界線は流動的に引き直されることになる。

【文献】

新井克弥（2000）『バックパッカーズ・タウン　カオサン探検』双葉社

大野哲也（2012）『旅を生きる人びと――バックパッカーの人類学』世界思想社

樫村愛子（2003）「『リアリティショー』の社会学的分析」（『現代社会理論研究』一三号、現代社会理論研究会、一〇八～一一八頁）

須藤廣（2012）『ツーリズムとポストモダン社会――後期近代における観光の両義性』明石書店

田島悠来（2021）「恋愛を『みせる』こと――恋愛リアリティショーにおけるカップル主義のゆくえ」（『現代思想』四九巻一〇号、青土社、二〇二～二一一頁）

タビイク（2023）「タビイクとは」https://tabiiku.net/about/（最終閲覧：二〇二三年五月四日）

テレビライフ編集部編（2009）『恋愛観察バラエティー　あいのり　卒業アルバム――ラブワゴンを愛した人たちへ』学研プラス

速水健朗（2008）『自分探しが止まらない』（ソフトバンク新書）ＳＢクリエイティブ
古市憲寿（2010）『希望難民ご一行様——ピースボートと「承認の共同体」幻想』（光文社新書）光文社
村上圭子（2020）「『テラスハウス』ショック①——リアリティーショーの現在地」（『放送研究と調査』七〇巻一〇号、ＮＨＫ放送文化研究所、二～二三頁）
山口誠（2010）『ニッポンの海外旅行——若者と観光メディアの50年史』（ちくま新書）筑摩書房
Cohen, Erik (1972) "Toward a Sociology of International Tourism." *Social Research*, 39(1): 164-182.
Sørensen, Anders (2003) "Backpacker Ethnography." *Annals of Tourism Research*, 30(4): 847-867.

第6章
イメージどおりを確認されること／演じること
——浦和レッズサポーターによるアウェイ観戦旅行へのまなざし

鈴木涼太郎

はじめに

「あなたもレッズサポーターなんですか？」。赤いユニフォーム姿の友人と一緒にいた筆者に対し、ほろ酔いの中年男性が語りかけてきた。「もちろんです。一九九四年、開幕二年目からですが……」。慌てて取り繕うように聞かれてもいないサポーター歴まで答える。だが相手の表情を見る限り、やや納得がいっていない様子だ。しばらくのやりとりの後、「たまにゴール裏も行きますよ。チャント（応援歌）もひととおり知っていますし」と付け加えたが、それでも「へえ～」とつぶやきつつ、少し残念そうな表情さえ見せる。

二〇〇九年七月、サッカーJリーグのモンテディオ山形が浦和レッドダイヤモンズ（浦和レッズ）と山形で初対戦した日の夜。週末で賑わう駅周辺の居酒屋には、スタジアムから戻ってきた赤いユニフォーム姿の浦和サポーターが次々と来店してきた。するとあちこちで、地元の酔客と会話を交わす姿が見られるようになった[1]。

筆者とサポーター仲間の友人もその只中にいた。トイレの待機列に並んでいたわれわれは、気さくに話しかけてきた中年男性としばし会話を交わすことになった。ところが彼は、ユニフォーム姿の友人に対しては「さすが浦和レッズサポーターは熱い」「怖いと思っていたけど意外と紳士的」などと言いながらあれこれ質問する一方で、ユニフォーム未着用、かつゴール裏での熱狂的な応援に対して「落ち着いて試合が観戦できない」と否定的な意見を述べた筆者にはあまり興味がない様子だ。どうやら、イメージしていた「熱狂的（だけど怖い）」浦和サポーター像とは違うことに少し拍子抜けしていたようである。会話の主たる対象は友人で、筆者はオマケのようでもあった。

だが、筆者もそれなりに浦和レッズを応援してきた自負はある。浦和ではないものの埼玉県出身で、県外の大学に進学したことをきっかけに、「地元」として埼玉県を意識することとなり、浦和レッズを応援するようになった[2]。埼玉スタジアム２００２の完成以降は、継続してスタジアムで観戦するようになり、一時はシーズンチケットを購入し、ホーム（自チームの本拠地）の試合はほぼすべて観戦していた。代表者としてクラブ公認「オフィシャルサポーターズクラブ」の登録をしていたこともある。三〇年近くシーズンチケットを保有し、海外遠征にも出かけるようなサポーターには遠く及ばないものの、少なくとも「ニワカ」ではないつもりである。もっとも近年は、仕事や家族の関係で観戦頻度は減ってはいるが。

さて、冒頭のやりとりが印象に残っているのは、筆者がイメージどおりのサポーターではないという理由でオマケ扱いをされたことに違和感を覚えたからだけではない。むしろ自身が無意識のうちに、期待されているイメージに近づかせるべく、聞かれてもいないないサポーター歴やゴール裏での観戦歴を語るなど「熱狂的なサポーター」らしくふるまおうとしてしまったことに気恥ずかしさすら感じたからでもある。実際、直後に友人からは、「何自慢してるの？」と冷やかされもした。

観光研究では、これまでもブーアスティン（D. J. Boorstin）の「疑似イベント論」（Boorstin 1962=1964）やアーリ（J. Urry）の「観光者のまなざし論」（Urry 1990=1995）をはじめとして、観光客がメディアを介して構築されたイメージやまなざしをもとに観光対象を確認する状況について豊富な研究が蓄積されてきた。また、イメージやまなざしの複数性や循環性、それらに対抗してホスト側が行っている多様な実践についても議論が重ねられている。しかしマオズ（D. Maoz）が指摘するように、地元の人びとが観光客に対して投影するイメージについては十分に検討されていない（Maoz 2006: 222）。そこで本章では、この筆者の個人的なエピソードを端緒に、地元の人びとから観光客へと投げかけられるイメージやまなざしと、それに対応する観光客の相互行為について考察してみたい。

1.「熱狂的だけど怖い」浦和レッズサポーター？

(1) メディア・コンテンツとしてのスポーツ

本章で取り上げる事例は、サッカーJリーグ浦和レッズのサポーターによるアウェイ（対戦相手チームの本拠地）観戦旅行である。そこでまず、「熱狂的だけど怖い」浦和サポーターのイメージがいかにしてつくられたのか、そしてそもそもスポーツとメディアの関係とはいかなるものなのかについて、簡単に整理しておきたい。

サッカーをはじめ多くのスポーツは、メディアの有力なコンテンツであるだけでなく、甲子園の高校野球に象徴されるように、そもそもその多くがメディア・イベントとともに普及してきた歴史をもつ（有山 1997）。それゆえ森田浩之が指摘するように、とりわけテレビのようなマスメディアとスポーツは、互いに持ちつ持たれつの「夢のカップル」ともいえる関係にある（森田 2009）。プロスポーツは、クラブスタッフや選手、ファン、さらには地域行政やスポンサーといった多種多様なアクターの力学が反響する「スポーツワールド」を形成しているのであり、メディアはその有力な一部なのである（Kelly 2019=2019）。

またメディア・コンテンツとしてのスポーツにおいては、選手はもちろん監督やコーチ、さらにはファンたちまでもが偶像化されたヒーローとして祀られ、ナショナリズムやジェンダー、神話化されたステレオタイプや権力と結びつきながら、多様な物語が編まれていく（有元 2003; 阿部 2008; Besnier, Brownell, & Carter 2017=2020）。ちなみにブーアスティンは疑似イベントの事例として、観光と並んでアメリカンフットボールのスター選手を取り上げているが、メディア・コンテンツとしてのスポーツは、観光と相似の存在ともいえるだろう。

もちろんこのような指摘は、日本サッカーをめぐる状況についてもそのまま当てはまる。サッカー日本代表をめぐる報道はナショナリズムについて論じるための格好の題材であり（黄 2003; 有元 2020）、国内リーグに目を向ければ一九九三年に一〇クラブでスタートしたJリーグは、二〇二三年二月現在全国で五八クラブを数えるまで成長を遂げ、数々のスター選手を生み出しながら、各地で地域アイデンティティの源になっているのである。

（２）「熱狂的だけど怖い」イメージの成立

　そのなかで浦和レッズは、独特の地位を築いている。それは、一九九三年のＪリーグ設立時に参加した一〇クラブの一つであることや、二〇二三年五月現在、Ｊリーグ優勝一回、天皇杯優勝四回、リーグ杯優勝二回、さらにはアジアのクラブ・ナンバーワンを決めるＡＦＣチャンピオンズリーグにおいて史上最多となる三回優勝しているという戦績によるものだけではない。むしろ、このクラブを応援する熱狂的なサポーターの存在こそが、浦和レッズを特徴づけてきた。

　ホームゲームの入場者数は二〇年以上にわたってリーグ最多を誇り、アウェイにも多数のサポーターが駆けつける。試合中はゴール裏を中心に大音量のチャントで選手たちを鼓舞し、客席には無数の応援旗がはためく。重要な試合では、サポーターたちがビジュアルサポートと呼ぶ圧巻のコレオグラフィー（人文字）が披露される。浦和サポーターは、これまでも熱狂的なサポーターの代表例としてメディアで取り上げられてきた。

　ただしＪリーグ随一の「熱狂的なサポーター」という称号は、ときとしてやや否定的な含意を伴うこともある。成績不振時には選手やスタッフに容赦なくブーイングを浴びせ、選手が乗るバスを包囲したり、他クラブのサポーターと小競り合いとなったりすることも少なくない。過去には、Ｊリーグ史上に残る不祥事によってメディアを賑わせている。二〇二二年七月には、コロナ禍における観戦ガイドラインの違反により、クラブに史上最高額となる二〇〇〇万円の罰金が科せられ、再度違反した場合は勝ち点剥奪処分も検討することが通告された[3]。二〇一四年三月にはサポーターが掲出した差別的な横断幕によってJリーグ史上初の無観客試合の処分が下された。(4) 二〇一三年には、サポーターが相手チームの選手らが乗ったバスに対して花火類を投下・発射したうえに、スタジアムの警備員ともみ合いとなり、暴行容疑で四名のサポーターが現行犯逮捕されている。(5)

これらのトラブルは、「浦和フーリガン」「暴走サポーター」の仕業としてメディアで報じられるだけでなく、近年ではSNS上をも賑わせる。だが皮肉なことに、「不良性」を前面に出したやや行き過ぎた熱狂的なスタイルこそが、ゴール裏に詰めかけるサポーターたちを集めてきたという側面も指摘されており（清水 2001）、多少の不祥事があったとしても、その「熱さ」自体は関係者からも称賛されてきた（清尾 2001; 西野 2007）。

またこのような特徴は、クラブ発足当初から一部のサポーターによって意識的につくりだされてきたものであり、彼ら自身もまたメディアを通じて「不良性」を発信している。Jリーグ発足直後にこの応援スタイルを確立したサポーターグループは、自らの活動とポリシーをまとめた書籍を一九九四年に出版している。そこでは、「女はいらない」「硬派な」ゴール裏のレッズサポーターたちが、いかに「ロック」で「パンク」、「不良性」にあふれた存在であったかが雄弁に語られている（クレイジー・コールルズ／轟 1994）。まさにこのスタイルが、その後の「熱狂的だけど怖い」イメージを形づくっていったのである。

(3) 応援スタイルの多様性

ホーム埼玉スタジアムにおいて「熱狂的だけど怖い」イメージを体現しているのが、北ゴール裏自由席スタンドである。ここでは、基本的にサポーターは着席せず立ったまま、あるいは上下に跳ねながら大声を張り上げる。北ゴール裏はサッカーを「観戦する場所」ではなく選手と一緒に「闘う場所」であり、独特の「殺伐とした雰囲気」を誇りとして語る者もいる。圧倒的に男性が多く、小さな子ども連れは皆無である。とりわけ爆心地とも呼ばれるスタンド中段は一見《いちげん》のファンが入っていける雰囲気ではなく、それ以外にも暗黙裡に固定化されたサポーター集団が陣取っている場所もある。

だが、すべての浦和サポーターが北ゴール裏のような応援をしているわけではない。同じ自由席でも南ゴール裏は様相が異なり、基本的には着席しての応援で女性や家族連れも多い。またメイン／バックスタンドの指定席も同様である。スタジアムでの観戦スタイルひとつを見ても多様であり、「熱狂的だけど怖い」サポーターは限られた一部でしかない。元日本代表ＦＷ（フォワード）であり「ミスターレッズ」とも称された福田正博は、クラブ設立三〇周年を振り返るインタビューにおいて「ゴール裏にいる者だけがサポーターではない」し、「浦和サポーターは『熱狂的』と称されるけれども、一方でテレビの前で想いを投影させている方もいる」と的確に語っている（島崎 2022: 27）。

筆者や友人たちもまた、基本的に南ゴール裏自由席かメインスタンドの指定席で観戦している。北ゴール裏で応援したことも何度かあるが、落ち着いて試合を見ることもままならず楽しめない。「熱い」ことが、不祥事の言い訳になるとも考えていない。だからこそ山形を訪れた際も、最初はイメージどおりの浦和サポーター像からは少し距離をおこうとしていた。社会関係資本論から浦和レッズのオフィシャルサポーターズクラブを類型化した井上達彦の分類に従うのであれば、われわれはスタジアムの周辺部で応援する「成熟型」や「市民型」に分類されるだろう（井上 2008）。

浦和サポーターの応援スタイルは多様である。サポーターでなくとも一度スタジアムに足を運べば、「熱狂的だけど怖い」者は限られた一部であることが理解されるであろうし、筆者らも含め多くの浦和サポーターは度重なる不祥事に心を痛めている。だが、サッカー観戦に興味がない人びとからしてみれば、浦和サポーターはメディアで報じられる「熱狂的だけど怖い」存在としてイメージされる。そして穏健なサポーターであったとしても、そのイメージをもとに確認される場が、アウェイ観戦旅行なのである。

2.「熱狂的だけど怖い」を確認されるアウェイ観戦旅行

二〇〇九年のJ1リーグ第一六節は、モンテディオ山形のホーム、山形県天童市にあるNDソフトスタジアム山形で開催された。多くのメディアがJリーグ随一のサポーターの来訪を取り上げ、山形市ではバスやタクシーの増便など準備が進められていた(6)。そして試合当日、山形の人びとは、メディアを通じて形成された浦和サポーター像を実際に確認することとなったである。

試合前から、ユニフォーム姿の浦和サポーターが地元の人びとと会話を交わす機会は多数存在していた(7)。われわれも当日はまず、昼食をとった駅前の蕎麦屋で、ユニフォーム姿の友人が店員から「さすが浦和レッズサポーター」と声をかけられた。スタジアム直行定額タクシーの運転手もまた、試合開始数時間前にスタジアムに向かうわれわれに「さすが」と声をかけてくる。たびたび発せられる「さすが」という言葉が、すでに「熱狂的」というイメージが存在していることの証でもある。

ただし、必ずしもすべての人びとが「イメージどおり」を確認しているとは限らない。スタジアム運営スタッフの女性は、筆者らのグループとの会話のなかで「本当はもっと怖い人たちだと思っていた」と語っていた。訪れるサポーターの数から「熱狂的」は確認できたが、直接会ってみると、実際には「意外に礼儀正しく普通の人ばかり」という印象だったという(8)。

この日のスタジアムは、超満員となる二万人以上の観衆で埋まった。事前にアウェイ用に準備されていた七〇〇〇枚は売り切れていたが、スタンドは山形の青と浦和の赤が見事に半分半分の状態になっている。つまりホーム用の座席約三〇〇〇席分も、浦和サポーターが購入していたのである。それだけではない。浦和サポーターの一部は、ユニフォームを着ないで山形側の指定席にも紛れ込んでいた。筆者もまたその一人であり、そのおかげで山形側の人びととの反応を詳細に観察することもできた。

周囲の観客はみな、スタジアムの半分を赤く染めている浦和サポーターへの驚きの反応を示した。家族連れやカップルなど多様な人びとが観戦していたが、浦和レッズに所属する日本代表選手目当ての少年を除き、試合前に注目されていたのはピッチ（グラウンド）上の選手たちよりも、山形を訪れた浦和サポーターであった。隣に座った若い男性もやはり「さすが浦和レッズ」と語り、同行の女性は「これみんな埼玉から来ているの？」と驚きを隠さない。試合前から大音量の声援が選手たちに送られるたびに、ゴール裏の浦和サポーターに視線が集中する。

なかでも周囲の人びとが「熱狂的だけど怖い」浦和サポーターを目の当たりにしたのは、ハーフタイム時であった。その年初当選を果たした吉村美栄子山形県知事が、来訪した浦和サポーターへ歓迎のスピーチをすると、歓迎しようと、知事であろうと、「山形側」の人間はすべて敵だとでもいうのだろうか、その言葉をかき消すかのようにゴール裏の浦和サポーターから大ブーイングが浴びせられた。中年男性は「知事にもブーイング？」とあきれつつも驚き、イメージどおりの「熱狂的だけど怖い」浦和サポーターに納得した様子であった。

なお、試合後訪れた山形市内の居酒屋で地元の方々から話しかけられたのは、冒頭のエピソードだけではない。隣の席のグループとも似たようなやりとりをしたし、ホテルへの帰路には誇らしげにユニフォームを着続ける「赤い集団」に対する好奇の視線を感じた。さらに翌日は、山形を代表する観光地、山寺周辺に浦和サポーターが多数訪れていた。さすがにユニフォーム姿の人はわずかだが、そこかしこに赤いグッズを身につけている。筆者の友人も、なぜか普段はつけていない浦和レッズのキーホルダーをいくつもカバンにつけている。そんなわれわれに、筆者がみやげ店で声をかけたサッカーにまったく興味のないという初老の女性店員も「さすが」と驚いていた。

この週末、スタジアムや市内各所、あるいは周辺観光地で、多くの人びとが浦和サポーターに出会う機会をもった、裏を返せば一万人を超えるアウェイ観戦旅行者たちが、「熱狂的だけど怖い」イメージをもとに確認されていたのであった。

3.「相互的まなざし」と「逆のまなざし」

以上の事例は、観光客もメディアを通じてつくられたイメージによって確認「される側」となりうるということを示す好例であるといえよう。ホストもまたまなざしの主体であり、観光客はその客体なのである。

この点についていち早く問題提起をしているのが、先にもあげたマオズによる「相互的まなざし（Mutual Gaze）」の議論である。マオズは、インドを訪れるイスラエル人バックパッカーをめぐる研究のなかで、地元の人びとから観光客に対して向けられる「ローカルのまなざし」の存在を指摘する（Maoz 2006）。そして観光客のまなざしの対象となる人びとは、ホスト・ゲスト間に横たわる不均衡な権力関係を前提としつつ、そのまなざしを内面化したり、ときに抵抗したりしながら、表層的にインド文化を消費する快楽主義者たちに冷ややかなまなざしを送っているという（Maoz 2006: 235）。また、マオズの議論を参照しつつアーリとラースンは、相互的まなざしが、それらに対応した新たな身体的パフォーマンスを誘発し、行為遂行的な性格を有することを指摘している（Urry & Larsen 2011=2014: 319）。つまり相互的まなざしは、ときとして観光客とホストのみならず観光客同士のものも含め、相互に反響しながら新たな観光客としてのふるまいをつくりだすのである。

他方ガレスピー（A. Gillespie）は、同じくインドでの調査をもとに、「逆のまなざし（Reverse Gaze）」の存在を指摘する（Gillespie 2006）。彼が指摘しているのは、観光客に向けられるまなざしは必ずしも敵対的なものとは限らないということ、だがその存在は観光客にとって必ずしも居心地の良いものではないということである。バックパッカー観光地ラダックでは、観光客から向けられるカメラをホストは嫌っておらず、むしろ歓迎しさえもする。ただしそのまなざしの存在によって観光客は、自身もまた典型的な大衆観光客にすぎないことに気づかされる。逆のまなざしは、観光客のアイデンティティを揺さぶり、自省を促しもするのである（Gillespie 2006）。

これらの議論は、本章で検討してきた事例について考えるうえでも大きな示唆を有している。観戦旅行中の浦和サポーターという観光客は、アウェイの地山形でローカルのまなざしや逆のまなざしの対象となり、確認される。冒頭で紹介したエピソードは、筆者がそれらに反応して、サポーターとしてのアイデンティティを揺るがされたり、地元の酔客や同行した友人との関係のなかで意識的に浦和サポーターを演じたりする、いわば相互的まなざしをもとに新たなパフォーマンスが誘発された状況であるともいえよう。

だが本章で取り上げた事例には、マオズとガレスピーの議論では十分に検討されていない課題への示唆も含まれている。ここでは、二点指摘しておきたい。

一つ目は、観光客へ向けられるホストからのローカルのまなざしもまた、メディアによって構築されうるという点である。マオズは、「西洋人観光客のまなざしがメディアを介して構築されたものであるのに対し、地元の人びとのまなざしは膨大な数の直接的な出会いからつくられたもの」と両者の違いをことさら強調している（Maoz 2006: 229）。だが、本章で取り上げた事例を振り返ってみれば、アウェイ観戦旅行に訪れた筆者たちに声をかけてきた男性客、あるいはスタジアムの山形サポーターをはじめ地元の人びとのローカルなまなざしは、間違いなくメディアを通じて形成された「熱狂的だけど怖い」浦和レッズサポーター像であっただろう。

二つ目は、相互的まなざしや逆のまなざしによって観光客がいかに確認されるのか、そしてそこからいかなるパフォーマンスが誘発されるのかについて、単一の帰結を想定している点である。マオズやガレスピーの議論では、ローカルのまなざしや逆のまなざしが、観光客に対して敵対的であるにせよ、友好的であるにせよ、ホストのゲストへの、あるいはゲストのホストへの反応は均質的なものとして描かれている。だが、観光の場でイメージやまなざしがどのように確認され、どのようなパフォーマンスを誘発しているのかについては、個別の状況に多くを依存しているのではないだろうか。一方では、知事にブーイングするゴール裏サポーターを眺めて「熱狂的だけど怖い」イメージを確認した人びともいただろうし、他方で直接の相互行為のなかで「熱狂的だけど礼儀正しい」と事前のイメージを修正した人びともいたことは間違いない。

両者の研究でこれらの点について十分に検討されていないのはなぜだろうか。一つ指摘されるのは、ともにイスラエル人観光客とインドのバックパッカー観光地という事例をもとにしているがゆえに、ホストとゲストの格差、不均衡な力関係の存在に焦点が当てられ、そこでの相互行為が権力への抵抗への物語に過度に還元されるがあまり、ホスト側の人びとのまなざしもまたメディアを介して構築されている可能性があることや、そこでのやりとりの多様な帰結を見逃しているという点である。実際のところ、インドにおいても観光客に対するイメージの構築にメディアが介在しないという想定は困難だろうし、逆のまなざしに対する反応もより多様なものが想定されるのではないだろうか。

4.「相互的まなざし」の先へ

観光客は、地元の人びとからもメディアを介して構築された「イメージどおりの観光客」かどうか確認される。「期待」を察知した観光客は、それに応えたり、抗したりしながら「観光客」を演じる。もちろん、浦和レッズサポーターのアウェイ観戦旅行という事例は、特殊で個別的なものではあるが、ここで提起された論点は、広く観光の場一般にも敷衍《ふえん》可能なものであろう。インバウンド受け入れ国となった日本における訪日外国人旅行者の「マナー」をめぐる言説が、あるいはバブルを謳歌する日本人観光客を眺めていたハワイのローカルのまなざしが、メディアと無縁であったとは考えにくい。

相互的まなざしは、ホストとゲストの双方のメディア化されたまなざしとパフォーマンスによって成り立っている。そして本事例から示されるように、メディアを通じて構築された「熱狂的だけど怖い」というイメージ、サポーターであることを顕示する赤いレプリカユニフォームやキーホルダーというモノ、あるいはサポーターとしての語りや身体的なパフォーマンス、それらが交錯する場は、多様な帰結へと開かれている。

浦和レッズサポーターを迎えた山形の人びとは、ブーイング姿を見て「熱狂的だけど怖い」イメージを再確認したり、常識的な立ち居ふるまいを見て「熱狂的だけど普通」とイメージを修正したり、ユニフォームを着ていない「熱狂的ではない」期待外れのサポーターを前に拍子抜けしたりする。観光客たるアウェイ観戦旅行者もまた、そのまなざしを受けつつもイメージどおりの「熱狂的」とは異なる印象を与えようとしたり、むしろ普段以上にユニフォームを着続けて「熱狂的」であろうとしたり、サポーター歴を披露して「熱狂的」であることを演じようとしたりする。もっともあの日、浦和レッズが勝利していなければ、山形の街を闊歩《かっぽ》したユニフォーム姿のサポーターの数はそこまで多くなかったかもしれず、地元の酔客との和やかな交流もままならなかったかもしれないが。

観光研究一般を見渡すと、これまで観光客と地元の人びととの出会いと相互認識の状況は、ともすれば互いの理解を促進する「交差文化観光」や「観光は平和のパスポート」といったフレーズに象徴されるようなやや無邪気な楽観主義と、メディアが構築したエキゾチックでステレオタイプ的な他者イメージの消費やイメージの政治学に対する厳しい批判の、いずれか一方の極論で語られてきた。

しかし本章が提供するささやかな事例が示しているのは、この観光の場で想像され、確認され、演じられる相互行為が、それら極論では捉えきれない両義的、あるいは多義的な特徴を有しているという当たり前の事実である。直接な出会いが、互いが事前に有していたイメージを強化する場合もあれば修正する場合もある。そこでのメディア化したホストのまなざしを伴う相互行為は、モノを介した身体的パフォーマンスを即興的、連鎖的に誘発し、権力と抵抗の物語に収斂《しゅうれん》するとは限らない。

ただし、観光という出会いがもたらす、あるいは相互的まなざしが交錯する場における、「理解」と「誤解」の間に存在する多様な実践をより正確に把握し整理するためには、微細な事例研究の蓄積がもう少し必要ではないかと考えられる。本章は、その試論である。

［注］

（1）以下、本章の記述は、二〇〇九年七月にサッカーＪリーグの試合を観戦するために山形を訪れた筆者の経験をもとにしている。やや時間が経過したこの事例を取り上げるのは、授業で観光の経済効果やスポーツ・ツーリズムについて扱うための題材を探していた筆者が、フィールドノートの作成や写真撮影を行っていたことによる。類似したエピソードはアウェイ観戦時にたびたび経験している。なお資料の一部は二〇二二年度の授業でも利用している。

（2）Jリーグ開幕当初、浦和レッズを「三菱」のチームと認識していた筆者にとって、とりわけ刺激を受けたのが、当時強豪だった鹿島アントラーズを茨城県の人びとが全県で応援していたことである。清水論が指摘するように、国家も含めスポーツを通じて人がどの土地にアイデンティファイするのかは、可変的でパフォーマティブな実践でもあるのだ（清水 2005）。

（3）「懲罰決定について」https://www.jleague.jp/news/article/22898/?utm_source=twitter&utm_medium=social（最終閲覧：二〇二三年二月一〇日）

（4）「3月8日Jリーグ浦和レッズ対サガン鳥栖におけるサポーターによるコンコース入場ゲートでの横断幕掲出について」https://sp.urawa-reds.co.jp/clubinfo/（最終閲覧：二〇二三年二月一〇日）

（5）「清水エスパルス戦前の出来事に関して（第4報）」https://www.urawa-reds.co.jp/clubinfo/（最終閲覧：二〇二三年二月一〇日）

（6）たとえば日刊スポーツは「山形は『経済効果、経験、勝ち点』に期待」と題した記事を配信している。https://www.nikkansports.com/soccer/news/p-sc-tp0-20090704-514105.html（最終閲覧：二〇二三年二月一〇日）

（7）アウェイ観戦においてユニフォーム着用をきっかけに会話が生まれることについては、卒業論文で浦和レッズサポーターについて研究した筆者のゼミ生吉野元禅氏から示唆を受けた。

（8）黒田（2003）は日韓ワールドカップ時のメディア報道や過剰警備が「フーリガンの襲来」という幻想を創り出したことを指摘しているが、山形の人びとも「浦和フーリガン」の襲来を心配していたのかもしれない。

［文献］

阿部潔（2008）『スポーツの魅惑とメディアの誘惑——身体／国家のカルチュラル・スタディーズ』世界思想社

有元健（2003）「サッカーと集合的アイデンティティの構築について——カルチュラル・スタディーズの視点から」（『スポーツ社会学研究』一一巻、日本スポーツ社会学会、三三〜四五頁）

——（2020）「サッカー日本代表と『国民性』の接合」（有元健／山本敦久編著『日本代表論——スポーツのグローバル化とナショナルな身体』せりか書房、一六〜三七頁）

有山輝雄（1997）『甲子園野球と日本人——メディアのつくったイベント』（歴史文化ライブラリー）吉川弘文館

井上達彦（2008）「顧客コミュニティにおける社会関係資本の構築——浦和レッズの公式サポーターズ・クラブの組織化原理」（『早稲田商学』四一六号、早稲田商学同攻会、一〜四八頁）

クレイジー・コールズ／轟夕起夫編（1994）『ＴＨＥ ＲＥＤ ＢＯＯＫ——闘うレッズ12番目の選手たち』大栄出版

黒田勇（2003）「『フーリガン』という幻——メディアが生み出したもうひとつのW杯」（黄順姫編『W杯サッカーの熱狂と遺産——２００２年日韓ワールドカップを巡って』世界思想社、八三〜一〇一頁）

島崎英純（2022）「福田正博１９９２-２００２　浦和のためにすべてを捧ぐ」（ぴあＭＯＯＫ編集部『浦和レッズ30周年アニバーサリーブック１９９２-２０２２』ぴあ、二四〜二七頁）

清水諭（2001）「サポーターカルチャーズ研究序説」（『スポーツ社会学研究』九巻、日本スポーツ社会学会、二四〜三五頁）

——（2005）「浦和レッズサポーター　変容する実践とその楽しみ——ローカリズムとナショナリズムを超えて」（有元健／小笠原博毅編『サッカーの詩学と政治学』人文書院、七一〜一〇五頁）

清尾淳（2001）『浦和レッズがやめられない』ランドガレージ

西野努（2007）『なぜ、浦和レッズだけが世界に認められるのか』東邦出版

黄順姫編（2003）『W杯サッカーの熱狂と遺産――２００２年日韓ワールドカップを巡って』世界思想社

森田浩之（2009）『メディアスポーツ解体――〈見えない権力〉をあぶり出す』（ＮＨＫブックス）ＮＨＫ出版

Besnier, Niko, Susan Brownell, and Thomas F. Carter (2017) *The Anthropology of Sport: Bodies, Borders, Biopolitics*. Berkeley: University of California Press.［川島浩平ほか訳（2020）『スポーツ人類学――グローバリゼーションと身体』共和国］

Boorstin, Daniel J. (1962) *The Image: Or, What Happened to the American Dream*. New York: Atheneum.［星野郁美／後藤和彦訳（1964）『幻影の時代――マスコミが製造する事実』（現代社会科学叢書）東京創元社］

Gillespie, Alex (2006) "Tourist Photography and the Reverse Gaze." *Ethos*, Vol.34, No.3, 343-366.

Kelly, William W. (2019) *The Sports World of the Hanshin Tigers: Professional Baseball in Modern Japan*. Berkeley: University of California Press.［高崎拓哉訳（2019）『虎とバット――阪神タイガースの社会人類学』ダイヤモンド社］

Maoz, Darya (2006) "The Mutual Gaze." *Annals of Tourism Research*, Vol.33, No.1, 221-239.

Urry, John（1990）*The Tourist Gaze: Leisure and Travel in Contemporary Societies*. London: Sage.［加太宏邦訳（1995）『観光のまなざし――現代社会におけるレジャーと観光』（りぶらあ選書）法政大学出版局］

Urry, John and Jonas Larsen (2011) *The Tourist Gaze 3.0*. London: Sage.［加太宏邦訳（2014）『観光のまなざし　増補改訂版』（叢書・ウニベルシタス）法政大学出版局］

第7章 「港町横浜」の観光的リアリティ
――アニメ映画『コクリコ坂から』を通じて

堀野正人

1.『コクリコ坂から』から見える観光の世界

本章ではアニメーション映画『コクリコ坂から』（企画・脚本：宮崎駿、監督：宮崎吾朗、二〇一一年公開）を取り上げて、メディア・コンテンツと観光のリアリティとの関係を論じてみたい。

『コクリコ坂から』は、一九六三年の「港町横浜」を舞台に展開される高校生の恋愛や生活を、そして親子のつながりを描いた作品である。「港南学園」の二年生である松崎海は、アメリカ留学で不在の母に代わって妹、弟の面倒を見ながら自宅兼下宿屋である「コクリコ荘」を切り盛りしている。日課は、家族と下宿人の炊事、洗濯、買い物など家事全般である。そして朝鮮戦争時にＬＳＴ（戦車揚陸艦）の爆発で亡くなった船乗りの父を想い、「安全な航海を祈る」を意味するＵ・Ｗの国際信号旗を、毎朝庭で港から見えるように掲げている。一方、三年生で学校新聞の編集長である風間俊は、その様子を養父の操舵するタグボートの上から見ていた。硬派で無鉄砲な彼は、文化部の歴史あるクラブハウス「カルチェラタン」の取り壊し反対運動のリーダーである。そんな二人が惹かれ合い恋に落ちる。しかし、二人の父親が同一人物であり、兄妹であることが偶然わかってしまう。困惑し悲嘆に暮れつつも、互いに諦められない気持ちを確かめ合う二人。生徒たちの努力もあってカルチェラタンの存続に成功するが、そんな折、俊の出生の秘密を知る船乗りが横浜港にいることがわかる。出航が迫るなか、二人は急いで港に駆けつけて話を聞くことに。それは戦争と戦後の混乱のなかを懸命に生きた親たちの姿を知ることでもあった。

大ざっぱなストーリーは以上のようであるが、本章の主題にとって重要なのは、親子二世代の青春の舞台とされた港町が横浜だということだ。原作マンガは舞台についてとくに定めていなかったが、宮崎駿は映画の舞台を横浜と特定して企画を立てた。これまでのジブリ作品は、時代も舞台も特定していないことが多かったが、『コクリコ坂から』はその点で異色である（スタジオジブリ／文春文庫 2018: 27）。

『コクリコ坂から』は以前から気になる作品であった。というのも、筆者は、かつて観光の「港町横浜」が、一方でガイドブックというメディアにおける定型的な表象によって、他方で都心臨海部の再開発の過程で進んだ資本や行政による空間の演出によって構成されていることを考察しているからだ。ノスタルジックな「港町横浜」のイメージに準拠して記号の空間を消費する観光では、ある種の消毒作用が働き、現実の港町の多様な歴史や記憶を忘却させるおそれが生じるとした（堀野 2002, 2010）。しかしながら観光者は、メディアあるいは資本や行政から一方的に与えられた偽のイメージに踊らされるばかりではない。さまざまなイメージを取捨選択し、編集・加工し、個別具体的な観光を経験している。

メディアと観光者の経験との関係については、つねにブーアスティン（Daniel J. Boorstin）の主張が参照されてきた。彼は、観光がメディアによって仕組まれた疑似イベントにすぎず、観光者はイメージを確認するだけだと批判した（Boorstin 1962=1964: 89-128）。これに対して、須藤廣は、たしかに現代では現実がイメージに従うが、しかし、観光を通じて具現化した疑似イベントこそ観光のリアリティなのであるとし、観光が生み出すリアリティの構造と構成の仕方を問うべきだとした（須藤／遠藤 2005: 6）。

観光のリアリティは、異なるコンテクストをもつ、さまざまなアクターが関与することで構築されるため多様性を帯びるし、再帰的に変容を遂げていくものでもある。本章ではアニメ映画『コクリコ坂から』が、どのように「港町横浜」の観光的リアリティを構成するのかについて、観光を発動させるシステムの存在や、ガイドツアーの実践といった視点から考察してみたい。さらに敷衍《ふえん》して、コンテンツである虚構の物語がもつ観光的リアリティに及ぼす構成力について言及する。

2.『コクリコ坂から』が生み出す観光のリアリティ

⑴ システムに回収される観光のリアリティ

『コクリコ坂から』によって発生する観光は、いわゆるアニメ聖地巡礼の一つである。ただし、この映画の場合は、通常のアニメ聖地巡礼とやや異なるかたちで観光現象が生起していった。それは次のような事情によっている。

ジブリ作品としては初めて、携帯電話やインターネットを使ったさまざまなプロモーションが本格的に展開された。映画の公開は二〇一一年七月一六日で、四五七スクリーンで封切られ、興行収入四四億六〇〇〇万円、動員三五五万人を記録してその年の邦画第一位となり、日本アカデミー賞最優秀アニメーション作品賞などを受賞している（スタジオジブリ／文春文庫 2018: 34）。このように衆目を集めた強力なコンテンツの公開を横浜への集客につなげるために、横浜市は公開に合わせて、民間事業者や文化施設等との協力によってタイアップキャンペーンやさまざまな関連企画を実施したのである（河村／貝田 2012: 70）。

実際に展開された取り組みは実施主体別に大きく次の三つに分かれる。まず、ＫＤＤＩ、スタジオジブリ、横浜市が中心となった「コクリコ坂から×ＫＤＤＩキャンペーン@横浜市」では、横浜の街並みや文化、歴史が学べるスタジオジブリ制作の公式ガイドマップ「コクリコ坂から――ヨコハマガイド」五〇万部を市内外で無料配布し、横浜～山手を巡るスタンプラリーを実施した。ガイドマップでは山手地区の洋館を巡る散策コースの紹介や、洋風建築の解説のほか、横浜の見どころなどが掲載されている(1)（ヨコハマ経済新聞 2011）。

二つ目は、スタジオジブリや東宝などの「コクリコ坂から製作委員会」による企画で、「完成披露試写会」「コクリコ坂から原画展」や主題歌を歌った手嶌葵のコンサートなどが開催された。三つ目は、ＪＴＢ、ＪＲ東日本、横浜の地元事業者や団体等による企画である。具体的な取り組みには、「映画の舞台のまちあるき」「駅からハイキング」の開催、観光情報誌『横浜へ行こう！』の発行、『コクリコ坂から』にちなんだクルージング、公開記念宿泊プランの販売などがあった（河村／貝田 2012: 70)。

全体では、二〇以上の主体による三〇近い企画が実施された。いずれの取り組みも、直接・間接に作品にかかわる場所への集客につながるもので、観光イベントといってもよいだろう。キャンペーン期間中は映画に登場する舞台として想定された場所だけでなく、関内、元町、山手を含む広い範囲でU・W旗を模したペナントが街灯や商業施設などに掛けられ、街をあげて盛り上がりを見せていた。

このように『コクリコ坂から』の公開にちなんで開催されたもろもろのイベント企画は、ガイドマップやスタンプラリーによって観るべき場所と情報を指示し、ツアーやクルージングによって人びとに観光体験を促していた。イベント全体が強力な誘客装置として働いたのであり、このアニメ聖地巡礼が、制作会社、地元自治体、関連事業者などによって事前に設えられたシステムに乗っかるかたちで始まったことを示唆している。こうした装置の設定のもとで観光のリアリティは構成され、来訪者に受容されていったといえよう。

ところで、田所承己はコンテンツ・ツーリズムの来訪パターンとして、旅行者先導型とフィルムコミッション型をあげている。前者は、一部のファンが作品を手がかりに舞台やロケ地を探し出し、それがネット上のコミュニケーションを通じて情報拡散して旅行者が増えていくパターンである。アニメ聖地巡礼の多くはこのパターンに当てはまる。後者は、各地のフィルムコミッションや観光協会が中心となって、ドラマやアニメ、映画のロケ地観光を推進するタイプである（田所 2017: 56-57）。

『コクリコ坂から』をめぐって打ち出された観光情報の発信、クルーズや旅行商品の企画、ガイドツアーの催行などに依拠して作品の舞台を訪れる場合は、このフィルムコミッション型の来訪パターンといってよいだろう。映画の公開から約半年後、キャンペーンに参加した市内の文化施設における来訪者数について新聞では以下のように報道されている。横浜市によると、映画に登場する場面を巡るツアーなどのキャンペーンを行った二〇一一年七月～九月に「横浜開港資料館」を訪れた人は前年同期の一万一四四人から一万七六四三人に増加した。「氷川丸」が四万九五五七人から六万四三四四人、「横浜都市発展記念館」が二七〇〇人から七〇二六人になるなど、いずれも大幅に増えたとしている。さらに、「昨年の邦画の興行収入トップに輝くなど、同映画の人気が影響したとみられ、映画のプロモーション活動を通じて、観光客の増加を図ろうという市の狙い通りの効果が表れた形だ」と報じている（読売新聞 2012）。

このように、ジブリ作品というブランド力と初めての舞台公表、さらには横浜市との連携という稀有な状況下で、多くの人びとが作品のシーンを追体験するために横浜を訪れたことが推測できる。構造的には、アニメ聖地を巡る個々人の観光が、事前に設えられたシステムに回収され、さまざまな消費を呼び起こしたといってよいだろう。観光のリアリティは、『コクリコ坂から』の視聴を通して生成される来訪者の集合的な表象に支えられつつも、実際の観光体験においては、行政やメディア資本によって準備された枠組みに強く誘導される受動的な性格を帯びていた、とひとまずはいえよう。

(2)『コクリコ坂から』によるガイドツアーの構築

しかしながら、『コクリコ坂から』をめぐる観光のリアリティの構造と構成には、さまざまな主体が関与していたし、そのかかわり方も一様ではなかったと考えられる。映画公開時には官民連携による多くの企画が実施されたが、その一つにＮＰＯ法人横浜シティガイド協会[2]による「横浜ノスタルジー　コクリコ坂から　海と俊の世界」という、アニメ聖地巡礼の遂行にもっとも深くかかわったであろうガイドツアーがあった。虚構の物語である『コクリコ坂から』は、ガイドの企画や実践にどのような影響を及ぼし、また、ガイドたちはツアーをどう構築していったのだろうか。以下では、当時の様子について実際にガイドを担当したＫ氏、Ｆ氏からの聞き取り[3]をもとに考察してみたい。

シティガイド協会は、二〇一一年のキャンペーン時に、「50年前の港の風景を想いながら（関内・新港・汽車道コース）」「海と俊が歩いた街（元町・中華街・山下コース）」「信号旗がひるがえる丘（山手コース）」の三コースのツアーをそれぞれ四、五回開催している。非常に好評であったため、二〇一二年（三コース）、二〇一三年（二コース）にも数回実施しており、通算では三〇回以上にのぼっている。同一企画をこれだけ繰り返すことはまれであり、成功した企画として会員の記憶にとどめられている。通常のツアーとは異なり、全国から参加者が集まった。いつもは六〇代以上が多いが、二、三〇代の若い人が中心であった。シティガイド協会では、『コクリコ坂から』の反響を契機に、その後、ＮＨＫドラマ『花子とアン』や『まれ』、映画『さらばあぶない刑事』などのコンテンツを題材にしたツアーを企画している。つまり、『コクリコ坂から』の実践が、ガイド協会の取り組みに新たな領域を加え、企画の幅をもたせることになったのである。

ところで、協会のガイドの内容は歴史をベースとしてアカデミックな案内を志向してきたという。もともと、この協会の設立は、市民に地元横浜を知ってもらうことを目的としていた。というのは、横浜市在住の人は他地域からの転入者であることが多く、横浜についてよく知らないことから地元への愛着も生まれにくいという認識があったからである。

こうしたコンテクストを背景にもつ組織であるため、アニメ映画をガイドのテーマとすることには抵抗もあったという。たとえば、作中では俊が商店街でコロッケを食べるという印象的なシーンが描かれているが、ツアーでは参加者がモデルとされる肉屋（丸栄商店）でコロッケを買って食べるという人気の体験が含まれていた。しかし、真面目に史実を伝えたいというガイドからは、それは商業ベースに乗ることではないかという懸念が呈された。ただ、反発はあったもののガイドの担当は希望者で構成されていた。『コクリコ坂から』以降のコンテンツツアーも同様で、ある種の棲み分けが行われている。このように、シティガイド協会は、虚構の物語の現実への侵食によって内部に生じた葛藤を調整して後景化する一方で、それまで扱ってこなかったコンテンツをテーマとするツアー企画を編集して新たな参加者の取り込みを図るという、したたかな対応をとったものと見られる。

さて次に、コンテンツの物語やシーンが、ガイドツアーにどのように影響していたのかを考えてみたい。普段はある年代に特化して案内をすることはないが、このツアーでは、物語の設定となっている一九六三年という時期を強く意識して準備がなされていた。しかし、作品の舞台を意識しつつも、ガイドの実態は、常日頃行っているコースをベースにしている。当時、参加者に配布された各コースの概要を記した資料から、建築、公園、街並みなどの歴史的な解説が中心となっていることがわかる。つまり、山手、元町、関内などの定番のコースがすでに確立しており、『コクリコ坂』を切り口にしてコースが企画されていたのである。ただし、実際のツアーは、コースのリーダーによる大枠の設定はあるものの、現場での案内については各ガイドの裁量に任される部分が大きいため、多様性があったという（ガイドによってモデルとする場所や話題が異なったりする）。これに関して、Ｋ氏は「ガイドというのはオリジナリティとパーソナリティ」が大事で「マニュアルどおりやっても全然面白くない」と語っている。つまり、メディアコンテンツを土台にした観光のリアリティを構成するアクター間の相互作用には、個別性や偶然性が内包されていたと見られる。

参加者が作品の舞台とされる場所で興味をもったのは、丸栄商店、新山下の船宿街、港の見える丘公園、Ｕ・Ｗ旗、山手の洋館街、横浜三塔、山手の坂、元町商店街などであった。これらは物語のなかのコクリコ坂、コクリコ荘、商店街、漁港などがある場所として想定されている。では、ガイドはこれらの場所をどのように参加者に提示したのだろうか。Ｆ氏によれば、各コースともに、映画に出てきた場面は「ここ」という特定はせずに、作品のイメージのほうを尊重して参加者に想像してみてほしいというスタンスをとったという。後述するように、作品の舞台は、一部の場所を除いて特定することは困難であり、コンテンツの表象のもつ曖昧さがガイドの発話に対する制約として働いているものと考えられる。

このように構成されたガイドツアーによって、参加者は作品の物語を糸口としながらも、歴史上のあるいは現在の「港町横浜」に引き寄せられる。とくに若い参加者は、みなとみらいのイメージしかもたずに参加してくるため、作品の舞台となった第二次世界大戦から一九六三年ごろのいわば「ディープ」な横浜を知ることになる。たとえば、戦後は港湾やホテルなどの施設が米軍に接収され、市街地にカマボコ兵舎が並んでいたことや、現在でもノースピア（瑞穂ふ頭）の一部が提供されていることなどを「発見」する。『コクリコ坂から』というコンテンツに制約されつつも、歴史的事実を伝えるツアーの実践によって、虚構と現実（史実）の異なるコンテクストが交錯した「港町横浜」のリアリティがそこに現れてくるのだといえよう。

3. コンテンツのもつ観光のリアリティ構成力

近年、アニメの聖地巡礼によって発生する地域の経済効果や、交流による地域活性化が注目され、自治体、地元事業者、制作会社などが連携して、意図的にコンテンツ・ツーリズムを誘発させる戦略的な取り組みが増えてきた。メディア、行政、資本による観光システムの構築とアニメ聖地巡礼の関係は、肯定的にであれ批判的にであれ、観光社会学を含む観光研究の課題として浮上してきている。

しかし、筆者は『コクリコ坂から』が契機となって起きた観光現象の検討を通して、別の視点が必要なのではないかと考えるに至った。それは、コンテンツそのものがもつ観光のリアリティの構成力に注目することである。そもそもコンテンツに描かれた虚構世界が、舞台の確認と追体験という情動や行為を引き起こすという意味では、コンテンツこそが観光のリアリティ構成の根幹をなしている。しかし、コンテンツの何が起動因となっているのかについては、ほとんど問われてこなかったのではなかろうか。来訪者を引きつけるのは、ストーリーなのかキャラクターなのか個別の印象的なシーンなのか。作品の世界観なのかジャンルなのか、あるいは作家や声優なのかもしれない。ここでは、『コクリコ坂から』の議論を引き継ぐかたちで、作品の舞台設定や演出が聖地巡礼とどのように関連しているのかを考えてみたい。

第1節ではさまざまな企画がアニメ聖地巡礼に及ぼしたインパクトについて述べた。しかし、スタンプラリーやガイドツアーとは別に聖地巡礼は実践されていたし、企画の終了後は、誘客のシステム自体が解消されていくので、個人が主体的に作品の舞台を探索していくことになる。そこで、『コクリコ坂から』に登場する場所、建物、景観などについて、アニメ聖地巡礼を実践するファンがネットに投稿した記事や画像を手がかりにして、(4)作中の舞台設定と現実あるいは史実との対照関係を捉え、コンテンツの演出が観光のリアリティに及ぼす力について考えてみたい。

作中では明確に存在する場所として、桜木町駅舎、横浜三塔（神奈川県庁・横浜税関・横浜開港記念館）、山下公園と氷川丸、ホテルニューグランド、横浜マリンタワーが登場する。これらは作品の時代設定である一九六三年当時も実在したし、現在も存続している。観光スポットとして認知度も高く、舞台として探索するのはきわめて容易なものである。しかしながら、ここには一つのズレが発生する。作中の建物や船はあくまで当時の姿である。実際、桜木町駅は改築前の形状であり、氷川丸の船体は緑色で（現在は黒色）、マリンタワーは赤と白のボーダーだ（現在はシルバー）。さらに、山下公園の背後に建つクイーン（横浜税関）とキング（神奈川県庁）の塔は実際には公園からは見えないし、実物より高く表現されている。つまり、聖地巡礼者は、歴史的事実を確認しているのではなく、海と俊が並んで歩く場面を追認しているのであり、現実の建物や船を作品の虚構の物語世界を喚起するための媒介として見ていることになる。

このようにモデルが完全に特定できる場所についても物語上の演出というフィルターがかかっている。では、物語が展開する場所として重要な位置を占めている「海の見える坂道」と「歴史のある建物」はどのような設定になっているのだろうか。物語の坂道や建物は架空のものだが、現実にモデルが存在していることが制作サイドによって一応明らかにされている。「コクリコ坂」のイメージのもととなっているのは、元町から港の見える丘公園へと続く谷戸坂（裏坂のほう）である。坂を上りきったところに海の祖父の代には診療所であった「コクリコ荘」があることになる。そのモデルとして山手に残るいくつかの西洋館があげられている。また、建っている場所は、神奈川近代文学館のあたりのイメージとされる（ニュータイプ 2011: 8-11; 映画『コクリコ坂から』公式サイト 2009）。

では、アニメ聖地巡礼者は、どこを舞台として認識しているのだろうか。まず、「コクリコ坂」だが、たしかに谷戸坂をモデルとしてあげ、アニメのシーンと実際の坂の画像を並べて説明している場合が多い。しかし、一方で、山手に存在するほかの坂である可能性も示され、代官坂、ワシン坂を候補としてあげるサイトも複数ある。

「コクリコ荘」はどうか。山手の西洋館を参照しているとするサイトもあるが、磯子区にある横浜市指定有形文化財の「旧柳下邸」が有力とするものが多く、これについてもモデルは断定できない。

その他の場所はどうだろう。二人の通う「港南学園」は神奈川県下の伝統のある高校が、また、クラブハウス「カルチェラタン」は明治時代の跡見学校（現・跡見学園）の寄宿舎や他県の歴史的建造物などが候補として紹介されているが、いずれも推測の域を出ない。

このように、制作サイド（いわゆる公式）の情報でモデルが示されていても、聖地巡礼者は必ずしもそれを鵜呑みにするわけではなく、作中の場面により近いリアルな場所を探し求めている。ここからわかるのは、聖地巡礼者の側に舞台を探索し推定する自由がかなりの程度あるということだ。半面で、彼らは舞台設定の大枠から逸脱することは許されず、納得のいく現実空間を正確に探り当てることもできないという宙吊りの状況に置かれてもいる。

そもそも、「港町横浜」を舞台とするといっても、主要な舞台である坂や建物については具体的に特定されてはいない。宮崎吾朗監督が自ら述べているように、作中の架空の街並みや坂には現実の横浜にモデルが一応存在するが、両者は正確には一致しないのである。たとえば坂の設定についていえば、コクリコ荘が立地していると想定された港の見える丘公園付近の海側は実際には崖で、そこには急な階段（チドリ坂）がある。だから、コクリコ坂は海岸に向かう崖と山手の坂を組み合わせて生み出したものだと明言している（スタジオジブリ 2012）。

このほかにいくつもの脚色や誇張、イメージの流用が見られる。コクリコ荘の前には松林や麦畑があって、砂利道だったことになっている。これらは脚本を手がけた宮崎駿の記憶のなかにある一九六〇年代の風景であって、当時のリアルな風景ではない（スタジオジブリ／文春文庫 2018: 170）。また、山手の丘といってもそれほど絵にならないので、映画では三倍くらい高くしている（マガジンハウス 2011: 23）。それによってタグボートから見上げたコクリコ荘の眺めが様になり、反対に丘から海を見下ろしたときの遠く沖合まで見える眺めに説明がつくようになっている。漁港や商店街についても同様で、作品の描写と一致するような場所は見当たらないのだ。

では、なぜ作中の舞台は架空の創作としての性格を強めることになったのだろうか。宮崎吾朗は、事前に横浜のロケーション・ハンティングを念入りに行って、現在ないし一九六三年当時の横浜の情報を入手している。そして、最初は当時の横浜をリアルに再現しようと、地図と見比べながらやりだしたが、逆に制約になって面白い画にならなかったという（スタジオジブリ／文春文庫 2018: 170）。だから、作品制作にあたっては厳密にこだわらないことにして、見ている人に「あったあったこういう坂道」と言ってもらえればそれでいいとしている（マガジンハウス 2011: 23）。戦後の空気を残しつつも現代につながる一九六三年という時代設定は、物語のメッセージを仮託するためになされている。下宿や商店、学校での生活やコミュニケーションの現実感が伝わるためには、正確さや厳密さは重要ではなく、冒頭に記した青春の物語にふさわしい舞台としての「港町横浜」のリアリティが創り出されたのである。

筆者も実際に『コクリコ坂から』の聖地巡礼を試してみた。いくつもの「ズレ」や「演出」がそこかしこで見出され、そのことが逆説的に現実の横浜を体験する契機となっていた。港の見える丘からの視界は、ふ頭やベイブリッジ、高速道路で塞がり、海は影が薄く、船の姿もほとんど見えない。しかし、だからこそ『コクリコ坂から』という虚構のコンテンツが現実を上書きして「港町横浜」をどのように構成するかに注目したのである。舞台設定の想像＝創造のプロセスで、個々人の多様な解釈の余地を残した「港町横浜」が描かれたことで、そこから生まれる観光のリアリティも多様に展開される可能性が開かれているといえよう。

［注］

（1）このほかに注目されたのが、スマートフォンアプリの「セカイカメラ」であった。山手洋館エリア、山下公園や大さん橋、港の見える丘公園など二二か所の「エアタグ」ポイントでセカイカメラをのぞくと、現在の横浜の風景とあわせて、昭和三〇年代の横浜の写真コンテンツが表示されるようになっていた。ＡＲ（拡張現実）の初期的な応用だが、現在のデジタル化する観光ツールを先取りしていたといえよう。

（２）一九九二年に発足した組織で、現在会員は約九〇名である。構成については、男女比が半々、年齢層は七〇代が中心、横浜市在住が九割となっている。年間一万人以上を案内している。

（３）二〇二三年一二月二一日に実施した。

（４）グーグルで「コクリコ坂から」と「聖地巡礼」「舞台」のいずれかのワードで検索してヒットしたウェブサイトの記事二〇件を参照した。

［文献］

映画『コクリコ坂から』公式サイト（2009）「プロダクションノート」https://www.ghibli.jp/kokurikozaka/pnote.html（最終閲覧：二〇二三年一月三日）

河村昌美／貝田泰史（2012）「つながりから生まれた『コクリコ坂から』集客タイアップキャンペーン」（『調査季報』一七〇号、横浜市、七〇〜七三頁）https://www.city.yokohama.lg.jp/city-info/seisaku/torikumi/shien/tyousakihou/170.html（最終閲覧：二〇二二年一二月三日）

スタジオジブリ（2012）『コクリコ坂から 横浜特別版（Blu-ray）』ウォルト・ディズニー・スタジオ・ジャパン

スタジオジブリ／文春文庫編（2018）『コクリコ坂から』（文春ジブリ文庫・ジブリの教科書）文藝春秋

須藤廣／遠藤英樹（2005）『観光社会学――ツーリズム研究の冒険的試み』明石書店

田所承己（2017）『場所でつながる／場所とつながる――移動する時代のクリエイティブなまちづくり』弘文堂

ニュータイプ編、スタジオジブリ監修（2011）『コクリコ坂から ビジュアルガイド――横浜恋物語』角川書店

堀野正人（2002）「イメージとしての『港町横浜』と観光」（『港湾経済研究』四〇号、日本港湾経済学会、三九〜四九頁）
――（2010）「観光の都市空間の創出と解読――港横浜、東京ディズニーランドなどを事例に」（遠藤英樹／堀野正人編著『観光社会学のアクチュアリティ』晃洋書房、六〇〜八〇頁）
マガジンハウス編（2011）『BRUTUS特別編集　スタジオジブリ』マガジンハウス
ヨコハマ経済新聞（2011）「横浜市が『コクリコ坂から』キャンペーン――セカイカメラで昔の写真紹介も」（『ヨコハマ経済新聞』七月一八日）https://www.hamakei.com/headline/6237/（最終閲覧：二〇一三年一月八日）
読売新聞（2012）「『コクリコ坂』効果　観光施設に客続々　映画のパネル設置へ」（『読売新聞』三月一日朝刊）
Boorstin, Daniel J. (1962) *The Image: Or, What Happened to the American Dream*. New York: Atheneum.［星野郁美／後藤和彦訳（1964）『幻影の時代――マスコミが製造する事実』（現代社会科学叢書）東京創元社］

第8章　『めがね』を通して旅を見る
――「自由」と「たそがれる」にピントを合わせて

神田孝治

はじめに

みなさんには何度も繰り返して見るような映画はあるだろうか。私は、二〇〇七年九月に公開された映画『めがね』（監督・脚本：荻上直子）を一〇〇回以上は視聴している。その理由は、この映画のロケ地となった奄美群島南端の与論島が、私の観光研究の調査対象地の一つだからである。同島を最初に訪れたのは二〇〇七年三月であったが、偶然にもこの時期に『めがね』の撮影がなされていた。ただ、当初は一九七〇年代の与論島観光に注目して研究していたため、二〇〇八年六月ごろに学生に教えてもらうまで、同映画の存在には気がついていなかった。それから幾人かの学生に話を聞いてみるなかで、この映画は一部の女子学生に人気があることがわかってきた。とりわけ、二〇〇九年四月にゼミ生となったある女子学生は、この映画の大ファンで『めがね』を一〇〇回以上見ていると言っていたこと、ただしその魅力についてうまく言葉で説明するのは難しいと述べていたことが、今でも強く記憶に残っている。

こうしたなかで、何度も見てしまうような人がいる『めがね』の魅力は何なのか、与論島の観光を考えるうえで興味を抱き、私もそれを繰り返し視聴したのである。そして、与論島への観光に関するいくつかの論文（神田 2012, 2015a, 2015b）などで同映画の特徴について触れてきた。ただし、『めがね』それ自体についての考察をそこまで行ってきたわけではないし、この映画は考えれば考えるほど、新たな発見や問いが出てくる。そこで本章では、『めがね』の主たるテーマである「旅」について、同映画を軸に考えてみたい。

1. 旅の「理想型」

人が旅に出るのではない。旅が人を連れ出すのだ。

ある作家が、旅行記の冒頭に記した言葉です。確かに、人の人生には何度か、何かにさらわれるように旅に出たくなる瞬間が訪れます。そのとき、あなたならどこへ行くでしょう。そして、何に出会うでしょう。

そんな旅のひとつのかたちが、一本の映画になりました。

（中略）

登場人物は、3人の女と2人の男。ひとりの女性が、とまどいつつも心の赴くままに訪れた南の海辺で、物語の幕が開きます。たどり着いた小さな宿で出会う人々、彼らとの繊細かつ不思議な心のふれあいが、美しい風景をバックに繰り広げられます。

（中略）

どこへ行くでもなく、何をするでもなく、ただ「たそがれる」。リラックスした登場人物たちの姿からは、人が本来魂に宿している、原始の豊かさが漂います。日常の鎖から解き放たれて取り戻す、自由というもの。

（中略）

南国ならではの透明感あふれる日差しのもと繰り広げられる、生命力を呼び覚ますおいしい食事。心地よい暮らしの風景。スクリーンから五感のすみずみに届く、ひろびろと手足を伸ばして生きる歓びを、ただ素直に受け止めればいい。いうなれば、人生という名の旅の物語。

（中略）

行く先が見えなくなったら、なんとなく世界とピントが合わなくなったと感じたら、それがあなたのたそがれどき。まっすぐに歩いていけば、いつか必ずたどり着く。あなたもきっと経験する旅、その理想型が、『めがね』を通して見えてくるかもしれません。（めがね商会 2007: 3）

これは、『めがね』のパンフレットの Introduction に記された、「いつか、旅に出る人へ。一瞬のようで永遠のような、たそがれどきの物語。」と題された文章の一部である。「人の人生には何度か、何かにさらわれるように旅に出たくなる瞬間」があり、そうした際になされる「旅のひとつのかたち」が同映画であるとされる。『めがね』では、南の海辺を訪れた一人の女性が、「小さな宿で出会う人々」との「繊細かつ不思議な心のふれあい」を通じて、「どこへ行くでもなく、何をするでもなく、ただ『たそがれる』ようになり、「日常の鎖から解き放たれ」て「自由」を取り戻す様相が描かれる。そして、こうした内容の映画によって、旅の「理想型」が見えてくるかもしれないというのである。

本章は、『めがね』を通して浮かび上がる旅の理想型を読み解くなかで、旅について考えるものである。ただし、この映画のストーリーや雰囲気を短い文章で的確に表現することは難しい。そこで、同映画パンフレットのStoryの項目に書かれた全文を、以下に記しておく。この記述から、まずは登場人物、内容、雰囲気の概要をつかんでいただき、次節以降を読み進めていただきたい。なお、後述する『めがね』の特徴から、先に実際の映画を視聴することをお勧めする。

春まだ浅いころ、この世界のどこかにある南の海辺の小さな町に、不思議な予感が漂う。「……来た」。プロペラ機のタラップを降り、小さなバッグ1つを手に、まっすぐに浜を歩いてくる、めがねをかけたひとりの女。待ち受ける男と女に向かい、彼女は深々と一礼する。静かな波が寄せては返す。

時を同じくして、もうひとりの女が空港に降り立った。名前はタエコ（小林聡美）。大きなトランクを引きずりつつ、たよりない手描きの地図を片手に浜を歩き、奇妙ななつかしさをたたえた小さな宿・ハマダにたどり着く。出迎えたのは、飾りけのない宿の主人・ユージ（光石研）と犬のコージ（ケン）。迷わずにたどり着いたタエコに彼は「才能ありますよ」と告げる。「ここにいる才能」。

次の日、宿の一室で朝を迎えたタエコの足元に、微笑みをたたえためがねの女・サクラ（もたいまさこ）の姿があった。「おはようございます」「何？」「朝です」。

それから起こるのは、いちいち不思議なことばかりだった。毎朝、浜辺で行われる不可思議な「メルシー体操」。宿周辺でぶらぶらしている高校教師・ハルナ（市川実日子）。人々に笑顔でかき氷をふるまうサクラのこと。観光したいと告げるタエコに、「観光するところなんて、ありませんよ」「たそがれないのに、一体何をしにここに来たんですか？」と皆が不審げに問い返す。

「……無理」周囲のマイペースさに耐えきれなくなった彼女は、ハマダを出てもう一軒の宿・マリン・パレスへ行く決心をする。女主人・森下（薬師丸ひろ子）の盛大な出迎えを受けたものの、ここもまた探していた場所ではなかった。道に迷い、野中の一本道で途方に暮れるタエコ。そこに、自転車に乗ったサクラが現れる。

再び、ハマダでの日々が始まった。ペースに巻き込まれ、徐々に自らたそがれはじめるタエコ。そして数日後、彼女を「先生」と呼ぶ青年・ヨモギ（加瀬亮）がハマダに現れる。

彼が加わり、さらにゆったりと流れていく宿の時間。が、この時間が決して永遠ではないことを、誰もが確かに感じていた――。（めがね商会 2007: 4）

2. 旅と「自由」

『めがね』が描く旅において最も強調されているのは「自由」である。同映画のキャッチコピーは「何が自由か、知っている。」となっているし、パンフレットのIntroduction冒頭には次の文章が記されている。

「外さないように、失わないように」してきた人生を、
ふっと一回休んで、ここに来た。

しかしなんだろう、ここで出会った人たち。
ひとりで風に吹かれて、微笑んで暮らしている。
疑わない、比べない、求めない。
それは逞しさであり、勇気であり。大きな何か。

ひねもす春の海。
あれほどあこがれていた「自由」に、
ふと手が届きそうな気がする。

You live freely only by your readiness to die.
（死ぬことを恐れなければ、自由に生きられる）（めがね商会 2007: 2）

同映画で示される旅とは、「『外さないように、失わないように』してきた人生を、ふっと一回休」んでなされる実践である。そして旅先には、「疑わない、比べない、求めない」人たちの暮らしや、与謝蕪村の「春の海　終日《ひねもす》のたり　のたりかな」という俳句にあるような、春ののどかでゆったりとした情景がある。そしてこうした旅の経験を通じて、「あこがれていた『自由』に、ふと手が届きそうな気がする」というのである。また最後に、マハトマ・ガンディーの「Man lives freely only by his readiness to die.」という言葉になぞらえたと考えられる英文とその邦訳が添えられており、死への覚悟と自由が深く結びついていることが述べられている。この文章は、失わないようにしてきた人生に囚われぬことこそが、『めがね』が描く旅における自由につながっていることを示唆しているといえるだろう。『めがね』とは、まさに自由を希求する旅の映画なのである。

こうした旅を描く同映画は、さまざまな点で自由を表現している。先に『めがね』のストーリーは説明が困難であると言及したが、それも自由と密接にかかわっている。荻上直子はインタビューにおいて、自身が「ハリウッド式のストーリーテリングを勉強してきた」ことに触れつつ、同じく監督・脚本を担当した前作の映画『かもめ食堂』（二〇〇六年三月公開）において、「〝そうじゃなくてもいいんだ〟ってことがわかった」と述べている（森 2007: 119）。両作品は主演が同じであり、インタビュアーも「連続性を強く感じさせる」（森 2007: 118）と言っているが、これらはともに「ハリウッド式のストーリーテリング」から自由な作品なのである。

またこのインタビューでは、登場人物たちの素性や過去の事情がほとんど語られないことも話題にのぼったが、それに対して荻上は「その方が、キャラクターの人生を観る人がそれぞれの立場で想像できるし、共感の幅も広がると思うんですよ」（森 2007: 119）と答えている。登場人物のストーリーも、自由に想像できることが企図されているのである。タエコはヨモギから「先生」と呼ばれるが、何の先生かはわからないし、これら二人の関係は不明である。ユージは宿の主人、ハルナは高校教師という設定であるが、素性は明示されていない。最も不可思議な存在はサクラである。彼女はパンフレットのStoryの項目冒頭の「めがねをかけたひとりの女」であるが、なぜハマダに泊まったタエコが目覚めたときにそこに座っているのか。他所からやってきたサクラは、客なのか、それとも宿の従業員なのか、または別な何かであるのか。素性どころか、いかなる存在であるかが不明瞭なのである。このサクラのあり方を浮き彫りにした象徴的なシーンに以下のようなものがある。(1)

ハルナ「サクラさんはね、毎年バッグひとつでここへ来るんですよ。ちょっとその辺に買い物にでも行くような感じで」

しみじみ言うハルナ。

タエコ「毎年？　ユージさんとサクラさんは、どういう関係なんですか？」

タエコ「きょうだい、とか？」

ハルナ、首を振る。

タエコ「え、じゃあ、ご夫婦？」
　ハルナ、タエコを怪訝な目で見る。
ハルナ「はあ？　どこをどう見たらあの２人が夫婦に見えるんですか？　人を見る目、なさすぎ」
タエコ「じゃあ、どういう関係なんですか？」
ハルナ「ものすごい関係」
　澄ました顔でさらっと言うハルナ。
タエコ「……あの、毎年来るってことは、つまり、毎年来るってことですか」
ハルナ「サクラさんは毎年春になるとここへ来ます」
タエコ「どこから？」
ハルナ「さあ、どこからでしょう」

　春になると、どこからともなくふらりとやって来るサクラ。そしてサクラとユージの関係は、「きょうだい」でも「夫婦」でもなく、「ものすごい関係」とだけ語られる。サクラという存在の解釈は開かれているのである。
　これまで示した以外にも、『めがね』においてはさまざまな点で自由が表現されている。パンフレットのStoryにある、「たよりない手描きの地図」を持って「小さな宿・ハマダにたどり着く」シーンはその象徴的なものである。

ユージ「よく迷わずに来れましたね」
タエコ「は？」
ユージ「私の描く地図は分かりづらいみたいで、ほとんどの人が迷うんです。ひどい人だと2時間以上この辺りでうろうろして」
タエコ「2時間……」
ユージ「分かりやすく描いてるつもりなんだけどなぁ……。ま、お客さん増えたら困るから、ちょうどいいんですけどね。……そういえば、迷わずに来たお客さんも、3年ぶりです」

不正確な地図という現実の正確な描写からの自由。そして宿泊客が増えたら困るという資本主義社会の常識からの自由。また「ほとんどの人が迷う」前提として、同地では携帯電話が通じない。普段の生活につきまとう通信の接続からの自由は、タエコがこの地を訪れた理由として、携帯電話が「通じなさそうな場所に行きたかった」と述べており、同映画においてとくに強調されている。また、この宿では歓待する側も自由である。タエコの到着シーンにおいて、ユージは「大切な人が来たので、夕食は外で皆と一緒に食べます」と言い、彼女が同行を断ると一人で出かけてしまう。そして適当に食べるようにタエコに伝えた冷蔵庫の中身は、調理されていない大きな魚である。運んでおくと彼女に言ったトランクは、放置したままであった。

そのほかにもいろいろな自由が同映画では描かれているが、ここでは先述のパンフレットに書かれている内容に関するもののいくつかを紹介しておこう。浜辺で毎朝行われる体操は、よくあるラジオ体操とかではなく「不可思議な『メルシー体操』」である。「宿周辺でぶらぶらしている高校教師・ハルナ」は、月に四回も勤務先を遅刻していることに言及したり、「いくら真面目にやってても、休憩は必要です。そうでしょ?」と言って、浜辺にかき氷を食べに来たりする。さらには「はぁ、死にたい。可愛い男子がいないと、生きていく意味なんてない」と、現代の倫理観を逸脱した発言も行う。また「人々に笑顔でかき氷をふるまうサクラ」は、冷たい飲み物を欲するタエコに対し、かき氷以外は提供しようとはしない。さらにそのかき氷の対価は、折り紙や音楽などの貨幣以外のものである。

3．旅と「たそがれる」

このように自由を表現する『めがね』において、「たそがれる」ということがその重要なあり方として提起されている。この語が最初に前景化したのは、パンフレットの Story に記されているように、観光に関するやりとりからである。具体的には以下のようなシーンが描かれている。

タエコ　「今日は、観光しようと思うんですけど、どこかいいところはありますか?」
　　　　　ユージ、妙な顔をして、
ユージ　「カンコウ……」
タエコ　「ええ」

ユージ　「この辺を？」
タエコ　「はい」
　　サクラの顔を見るユージ。
　　二人、顔を見合わせて困った顔をしている。
タエコ　「？」
ユージ　「観光するところなんて、ありませんよ」
タエコ　「え？……じゃあ、ここへ遊びに来た人は、一体何をするんですか」
　　ユージ、少し考え、
ユージ　「たそがれる……？」
タエコ　「たそがれ？」
ユージ　「うんうん……」

同映画での「たそがれる」とは観光と対立するものである。ただし、ユージの言及の仕方にあるように、この語が意味する内容は曖昧である。そして、「たそがれる」ということが何であるかは、同映画のなかで他のシーンでも明示されないのである。

タエコ　「たそがれる、というのは、この辺の習慣か何かですか？」
　　ユージ、フフと笑い、

ユージ「そんなたいしたものじゃありませんよ。癖みたいなもの」
タエコ「癖？」
ユージ「なんとなくたそがれるのが得意な人が集まっているっていうのかな」
（中略）
タエコ「夕焼けとか、そういったものを見れば、自然とたそがれますけど」
ハルナ「ええ？夕焼けを見てたそがれるだなんて、意外と……」
タエコ「意外と？」
ハルナ「単純」
　ユージがつい笑う。
　ムッとするタエコ。

これは「たそがれる」ということが話題にのぼった重要なシーンの一部であるが、それは「習慣」という社会的に組織化されたものではなく、個人的な「癖みたいなもの」としてぼんやりと語られる。そして、夕焼けを見ると自然とたそがれるという発言は、単純だと笑われるのである。

このように捉えどころのない「たそがれる」というあり方について、荻上はインタビューで以下のように語っている。

プロデューサーと脚本を書く前に与論島に行って、いろいろ話し合わないといけないのに、何も考えられずに海辺でただぼーっとしてしまう。ここでは考えられない、と思い、東京に帰ってその状態を思い返して、〃たそがれる〃という普段は使わない言葉を思いつきました。思考が根こそぎ奪い取られるようなところだとわかっていたから、演じるみなさんが、現地で感じたままを表現してもらえればいいと思いました。（山中 2007: 217）

ここにあるように、本作品における「たそがれる」という語は、思考の静止ないしは不在と結びついている。こうした点は、作中において明確に表現されている。パンフレットのStoryにあるように、ハマダに我慢ならなくなったタエコは、もう一軒の宿のマリン・パレスへ行く。そこで彼女は、女主人の森下と以下のようなやりとりを行っている。

森下　「午前中は畑仕事。午後からは、お勉強会」
タエコ　「お勉強会?」
森下　「ここではね、みんなでお互い協力して、尊重し合い、土に触れることで自然の恵から生きている実感を得て、太陽、そして宇宙万物全てに敬意を払って、日々過ごそうっていうコンセプトなんです」
タエコ　「コンセプト……」

規律化された行動を行うマリン・パレスにおいては、特定の思想に基づく「コンセプト」が強調されている。そしてこの思考に支配された宿から逃げ出したタエコは、歩いて帰ろうとするものの道に迷い、結果として彼女を迎えに来たサクラの自転車の後ろに乗ってハマダに帰る。この際に、タエコは「大きな荷物」であるとハルナに指摘されたトランクを、三輪の自転車に載らないためにその場に置き去りにする。そしてこのトランクのなかにはタエコが「必要な物」とする「読もうと思っていた本」が入っていたが、それはマリン・パレスに向かう車中においてハルナに「ここじゃ読めないでしょ」と指摘されていたものであった。先にサクラが「毎年バッグひとつでここへ来る」ことを紹介したが、タエコは本が詰まった大きな荷物を抱えてきていたのである。そして、思考から自由になったことを象徴するこのシーンを契機に、彼女は「たそがれる」ことができるようになる。

また、「たそがれる」ことは、「何も考えられずに海辺でただぼーっとしてしまう」と先に荻上が述べているように、活動の静止ないしは積極的な活動の不在とも結びついている。同映画では、各所を観光して見てまわることがないのはもちろんのこと、南の海辺にいるものの、泳いだりすることはなく、また砂浜でスポーツをしたり走ったりするようなシーンもない。海辺でなされる活動は、観光でなされそうな活発なものではなく、「ただぼーっとしてしまう」ことを中心に、かき氷を食べたり編み物をしたりといった、静止ないしは動きが少ないものが中心である。さらに、恋愛にかかわる要素は南の島での観光と親和的であると思われるが、『めがね』ではまったく描かれない。こうしたなかで、ストーリーや登場人物の感情に動きが少なくなるのである。「たそがれる」とは、南の島の観光で想起される典型的なあり方から自由な実践なのである。

また、思考からの自由という点についてよく考えると、「たそがれる」という語そのものが重要であることがわかる。

黄昏を雀色時ということは、誰が言い始めたか知らぬが、日本人でなければこしらえられぬ新語であった。雀の羽がどんな色をしているかなどは、知らぬ者もないようなものの、さてそれを言葉に表わそうとすると、だんだんにぼんやりして来る。これがちょうど又夕方の心持でもあった。すなわち夕方が雀の色をしているゆえに、そう言ったのでないと思われる。古くからの日本語の中にも、この心持は相応によく表われている。例えばタソガレは「誰そ彼は」であり、カハタレは「彼は誰」であった。（柳田 1977: 36）

柳田國男は、「夕方」という昼と夜のあわいの時空間を指す黄昏（たそがれ）という語について、「雀色時」「タソガレ（誰そ彼）」「カハタレ（彼は誰）」といった別種の用語を紹介するなかで、捉えられそうで捉えきれない中間的な様相を描き出す。彼の説明を活用すれば、「たそがれる」というのは「言葉に表わそうとすると、だんだんにぼんやりして来る」ような「夕方の心持」の状態といえるだろう。そしてその状態は、言葉で表現することが難しいものとなる。先に指摘したように、本映画では、たそがれるということが何かについて、ほのめかされるもののはっきりとしない。『めがね』における「たそがれる」という語（シニフィアン）から意味されるもの（シニフィエ）は不明瞭なのである。

このような観点で見ると同映画は、言葉や思考で捉えきれない、曖昧なものが重視されていることがわかる。『めがね』のパンフレットの表現を見ても、「心の赴くままに訪れた」「生命力を呼び覚ますおいしい食事。心地よい暮らしの風景」「不思議な予感」など、心的なもの（「心持」）をはじめとして具体的な様相を言葉で表現することが難しいものが多い。象徴的なものの一つが、同映画の特徴的なフレーズである「ここにいる才能」であろう。この才能はどういうものか『めがね』で説明されていないし、言葉で明確に表現することは困難であろう。荻上はインタビュー記事において、「言葉で説明できたら映画で表現する意味はないですよね」（財満 2008: 23）と述べており、先のパンフレットでも「スクリーンから五感のすみずみに届く、ひろびろと手足を伸ばして生きる歓びを、ただ素直に受け止めればいい」と記されている。本章冒頭で『めがね』を好きな学生がその理由をうまく言葉にできないと述べた点に触れたが、彼女はこうした特徴をうまくつかんでいたといえよう。そして「たそがれる」とは、言葉や思考からの自由、心的なものの前景化という、『めがね』が描く旅のまさに象徴だといえるだろう。

4. 旅と「めがね」

最後に、『めがね』というタイトルにある「めがね」から旅について考えてみたい。荻上はあるインタビューで、以下のように述べている。

私も普段、めがねをかけていて、スタッフもめがねをかけている人たちばかりで、打ち合わせのために集まると、そこにいる全員がめがねをかけていた、みたいなことが何度かあって、そんなことから「めがね」と。あまり深い意味のあるタイトルにしたくないというのもありまして。

（岸田 2007: 196）

ここでは、『めがね』というタイトルは偶然の産物で、深い意味のないものとされている。こうした点について荻上はいくつかのインタビューで触れているが、彼女が登場人物の素性が不明瞭な点に関して「もちろん作り手としては、それぞれのバックグラウンドはハッキリ決めていますけど、あえて映画には出していないんです」（森 2007: 119）と述べているように、めがねについても実際の映画では何らかの意味が込められていると考えられる。たとえば、たそがれることができる才能をもった人びとはめがねをかけている一方で、マリン・パレスの女主人・森下をはじめとして、他の登場人物はめがねをかけていない。また主人公のタエコは、南の海辺とされる舞台を離れる際にめがねを風に飛ばされ、同地を再び訪れたときには新しいめがねをかけている。これらから、めがねを特定の表現上のメタファーとして使用していることがうかがわれる。ただし、自由をテーマにする同映画において、めがねを用いた表現に一定程度の意味はあるもののそれを明示せず、可能な限り解釈の幅を開こうとしていると思われる。「たそがれる」という語と同様の中間的なあり方を「めがね」のなかにも読み解くことができる。

こうしたなかで、めがねを明確に重要なメタファーとして説明しているのが、冒頭で引用したパンフレットの以下の文章である。

郵便はがき

料金受取人払郵便

神田局
承認

7846

差出有効期間
2024年6月
30日まで

切手を貼らずに
お出し下さい。

101-8796

537

【受 取 人】

東京都千代田区外神田6-9-5

株式会社 **明石書店** 読者通信係 行

お買い上げ、ありがとうございました。
今後の出版物の参考といたしたく、ご記入、ご投函いただければ幸いに存じます。

ふりがな お 名 前	年齢	性別

ご 住 所 〒 -

TEL ( ) FAX ( )

メールアドレス	ご職業（または学校名）

＊図書目録のご希望 □ある □ない	＊ジャンル別などのご案内（不定期）のご希望 □ある：ジャンル（ ） □ない

書籍のタイトル

◆本書を何でお知りになりましたか？

□新聞・雑誌の広告…掲載紙誌名［　　　　］
□書評・紹介記事……掲載紙誌名［　　　　］
□店頭で　□知人のすすめ　□弊社からの案内　□弊社ホームページ
□ネット書店［　　　　］　□その他［　　　　］

◆本書についてのご意見・ご感想

■定　価　□安い（満足）　□ほどほど　□高い（不満）
■カバーデザイン　□良い　□ふつう　□悪い・ふさわしくない
■内　容　□良い　□ふつう　□期待はずれ
■その他お気づきの点、ご質問、ご感想など、ご自由にお書き下さい。

◆本書をお買い上げの書店

［　　　市・区・町・村　　　書店　　　店］

◆今後どのような書籍をお望みですか？

今関心をお持ちのテーマ・人・ジャンル、また翻訳希望の本など、何でもお書き下さい。

◆ご購読紙　(1)朝日　(2)読売　(3)毎日　(4)日経　(5)その他［　　　新聞］

◆定期ご購読の雑誌［　　　　］

ご協力ありがとうございました。

ご意見などを弊社ホームページなどでご紹介させていただくことがあります。　□諾　□否

◆ご 注 文 書◆　このハガキで弊社刊行物をご注文いただけます。

□ご指定の書店でお受取り……下欄に書店名と所在地域、わかれば電話番号をご記入下さい。
□代金引換郵便にてお受取り…送料+手数料として500円かかります（表記ご住所宛のみ）。

書名	冊
書名	冊

ご指定の書店・支店名	書店の所在地域 都・道　府・県　市・区　町・村
	書店の電話番号　（　　　）

行く先が見えなくなったら、なんとなく世界とピントが合わなくなったと感じたら、それがあなたのたそがれどき。まっすぐに歩いていけば、いつか必ずたどり着く。あなたもきっと経験する旅、その理想型が、『めがね』を通して見えてくるかもしれません。（めがね商会 2007: 3）

映画の『めがね』をいわゆる「めがね」としても表現しつつ、それを通してピントを合わせることで、旅の理想型が見えてくるかもしれない、というのである。ここで重要なのが、「ピント」という考え方である。先述のように、同映画で象徴的に用いられる「たそがれる」という語は、観光と対比されるものとして提起されている。しかしながら、ハマダという「宿」が存在できる世界が、観光との結びつきを否定できるだろうか。タエコは飛行機で現地に到着するが、それは観光的ではないだろうか。また、『めがね』のエンドロールや監督・俳優へのインタビューからロケ地は与論島であることが示されているため、同映画をコンテンツとした観光が与論島で生じている。本章冒頭で紹介した私のいくつかの論文などに詳細を記したが、ロケが行われた宿泊施設には同映画を見た観光客が訪れるようになり、現地の観光施設では関連する展示が行われたり、観光マップにはロケ地の紹介がなされたりした。「たそがれる」ことと対比されていた観光に、同映画は取り込まれていったのである。しかしながらこれらは、『めがね』と観光とのかかわりにピントを合わせることで前景化することであり、そこからピントをずらせばぼやけてよく見えなくなる。私とその他の世界のあわいに位置するめがねは、自身が望むポイントにピントを合わせるための道具なのである。『めがね』で描かれる旅とは、「たそがれる」ことなどにあるさまざまな自由にピントを合わせ、あこがれの自由を手につかんだ気になることができる実践なのである。

そしてこの「めがね」というメタファーから旅の理想型について考えてみると、旅に関する別の重要な点が浮かび上がってくる。先のパンフレットで「あなたもきっと経験する旅、その理想型が、『めがね』を通して見えてくるかもしれません」（めがね商会 2007: 3）というように、レンズの種類・度数が合っていなければ、この映画から旅の理想型が見えるとは限らない。めがねとは、それぞれの個人に合わせてつくられるものであり、万人にとって同じものではないのである。二〇〇七年九月の新聞記事ではこの映画の視聴者には三〇代から四〇代の女性が目立っていたとされており（大高 2007）、二〇〇九年九月に私が行った与論町役場商工観光課・ヨロン島観光協会への聞き取り調査では、同映画との関連で来島する観光客の約九割が女性で、二〇代後半から三〇代が中心であったとの話をうかがった。荻上が「『めがね』には私自身の願望が、どーっとストレートに表れているのかもしれない」（森 2007: 119）と言っていたように、制作者と同じ「めがね」で、自身の求めるものにピントが合う、少なくとも普段より良く見えるような、特定の人びとに同映画は好まれたのである。冒頭に一〇〇回以上同映画を見たという女子学生の話を紹介したが、彼女もまさにそうした視聴者だったといえよう。

私に関していえば、『めがね』を何度も見て、そこから旅についてさまざまなことを考え学びつつも、いまだにそれが心には響いてこない。おそらくこの「めがね」のピントは自身の求めるところにないのだろう。ただし、それが大きくズレているわけではないと思われる。第1節の冒頭で紹介した『めがね』のパンフレットにある「人が旅に出るのではない。旅が人を連れ出すのだ」というフレーズが気になり、調べてみるとそれはジョン・スタインベックが一九六二年に著した『チャーリーとの旅』（スタインベック 2007）の一節であった。この著名な作家が五八歳のときに行ったアメリカ一周旅行を記した同書は、「旅そのものが実体であり、それぞれの旅に個性があって似たものは二つとない」という「旅の本質を解き明かそうと試みた」（スタインベック 2007: 441）旅行記で、先に引用されているフレーズはそれを意味するものであった。そして同書の内容は私の琴線に触れるものがあり、なぜか自身が学部学生時代に海外旅行に行ったときの思い出が想起され、またこれからどこかへ旅立ちたいという気持ちが湧き上がってきた。私は心のなかで旅に自由よりも個性を求めているのだろうか（仮にそうだとしても、他者や過去の自分の旅との共通性をどこまで求めているのだろう）。もしくはスタインベックの書籍から嗅ぎ取った自由の種類が自分に合っているのか。それとも別の何かを彼の書籍から感じたのであろうか。『めがね』と『チャーリーとの旅』の共通点と違いは何だろう、ピントのズレはどのぐらいなのだろう。私の何がどのように変われば、『めがね』に気持ちのピントが合うのだろう。こうしたことをはじめとして、『めがね』を通した旅についての考察を契機として、さまざまな問いが新たに生じてくる。旅についてどのような「めがね」で見ていくのか、私の探究の旅はまだその途上である。

［注］

（１）以下を含め、本章で紹介する映画のセリフや関連するシーンの解説文は『めがね　最終稿』［台本］からの引用である。

【文献】

大高宏雄（2007）「チャートの裏側――週末興行成績　効率よく『めがね』健闘」（『毎日新聞』九月二八日夕刊）
神田孝治（2012）「与論島観光におけるイメージの変容と現地の反応」（『観光学』六号、和歌山大学観光学会、二一～三二頁）
――――（2015a）「観光地と歓待――与論島を事例とした考察」（『観光学評論』三巻一号、刊行学術学会、三～一六頁）
――――（2015b）「与論島への観光と『たそがれる』」（『地理』六〇巻六号、古今書院、一二～一九頁）
岸田文絵（2007）「『めがね』という映画」（『いきいき』一三〇号、ユーリーグ、一九三～一九八頁）
財満大介（2008）「『癒し系』と呼ばないで――映画監督荻上直子が米国で勝負する理由」（『日経マガジン』五四号、日本経済新聞社、二二～二三頁）
スタインベック、ジョン（2007）『チャーリーとの旅』竹内真訳、ポプラ社
めがね商会（2007）『めがね』めがね商会
森直人（2007）「荻上直子――『めがね』は自分にとって親しみやすい空間だから」（『キネマ旬報』一二三〇六号、キネマ旬報社、一一八～一一九頁）
柳田國男（1977）『妖怪談義』（講談社学術文庫）講談社
山中久美子（2007）「荻上直子――ただ、〝たそがれる〟という贅沢を体感できるような旅を、映画にしたかった」（『ダ・ヴィンチ』一四巻一〇号、メディアファクトリー、二一七頁）

第9章

困難な観光
――モビリティに課せられた「複数的現実」と「他者性」について

山本朋人

はじめに

消費主義に骨の髄まで侵された俗なる場から逃れ、理想をもつ少数者たちが集う聖域としての楽園へ。アレックス・ガーランド（Alex Garland）の小説をもとに二〇〇〇（平成一二）年に映画化された『ザ・ビーチ』において、主人公リチャードの旅はバックパッカーの聖地カオサン通り（バンコク）から始まる。作中の人物らが体現するとおり、移動の自由を行使するツーリストは、現地の事物を「観光的リアリティ[1]」の構成物へと変容させるが、非日常的な空間の形成過程を紐解くと、近代観光の前史から貫徹される「ここではない場所」への強力な志向性を見出すことができる。

本章では、メディア表現である映画の分析を下敷きに、「私」とは異なる世界を生きる人びとの「他者性[2]」を追い求める旅行者が、自閉的なユートピアの内側で充足する姿を描く。そのうえで、自己ならざるものとの根本的な相互依存関係に依拠した生が、「観光化する社会」における多元的な現実のなかで無数の観点へと開かれる可能性について、空想と現実の「楽園」を舞台に考察を進める。

1. 愛と幻想のバックパッカー・ツーリズム

オーバーツーリズムが叫ばれるよりも以前から、バンコクはアジアに冠たる観光都市として外客の誘致を目的とした開発を進めてきた。きわめてラフな服装でグローバルチェーンが並ぶ通りを闊歩する旅行者の姿は、スクリーン以上の現実を映し出してきたといえる。バックパッカーが集う場所の成立過程において明らかなとおり、脱市場化されたエキゾチックな舞台を求め旅する者たちは、旅先を新たな観光地へと変容させ消費社会の内部に組み込むことで、いわばマスツーリズムの尖兵としてその役割を果たしてきた。

旅の始まりでリチャードは、グローバルな発展に伴う文化の画一化による影響を目の当たりにする。冒頭、凡庸な他のマスツーリストとは異なることを証立てるため、路上で会った客引きに煽《あお》られるがまま蛇の生き血を飲むが、宿泊先のホテルでアメリカ映画・アニメが後景に映されるとおり、物理的に数千キロの移動を重ねてもなお、その身は自国の文化圏の内にとどまっている。観光客嫌いの彼は、国境を越えて波及するこの同化作用から逃れることを目指し、真正性に満ち希少性の高い「本物の」旅行経験の獲得を目指して終わりなき差異の探求にはまり込んでいく。隣室のダフィから「完璧なビーチ」の存在を聞いたリチャードは、同宿のフランソワーズとエチエンヌを誘い未知なる島へと向かう。ダフィが遺した地図という「ガイドブック」を頼りに目的地へと向かう姿は、自らが嫌悪した観光客以外の何者でもなく、その行動様式は典型的なステレオタイプにすぎない。

たどり着いた先の島では、コミューン創設者の一人であるサルをリーダーとしたコミュニティが築かれており、メンバーによって自給自足の集団生活が営まれていた。島外に知られることを忌避して排他的な暮らしを守ろうとするコミューンの実践において、ビーチサッカーやクリケットに興じるメンバーや、携帯ゲーム機を手放すことのない主人公の姿は、「楽園」での生活が現代文明に依拠したものであることを表している。象徴的なシーンは、フルムーン・パーティーで知られる最寄りのパンガン島への買い出しである。サルにこの役を指名されたリチャードに対し、コミューンのメンバーが入れ代わり立ち代わり現れ依頼する買い物の中身は、大量消費社会における生活必需品の数々である。幻想の楽園である「ビーチ」はあくまで消費のエコノミーの一部として日常化されるのであり、「オリエンタルな欲望探しの旅は、アメリカ探しの旅へと反転する」（塚田 2011: 238）。

偽装された非日常の空間から透けて見える自閉性は、同じ島に暮らしマリファナ栽培で生計を立てる武装農民との間で不干渉が貫かれ、相互の交流が分断されていることからも推し量られる。コミューンのメンバーは自国から持ち込んだ生活様式の繭のなかにくるまれたまま、類似した文化圏から集った旅行者同士で交流を深めており、異国は自国を投影するための鏡として周縁化される。『反逆の神話』が言及しているとおり、自らの内なる旅へと向かうエキゾチシズムを駆動する力学は、現代文明への順応を迫るシステムからの解放という対抗文化の精神と無縁でない。だが、行き過ぎた商業主義から自由になる手段と目された旅の経験は、他者の探求というテーゼを念頭に置きつつも、結果として自己発見へと至る旅行者の自画像を映し出す（ヒース／ポター 2014: 314-317）。

ヒッピーによるヒッピーのための閉鎖的空間における他者性の排除は、先に触れた買い出し後のシーンでも示される。コミューンの仲間であるステンとクリストは、ビーチに生息する鮫の犠牲となり、ステンは間もなく死亡する。クリストは重傷を負いつつも生還したが、外部の医者を招き入れることを認めないサルは、苦痛にうめく彼の治療を断固拒否する。人工的なユートピアにおいて、生老病死という再生産のサイクルは破綻をきたしており、ケアを必要とする者はコミューン外の森へと隔離される。この直後、ビーチ・バレーに興じるメンバーが描かれるシーンは、観光経験の快楽により実生活上の不快な現実を糊塗する姿を見事に表現しているといえよう。

そのほかにも、ゲーム画面が表示されて農民を新たなプレイヤーとしてカウントする描写によって明示されているように、「観光的リアリティ」の構成要素に縮減された身体はバーチャルなアトラクションの一部となる。のちにコミューン結成を祝うパーティーでサルが述べる、「未来を目指しましょう」「ここは私たちに〝命〟を与えてくれる」といった祝辞が空語と化すのは、日常生活における疎外から出発し、旅先で共感を抱く相手を見つけ出した者たちが、異なる他者の未来、他者の命を支えているものへの想像力を決定的に欠いていることに起因する。

生活上の必然から土地に代替不能性を見出さざるをえない人びとにとって、越境者が有する可動性はときとして暴力的に作用する。コミューンのメンバーは、武装農民の抵抗を受けてようやく観光地住民という「他者」を視界に収めるようになるが、観光客を拒絶し放逐した農民たちは、現実的には生活の場に留め置かれ続ける。行先を自由に選べる立場の者は、現地で得た「学び」を次の経験に活かすことができるが、その機会は万人に等しく与えられているわけではない。旅先において日常生活では味わうことができない特異な経験を糧として味わうのは、もとよりモビリティの不均衡な配分のもとで相対的に優位にある旅行者の側なのである。

2. ある「楽園」の経験から

須藤廣は同作を分析するにあたり、マスツーリストによって形成される「集合的まなざし」と、その枠組みから抜け出ようとする観光客の「ロマン主義的まなざし」について、アーリ（John Urry）の「観光のまなざし」に関する議論を引きながら、いずれも観光の文脈による「イメージ消費」の延長線上にあるという点に注意を促している。メディアを通じて表象されるイメージにより生まれる現実という、ブーアスティン（Daniel J. Boorstin）の「疑似イベント（pseudo-event）」論は、「観光のまなざし」と不可分の関係にある。それがどのように「消費の美学」として洗練されようとも、観光地住民の「生活の論理」と齟齬をきたす危うさをもつという指摘は、ポスト・マスツーリズムの観光形態に対しても同様に適用可能であるという意味において今日もなお重要である（須藤 2012: 44-48）。

もちろん、「生活の論理」と「観光の論理」は単純な二項対立として把握されるのではなく、須藤が自ら触れているとおり、現実にはその境界が融解しうるような人の移動も発生しうる。映画において武装農民の姿で表現される人びともまた、侵入者との交流を完全に断てるわけでもなければ、ツーリストが半ば無意識に内面化した「観光の論理」がもつ危うい魅力に無関心でいられるわけでもない。だが、「楽園」という「観光的リアリティ」の構成者には、マスツーリストやそのアンチだけではなく観光地住民も含まれている。先のパーティーは武装農民の乱入で強制的に中止されるが、これは主人公が島へ渡る前に同国人に地図を渡していたことが引き金となっており、農民の抵抗は来訪者数が現地の許容量を超えて限界を迎えたことを意味している。新たな観光客は島への到着後に殺害されるが、島民の生活というリアルが「イメージ消費」の限界を露呈させる場面は、相互の非対称的な関係性の来し方行く末を鑑賞者へと教えてくれるだろう。

自国に戻ったリチャードが、フランソワーズからメールで受け取った写真に記された〝パラレルな宇宙　愛を〟というメッセージを読む場面は、映画全体のハイライトになっている。しかし、ロマン主義的なまなざしの排他性や「生活の論理」への配慮の重要性を自覚し、責任ある観光主体として変容を遂げたかのように見える姿は、観客にある疑いを突きつける。モビリティの力によって生じたネガティブな出来事は、ときに地域社会の暮らしそのものを左右する影響をもたらしうる一方、そこで得た「気づき」を社会的・文化的に有意義な旅の経験へと変換し、無二の観光的価値とすることは、境界を自由に渡り歩く者にのみ許されたふるまいにすぎない。

〝パラレルな宇宙　愛を〟というメッセージは、ここではない別の世界線において成し遂げられたであろう出来事の数々であり、何者かになりうる私に秘められた無数の可能性を暗示している。そこでは、フランソワーズとリチャードが結ばれる世界、コミューンが崩壊することのない世界、武装農民たちと持続的に共存する世界が、選びえたハッピーエンドとして幻視されている。ボーダーレスな移動は多様な選択肢を開き、未開の空間に即座に適応し変容を遂げるような可変性を積極的に肯定する。未知なるものを養分とする主人公は、旅先での失敗を「自己成長」の契機に変え、主体の富裕化にとって不可欠な要素、既知に還元されるべき経験として享受する。そこには、かつてブーアスティンが擁護した、自堕落な「観光（Tour）」と異なる苦難に満ちた「旅（Travel）」そのものの根底に潜む問題群が、かたちを変えつつも地続きに表れているのである。

リード（Eric J. Leed）が述べるとおり、自発的に起源たる土地を離れたのち、自らを生んだ社会的・文化的な母体である場所、己が起源の内部へと回帰していくという回遊性に着目すれば、道すがら世界を獲得していく（未開の空間の構造化、秩序化、文明化）旅の円環形式が、ギルガメシュ叙事詩のような英雄譚と相似形をなしていることがわかるだろう。(3) 主体の地理的・時間的拡張への欲望に動機づけられた英雄的な旅は、西洋社会が「新世界」という他者との出会いから自己イメージを鮮明にすることを可能とし、観察対象に対する観察者の優位に根差した帝国主義的なまなざしの確立を導いた。希少なものの価値を比較考量できる知識をもった者が、収集対象と見立てた自然や環境に介入する行為は、ときに標的とされたものの生死を司る権力として機能してきたのである（リード 1993）。

観察や採取、あるいは標本化や保存・展示といった変遷を経て、もとの場所から引き剝がされたものが脱文脈化と再文脈化によって新たに命を与えられる事態は、一九世紀後半から二〇世紀前半にかけて万博等で行われた「人間の展示」を生んだ。「一日間世界一周旅行」を謳《うた》い一九三一（昭和六）年に開催されたパリ植民地博覧会では、エキゾチックな文物や建築、人間を見世物とした祝祭的な幻想空間が演出されたが、その目的は植民地政策の正当化と西欧文明の優位性の喧伝にあった。観る者と観られる者の関係性が優劣のヒエラルキーにより差異化され、入植者による搾取や強制労働・貧困といった現地のリアルは不都合な要素として排除された。本来の文脈から切り離された文化的断片により捏造《ねつぞう》されたユートピア的な熱帯世界が一つの全体性を構築し、会場に集う人びとを魅了したのである（モルトン 2002: 65-87）。

環境への適応過程で認識対象を既知のものへと還元する主体が、西洋的価値を普及させる立場をとりつつ異国趣味的な経験を希求する背景には、植民地主義の痕跡が深く根を下ろしている。しかしながら、同時代にロマン主義を批判したセガレン（Victor Segalen）が、「多様なるもの」としてのその現れについて、植民地的なものをはるかに凌駕する概念として論じていたことは特筆すべき点がある[4]（セガレン 1995）。セガレンの思想の本質的なラディカルさを擁護したボードリヤール（Jean Baudrillard）は、ツーリズムが自閉的な円環性から逃れえず、他者との始原的な対面状況が生じえない時代において、終わりなき自己同一化を定められた他者なき主体が脱軌道的状況へと至る道を探っていた（ボードリヤール 1991, 2002）。

もっとも、グローバリゼーションによる同化と普遍化の圧力が、異他的なものを制御可能で馴致されたものへ変換するのと並行して、希少財としての他者性を積極的に生産していく構図は、現代では必ずしも植民地化の拡張に付随して現れるのではない。否定しえぬ侵略性を伴うものの、『ザ・ビーチ』において島はアイデンティティの賭場でなく、自己確認のための脱領土化された空間であり、最終的には自国より劣った存在として、自身が産み落とされた文明の安楽に逃げ帰るための機会を提供しているにすぎないのである（ウィーバー＝ハイタワー 2020: 351-366）。

3. パラレル・ユニバースをうたって

一九世紀に生まれたアーケード、デパート、博覧会場といった多様な装置は、商品化された体験という「視覚の領域」を拡張し、都市にフラヌール（男性遊歩者）だけでなくフラヌーズ（女性遊歩者）のまなざしを招き入れた。ショッピングや観光旅行は私的領域のみには収まりきらない公的な余暇活動である。公共のスペクトルのなかで消費能力を行使することで、人種、民族、ジェンダーといった諸要素による制限の多くを回避できるようになった来歴からは、機会の均等をもたらした社会的な力が認められる。モールという人工的な都市環境としてのファンタスマゴリア（幻灯劇、転じて資本主義的文化が織り成す幻像の意）は、複製技術と未曽有の移動性の産物であり、現代の観客／買い物客／観光客は清潔で安全な劇場型の空間のなかに身体を委ねることで、非日常性を帯びた別の時間軸を体感することが可能となった（フリードバーグ 2008）。

ここではない場所、時間、空間への跳躍を実現するテーマパーク的環境の「楽園」幻想は、場ごとで着脱可能な流動する主体性の快楽をも導いた。この点に関連して、『夢の消費革命』は、同じく大衆消費の舞台として博覧会からショッピングモールまでを分析の俎上《そじょう》に載せ、エキゾチックな事物や遠方のイメージについての商業的流用を読み取っている。同書では、「贅沢の民主化」の歴史的な動線が描かれつつ、先進国により拡大された消費水準の格差が地球規模の不平等に依存しながら発展してきたことが批判的に記されている（ウィリアムズ 1996）。

二一世紀の観光のあり方を論じたボワイエ（Marc Boyer）は、自他の懸隔を生み出す文化的な差異のうちに物理的な次元を超えた「真の距離」を見出し、「先進国の人間に突きつけられる異文化への適応の可能性」（ボワイエ 2006: 310）としての観光の力を称揚した。地球を股にかけ渡り歩かんとする欲求は、自由な人の移動を普遍的な価値の一つとみなすような風潮を後押ししたが、そこには無批判には首肯しがたいグロテスクな精神性が宿っている。観光資源としての他者性に永遠の鉱脈を見出し、両者の距離が生み出す意図せざる結果としての相互作用の意義を強調する立場は、「差異の尊重」(5)という趣旨で語られるのでなくとも一定の支持を得るだろう。偶発的な出来事と遭遇する機会を確保し、予期せぬコミュニケーションの広がりを肯定する理路は、島が担う機能を各地に埋め込むうえで最適な道筋を示すからである。

アーリは、非日常的な観光空間で賭博、薬物、売春といった自国では公に許容されがたいレジャーについて、日常生活から切り離した場所で謳歌することの弊害に焦点を当てた。パンガン島はカウンターカルチャーの実践地として国外在住者を惹きつける一方、供される労働力は異なる現実のなかにある。人工的なユートピアの顧客は、娯楽の中心地を水平線の彼方の島嶼《とうしょ》や小国へ追いやることで不可視化しており、ビーチはその土地に根差したローカルな人びとにとっての自然の一部ではなく、主として資本の偏在によって形成された富裕層が快楽を得るための象徴的な場へと変容させられる(アーリ 2018)。

排他的な享楽の空間では、グローバルな階層秩序のもとで相対的に貧しい立場に置かれた定住者だけが被害を被るのではない。パスポートを取り上げられ無国籍のような立場を強いられる移住者たちも、オフショア化された区域を支える構成員としてその身を拘束されている。強いられた移動あるいは法的な保護の剝奪において働く権力のもとで産み落とされる放棄された生は、国民国家から追放されているのと同時に無国籍という身分を与えられ、内部化された外部として領土内に包摂されている。追放とあわせて法制的なものの内部への帰属状態が生じる循環について、バトラー(Judith Butler)

はアガンベン（Giorgio Agamben）の「剝き出しの生」と異なるかたちで生権力の様態を分析した。主権権力からの排除が個人や集団を政治体の外へと追いやることのみを示すのではなく、そこではむしろ公的なものの存立が経済的不公正・政治的剝奪に根本的に依存している仕組みが問われるのである（バトラー／スピヴァク 2008）。

リードとボードリヤールに倣《なら》えば、リチャードらの有する帝国主義的なまなざしが、現地の抵抗すら自閉的な円環性の構成要素、すなわち故郷へと回帰するための動力として利用している点が明瞭となる。未知との接触は予見不能な出来事に可変的に対処する悦びをもたらし、自己自身のさらなる拡張性は、旅の苦楽をまとめて必然的経験として包含するような法外な自己中心性の証左となる。また、島に体系的な暴力を行使する共同体は、セキュリティを理由に恒久的かつ実存的なものと措定された外部の脅威に対する「自己防衛」を掲げ、無国籍者や難民・移民を標的とした攻撃を正当化してきた。現下の情勢で問われているのは、グローバルとローカルの「真の距離」なるものが、トランスナショナルな人の移動の可否を決定する政治的権力により恣意的に操作されているということにほかならない。国際的な往来の自由の裏にあるモビリティの傾斜配分は、島へのアクセスと島からのアクセスという双方の関係性において、両側で気圧の異なる「扉」の存在を指し示す。この種の境界横断的な統合を、越境性、開放性、相互接続性という美名のもとに論じることは、「きわめてイデオロギー的な操作」（コンラート 2021: 69-70）にすぎないだろう。

オーバーツーリズムを例に排外主義的な観光の否定論を唱える者がナルシスティックに自国の観光的価値を誇り、グローバルな連帯のツールとして観光を肯定する者が異なるルーツをもつ自国内の

「他者」の存在を否認する。非日常の「楽園」幻想を生み出す動力となる「扉」の統御は、観光的な移動の自由の守護者たちにとって譲り渡すことのできない権能である。彼らが公的領域における民主的な平等条件の相互承認を確立するため、同じ熱量で非観光的な移動の自由を論じることはないという点に何ら驚くべきものはない。包摂的排除による依存関係のもと、外客の誘致だけが地域社会の唯一の生存戦略であるかのような言説を現地住民が内面化するのと平仄《ひょうそく》を合わせて、「楽園」のグローバルな埋め込み化が「平和」産業の名のもとに進行する。それはまさに「観光の論理」と「生活の論理」の最も悲惨な結合の結果といえよう。だが、互いに可傷的な身体を有する存在様態が同一空間を分かち合うという近接性の地平からは、多元的な「複数的現実[6]」を礎とした「観光的リアリティ」の一端が垣間見られることもまた確かではないか。

彼我の力関係を背後においた海域の半強制的な開放、あるいはその選択的な閉鎖によって遺棄された生を死ぬに任せる権力の非人道性は、いまや生政治的論理による統治の実践と化した。シャマユー（Grégoire Chamayou）の言葉を借りれば、領土内での合法的な追放による搾取を伴う包摂の構造は、いわば人間同士の捕食関係を表しているといえる（シャマユー 2021: 206-211）。それゆえ、他者の生が織り込まれた身体が消滅に抵抗し、存在をかけた異議申し立てを行うとき、「社会的なもの」の構成要件は根本から問い返されるのである。越境への移動可能性は身体の存在における最も基本的な問題の一つとなり、あらゆる生者の相互依存関係が抱える両義性を開示する。境界の外部と内部を分かつ力は、自己防衛と自己保存のための破壊的な潜勢力となる一方、共生なくして存在を維持しえない生の持続可能性を和平の潜勢力として具体化させる。「私」は生存のため「あなた」の協力を要請するという社会的条件に基づく紐帯は、特定の選別された命に自己同一化しようとする錯誤から逃れうるような「非暴力の力」を指し示すだろう（バトラー 2022: 198-209）。

分け隔てなき生の哀悼可能性の現実化は、「島」の論理を内破した者たちをグローバルな連帯へと、分割する。それが無傷でよろこばしいものとして存在しえないことの困難は、共生の経験における他者への原初的な《曝され》の否認を含意するものではない。この耐えがたさは自己保存やナルシシズムを斥《しりぞ》ける「責任＝応答可能性」の条件として、共通の可傷性・身体性を有する主体へと課せられているのである（バトラー 2008: 184-188）。他者の生、その厄介な束縛のもとで生きるという加害と被害の同在によって描かれる未来は、個別具体的な存在がただそこにあることを実存の権利へと置き換えるだろう。それは同時に、剝き出しの状態へと均《なら》された生によって荒涼の地と化した風景の一切を救うような別の社会的現実、パラレルな宇宙への移行を意味するのではないか。

おわりに

かつて、『ザ・ビーチ』がカオサン界隈の通りに向けられたスクリーン上で無限に再生され続けていたことは、一筋縄ではいかぬ「観光的リアリティ」の多義性を読み解くうえで示唆的である。愚かなエキゾチシズムへのアイロニーそのものが一つのコンテンツと化した光景は、可動性の不平等に対する不服従の主張にもなれば、それすら無色透明な消費対象として「観光の文脈」に包含する力の表明にもなりうる。場を共有する者の認識を攪乱《かくらん》するこの事態は、場所への集合的参与という要求に対し潜在的な別のリアリティへの応答可能性を開くとともに、共通世界の私物化とは異なる知覚や領有による経験という、無数の観点の誕生を導くだろう（ラプジャード 2022: 65）。だからこそ、あらゆるまなざしが交流し混合することで、共在する生に他者というラディカルな差異が書き込まれている事実を、さらに書き記すことが可能となるのである。

［注］

（1）ある場所が「観光地」として他の領域から分化され自立していくにあたり、観光対象をまなざす人びとは社会的な意味体系のもとでの集合的参与を要求されることとなるが、共同性を構築する再帰的な文化としての観光は、独自のリアリティ構成を生み出すメディア的な機能を有するものである（須藤 2014: 43-54）。

（2）近代以前から存在する「観光現象」の背景として、異他的なものへのあこがれや非日常性の希求といった心性が認められるのであり、このことは観光の全的な産業化・社会的組織化が進んだ現代においても例外ではない（須藤／遠藤 2018: 68-73）。

（3）レヴィナス（Emmanuel Lévinas）は、他性へと向けられる自己同一化作用とその志向性について、イタケー島へと戻るオデュッセウスの旅にエゴイズムの根源的形式を認めている。どのような遍歴を重ねた冒険も、自己の起源へと回帰するのであれば、「絶対的に他なるもの」としての他者の応答可能性は閉ざされるのであり、この運動に代わって対置されるのが、従者に自身の子すら故郷に連れ戻すことを禁じたアブラハムの物語である（レヴィナス 1996: 270-278）。

（4）差異をあらゆる生にとって不可欠なものとみなしたうえで、民主的な諸価値の名のもとに階層的秩序を排そうとすることすら攻撃の対象とし、諸民族の混血的な融合を拒否したセガレンの思想は、各個人が互いに差異を保ちながら独立しうる可能性を排した徹底的な相対主義を特徴としているという点で、一定の留保が必要である（トドロフ 2001: 521-528）。

（５）バディウ（Alain Badiou）は、「他者の承認」というテーゼのもと、同一性に回収できないさまざまな差異に介入するようなイデオロギーとしての「倫理」について、観光客の異国趣味にも言及しつつ根源的な批判を加えている（バディウ 2004）。

（６）他者の文化の存在は、私たちがすでにして絡め取られているある特定の視座に基づく「現実」とのオルタナティブなかかわりを証立てる。そのことはまた、個々人が知覚する世界との身体的なかかわりの複数性をもたらす。特定の現実が支配的となることで「周縁化された現実」が生まれるが、それを唯一のものとしない「複数的現実」の探求というユートピア的な企図は、外界との非‐道具主義的な関係性を現実のものとして語り理解する道を開くだろう（ハージ 2022: 320-337）。

［文献］

アーリ、ジョン（2018）『オフショア化する世界――人・モノ・金が逃げ込む「闇の空間」とは何か？』須藤廣／濱野健監訳、明石書店

ウィーバー＝ハイタワー、レベッカ（2020）『帝国の島々――漂着者、食人種、征服幻想』（叢書・ウニベルシタス）本橋哲也訳、法政大学出版局

ウィリアムズ、ロザリンド・Ｈ（1996）『夢の消費革命――パリ万博と大衆消費の興隆』吉田典子／田村真理訳、工作舎

コンラート、セバスティアン（2021）『グローバル・ヒストリー――批判的歴史叙述のために』小田原琳訳、岩波

書店
シャマユー、グレゴワール（2021）『人間狩り――狩猟権力の歴史と哲学』平田周／吉澤英樹／中山俊訳、明石書店
須藤廣（2012）『ツーリズムとポストモダン社会――後期近代における観光の両義性』明石書店
――（2014）「観光メディア論の試み――観光的リアルの構造とその変容」（『観光学評論』二巻一号、観光学術学会、四三～五四頁）
須藤廣／遠藤英樹（2018）『観光社会学2.0――拡がりゆくツーリズム研究』福村出版
セガレン、ヴィクトル（1995）『〈エグゾティスム〉に関する試論／羈旅』木下誠訳、現代企画室
塚田幸光（2011）「ユートピア、ディストピア、サバービア――ダニー・ボイル『ザ・ビーチ』とハリウッドの『楽園』」（野田研一編著『〈風景〉のアメリカ文化学』ミネルヴァ書房、二二九～二四九頁）
トドロフ、ツヴェタン（2001）『われわれと他者――フランス思想における他者像』小野潮／江口修訳、法政大学出版局
ハージ、ガッサン（2022）『オルター・ポリティクス――批判的人類学とラディカルな想像力』塩原良和／川端浩平監訳、明石書店
バディウ、アラン（2004）『倫理――〈悪〉の意識についての試論』長原豊／松本潤一郎訳、河出書房新社
バトラー、ジュディス（2008）『自分自身を説明すること――倫理的暴力の批判』（暴力論叢書）佐藤嘉幸／清水知子訳、月曜社
――（2022）『非暴力の力』佐藤嘉幸／清水知子訳、青土社
バトラー、ジュディス／ガヤトリ・C・スピヴァク（2008）『国歌を歌うのは誰か？――グローバル・ステイトにおける言語・政治・帰属』竹村和子訳、岩波書店

ヒース、ジョセフ／アンドルー・ポター（2014）『反逆の神話――カウンターカルチャーはいかにして消費文化になったか』栗原百代訳、ＮＴＴ出版
フリードバーグ、アン（2008）『ウィンドウ・ショッピング――映画とポストモダン』（松柏社叢書　言語科学の冒険）井原慶一郎／宗洋／小林朋子訳、松柏社
ボードリヤール、ジャン（1991）『透き通った悪』塚原史訳、紀伊國屋書店
――（2002）『不可能な交換』塚原史訳、紀伊國屋書店
ボワイエ、マルク（2006）『観光のラビリンス』成沢広幸訳、法政大学出版局
モルトン、パトリシア（2002）『パリ植民地博覧会――オリエンタリズムの欲望と表象』長谷川章訳、星雲社
ラプジャード、ダヴィッド（2022）『ちいさな生存の美学』堀千晶訳、月曜社
リード、エリック（1993）『旅の思想史――ギルガメシュ叙事詩から世界観光旅行へ』（叢書・ウニベルシタス）伊藤誓訳、法政大学出版局
レヴィナス、エマニュエル（1996）『実存の発見――フッサールとハイデガーと共に』（叢書・ウニベルシタス）佐藤真理人ほか訳、法政大学出版局

第10章 リゾート法がもたらしたもの

――雑誌『公害研究』掲載の論考から

千住 一

はじめに

本章では、一九七一年から一九九二年にかけて刊行された雑誌『公害研究――学際的協力をめざして』を対象とし[1]、そこに掲載された観光開発にかかわる論考に着目する。一九七一年七月に岩波書店より発行された『公害研究』創刊号の表紙には、都留重人、戒能通孝、庄司光による編集であることが明記されているが、「発刊の辞」を執筆していることからもわかるとおり、この雑誌で中心的な役割を果たしていたのは都留であった。知られるように、経済学の立場から公害問題にアプローチする都留は、一九六三年七月に「公害研究委員会」を立ち上げたが、『公害研究』はその機関誌的位置づけにあったとされる（宮本 2014: 3-4）。

一九八七年六月九日に「総合保養地域整備法」（以下、リゾート法）が公布・施行されると、『公害研究』に掲載された観光開発にかかわる論考に変化が見られるようになる。リゾート法の目的は、その第一条に次のように記されている。

この法律は、良好な自然条件を有する土地を含む相当規模の地域である等の要件を備えた地域について、国民が余暇等を利用して滞在しつつ行うスポーツ、レクリエーション、教養文化活動、休養、集会等の多様な活動に資するための総合的な機能の整備を民間事業者の能力の活用に重点を置きつつ促進する措置を講ずることにより、ゆとりのある国民生活のための利便の増進並びに当該地域及びその周辺の地域の振興を図り、もつて国民の福祉の向上並びに国土及び国民経済の均衡ある発展に寄与することを目的とする。

周知のとおり、日本国内における観光需要の高まりを背景に地域振興や経済発展をもくろんだこの法律により、全国各地で大規模リゾートの建設が計画されたものの、ほどなく訪れたいわゆるバブル経済の崩壊によってそれらは頓挫する。リゾート法の問題点としてリゾート開発に伴う自然環境破壊をあげる前田繁一は、「リゾート法はそれ自体、自然環境の保全、乱開発の防止についてなんら具体的な方法を定めていないし、住民参加や情報公開の視点も欠けている」（前田 1999: 11）と指摘する。こうしたリゾート法の施行を契機に、『公害研究』誌上における観光開発にまつわる論考はどのような変質を呈するに至ったのであろうか。以下、リゾート法施行前と施行後に分けて検討する。

1. リゾート法施行前

(1) 長野県の事例

一九七四年七月に発行された『公害研究』第四巻第二号には、特集「開発と環境保全」の一論考として宮尾嶽雄と土田勝義による「長野県の観光開発と自然破壊」が掲載される。宮尾と土田は、長野県における自然破壊の原因を「観光開発」と「森林伐採」に大別したうえで、前者の端緒を軽井沢と志賀高原における「別荘とスキー場建設」に求め、長野県企業局がそうした開発を先導したとする。また、一九六〇年代から七〇年代にかけて霧ヶ峰高原や乗鞍岳で看取された、企業局による自動車道の開通、民間資本による別荘や観光施設の建設、観光客の増加に伴う自然環境の破壊といった一連の経緯を整理し、「長野県における観光開発は、要するに山地、すなわち森林生態系の破壊であり、森林の砂漠化・市街地化である」(宮尾／土田 1974: 19) と主張する。

こうした環境破壊の一因として観光客によるゴミ捨て行為をあげつつも、「観光客も、その深奥では何か間違っていると感じとっている証拠は多い」(宮尾／土田 1974: 24) と擁護する宮尾と土田による批判の矛先は、民間資本と結託した長野県に向けられる。そして、観光開発によってもたらされる結果は、「結局、住民に負荷されることになり、開発によって手にした利益は、長い眼でみれば、結果的にはより以上の支出となり、住民がそれを負うことになる」(宮尾／土田 1974: 23) と結論づけられる。

(2) 鳥羽市の事例

一九七六年七月に発行された『公害研究』第六巻第二号には、特集「自然保護と費用負担」の一論考として石川貞二による「観光開発のもたらしたもの」が掲載される。三重県鳥羽市における漁業者の取り組みを紹介したこの論考によれば、一九七〇年代初頭に鉄道路線が延伸し、有料観光道路が開通したことで、住民の三割以上が漁業に従事する鳥羽市で観光開発が盛んになる。開発主体となったのは三重県志摩開発公社と複数の第三セクターであったが、観光施設の建設過程で海洋への排水放流問題が浮上する。そのため、漁業者側が排水の水質基準に関する協定書を作成し、開発主体との間で協定を締結することで、観光開発による環境破壊に一定の歯止めをかけた。

こうした経緯を整理したうえで、石川は観光開発の「負の効果」を以下のように列挙する。

礼儀知らずの不道徳な若い連中が、ブラブラ遊んでいるのを見れば、都会にあこがれ、自分達の職場がどんなに自然の恩恵に浴しているかも考えず、漁撈作業や、つらい海女漁業を続けようとする青年男女も減ってしまうであろう。ホテルやゴルフ場で必要とするのは、婦女子が殆どで、ゴルフ場ではキャディ、旅館ではお酌をする女中が大部分、青年男子が働く場は、殆どない。地元の生産物が高く売れるかどうかは、むしろ流通機構の問題で、地元で獲れる高級魚貝類は、鳥羽の場合殆ど大阪、名古屋の高級料理店向に運び出され、旅館で使うものは大部分が他処から搬入される冷凍物である。むしろ生活必需品が、地元民に対しても観光客相場で扱われるため、鳥羽は今でも、日本で物価の高い都市のうちに入れられている。更に観光漁業に至っては、もはや漁業ではない。心ある漁業者は、そして技術を持っている漁業者は、よほどのことでもなければ、釣舟稼業などはしないものである。海女を観光の道具にするのを見ると、観光地で態を彫るアイ

ヌの人々を想い出させる。（石川 1976: 34）

石川にとってみれば、観光開発によって損なわれるのは鳥羽市の自然環境だけでなく、住民の生活であり漁業をめぐる環境であり漁業者の「心」であった。だからこそ石川は、「山の緑を削って進められる開発行為は、人の心まで荒廃させる」「田舎の自然・環境を破壊し、人心を荒廃させる観光開発」（石川 1976: 34）とも書く。

リゾート法施行前に『公害研究』に掲載されたこれらの論考では、観光開発の主体たる地方自治体と開発企業がともに批判され、観光開発の影響として自然環境の破壊と生活環境の悪化が指摘されている。また、宮尾と土田が「観光立県」（宮尾／土田 1974: 12）、石川が「観光立市」（石川 1976: 26）という言葉をそれぞれ用いているように、両者の関心は地方自治体と観光の関係にある。観光開発にかかわる論考をめぐるこうした傾向は、一九八七年のリゾート法施行後にいかなる変化を見せたのであろうか。

2. リゾート法施行後

(1) 特集「リゾート開発と景観保全法」

一九八八年七月に発行された『公害研究』第一八巻第一号では、木原啓吉「リゾート開発と国立公園行政」、保母武彦「住民が直接請求した景観保全条例」、宗田好史「イタリア・ガラッソ法と景観計画」の三論考から構成される特集「リゾート開発と景観保全法」が組まれている。

木原は、リゾート法にある「良好な自然条件を有する土地を含む相当規模の地域」は、「今では国立公園や国定公園、都道府県立自然公園の中にしか見つけることはできない」としたうえで、都道府県が作成した基本構想に承認を与える主務大臣のなかに、[2]「国土の環境保護に責任を持つべき環境庁長官がはいっていない」（木原 1988: 3）ことを問題視する。次いで木原は、日本、アメリカ、イギリスにおける国立公園行政や公園利用に関する規則を並置させることで、日本のそれが「いかにも権力的で、これでは、せっかく国立公園を訪ねた人々も心が重くなる」とし、さらに「真に理想的なリゾート開発をめざすならば、（中略）さらに一歩踏み出して、国立公園での正しく楽しい『利用』法は何か、それを実施にうつすソフト面の対策の早急な開発が必要である」（木原 1988: 7）と続ける。

保母は、宍道湖・中海の淡水化事業に反対する住民団体が島根県に対して制定請求を行った「宍道湖・中海景観保全条例（案）」を取り上げ、請求の背景にイタリア・ラベンナにおける先行事例が存在することや、この条例案はイタリアにおける景観保全法と比較して、「非権力的な規制であり、あくまで住民、事業者の納得と合意に基礎を置いて景観行政を推進していく方針がとられている」（保母 1988: 13）ことに特徴があると述べる。また保母は、宍道湖周辺の歴史性について触れ、「既存の価値ある景観を破壊し、歴史的に形成されてきた諸産業の連関を断ち切る企業誘致や地域開発は、かえって、その地域固有の産業経済の発展をとめる作用を持つことが考慮されなければならない」「地域の個性それ自体がひとつの文化であり、個性を輝かせることが産業の付加価値を高める効果を持っていることも、景観保全と産業との関係で見落としてはならない」（保母 1988: 14）とする。

宗田は、保母が言及したイタリアにおける景観保全法、すなわち「ガラッソ法」について検討を加える。宗田は、一九八五年に発布された「暫定措置令一九八五年六月二七日、第三一二号、環境価値の高い地区の保全のための修正を含む法律化」、通称ガラッソ法の成立背景の一つに観光客の増加と観光開発の進展が存在することを指摘したうえで、ガラッソ法の意義について以下のように述べる。

生活の多様化と余暇の拡大によって、労働と余暇の区別が、ある意味では、曖昧になりつつある。豊かさの質が、日常的に求められたとき、身近な環境に自然や文化、歴史を求めることが市民であり、脱工業化社会では、自然と文化、歴史が、市民を通じて再生産の手段となる。真の豊かさとは、生活の多様化、余暇の拡大であり、消費的豊かさから生産的文化の豊かさへと進化する。この意味で、自然と文化、歴史を総合し景観という名で、地域のなかに保全しようとすることの景観計画の基本理念は、極めて有効な社会投資としての意味を持つだろう。（宗田 1988: 23-24）

特集「リゾート開発と景観保全法」所収のこれら三論考から、リゾート法施行後における変化を次の三点に見出せよう。第一に、木原論考にあるように批判の対象として「国」が想定されるようになった。第二に、三論考に共通するように諸外国の事例が参照されるようになった。第三に、木原論考と宗田論考にあるように「真に理想的なリゾート」や「真の豊かさ」といった視点が提示されるようになった。

つまり、リゾート法の施行を契機に、これまで市や県といった地方自治体の枠組みで捉えられてきた観光開発が国家という枠組みのなかに位置づけられるようになり、また、観光開発によってもたらされる弊害が、日本国内にとどまらないグローバルな共時性を有する現象として意識されるようになったのである。そして、リゾート法のなかで使用される「総合的な機能の整備」や「ゆとりのある国民生活」といったお題目に対応するかたちで、「真に理想的なリゾート」や「真の豊かさ」といった価値観が、従来の自然環境だけでなく地域の文化や歴史にも言及しつつ希求されるようになった。

(2) 第一〇回日本環境会議

一九九一年四月に発行された『公害研究』第二〇巻第四号では、同年一月一四日および一五日に開催された「第一〇回日本環境会議[3]」の模様が報告されている。この会議では二つの分科会が設定されており、その一つが「リゾート開発と環境問題」をテーマとするものであった[4]。分科会「リゾート開発と環境問題」の概要を記した保母武彦によると、自身による問題提起に続いて、七名の登壇者が具体的な事例を交えながらリゾート法の問題点やリゾート開発による自然環境破壊について報告を行った。

また保母は、分科会での議論を踏まえ次のようにまとめる。つまり、リゾート法に基づく開発の推進とそれに伴う自然環境破壊という流れを変えるには、「国レベルにおける法令の廃止と転換を求めつつ、それを実現させる橋頭堡を地域から築いていくこと」（保母 1991: 53）が重要であり、そこでは「地方自治権の活用」「環境保全型の地域振興」「情報公開と市民参加」が必要となる。「地方自治権の活用」には協定、開発指導要綱、条例の制定などが該当し、「環境保全型の地域振興」は、地域の資源や技術を活用した「内発的発展」の模索と密接な関係にある。また、「情報公開」は地域住民と事業者が協力して「内発的発展」の道を歩む際に不可欠であるとされ、「市民参加」の対象には都市住民も含まれる。都市の住民運動が農村の「内発的発展」を経済的に支える可能性もあり、たとえば、「有機農産物の産直や、その生産者と消費者との信頼関係を軸とした交流の発展は、都市住民に本物のリゾートを生みだす」（保母 1991: 55）ことにもつながる。

こうした保母の見解は、先に見たリゾート法施行後における観光開発の捉え方の変化と同一線上にあるといえよう。すなわち、保母が繰り返し主張する地域における「内発的発展」の重要性は、リゾート法という「国レベルにおける法令」を前提に措定されているのであって、一見すると、リゾート法施行前に掲載された鳥羽市に関する石川論考と同質と捉えられがちであるが、そうではない。分科会「リゾート開発と環境問題」に関する一連の記述がリゾート法施行後における論点変化に列されるものであることは、産直にかかわる「本物のリゾート」という表現のほか、「21世紀を環境保全の時代、人間らしい豊かさの時代とするためには、今日のリゾート政策の転換は避けて通れない課題である」（保母 1991: 55）という保母による結語からも判断できる。

(3) 特集「自然保護・リゾート開発」

一九九一年一〇月に発行された『公害研究』第二一巻第二号では、特集「自然保護・リゾート開発」が組まれている。座談会記事一本と論考四本が収録され、規模としては一九八八年の特集「リゾート開発と景観保全法」を上回る。論考には、生物多様性の喪失と野生動物の減少について指摘したもの、リゾート法施行後におけるゴルフ場の増加とそれに伴う森林破壊および水質汚染を取り上げたもの、レクリエーション目的の森林開発における事業主体、利用主体、地域主体間の関係性に言及したもの、西表島や竹富島における観光開発と向き合う住民運動を「コモンズ」の観点から積極的に評価したものが含まれるが、ここでは特集冒頭に掲載された座談会に着目したい。

座談会は「真のリゾートとは何か」と題され、中谷健太郎と溝口薫平が登壇し、木原啓吉が司会を務めている。リゾート法の施行に伴うリゾート開発による環境破壊とそれに対する保護運動が活発化しつつあるが、それと同時に「真のリゾートとは何か、観光の本質はなにか、と原点にたちかえってリゾート開発のあり方を問い直す機運がようやく表面化してきた」（中谷／溝口／木原 1991: 2）。そこで、以前から湯布院町の地域づくりにおいて中心的な役割を果たしてきた中谷と溝口に「真のリゾート」について語り合ってもらう、というのがこの座談会の趣旨である。

座談会は、今ではよく知られる湯布院町の取り組みについて中谷と溝口が発言した後、溝口と木原による以下のやりとりで締めくくられる。

溝口　それぞれの旅館が、リピーターといいますか顧客をすごく大事にしています。1泊2食していただいて、はいありがとうございましたではなく、生身の人々と接する時間と場を重ねてゆきます。そしてお客さまに、そこの窓口だけでなく地域の人々とかかわっていただくようにしています。湯布院はこのような人材のネットワークを大事にしてきました。このことが、いろんな行事を展開するにあたって力になりました。私どもは外からの知恵をいただくことを重視しています。また、こういう方々は長年のおつき合いで、湯布院の流れを外から見ておられます。私たちは町のなかにどっぷりつかっていますと自分がどういう動きをしているかわからなくなることがあります。そんな時、外からお叱りをうけたり、はげまされたり、ご指導を受けたりしてきました。どれだけたくさんの友人をもっているか、どれほど多岐にわたる職種の方々と親しくしているか、そうした一人一人の強みが、湯布院が多彩な活動ができる原因になっています。私のところの「玉の湯」と中谷さんの「亀の井」とは同じ旅館でも部屋の造りも料理も違います。お互いがそれを自覚して、それぞれの持ち味をだしています。

木原　これが真のリゾートという感じがします。

溝口　お客様が訪れてくださって、そこに友人がたくさんいて、受け入れの面が広いことがリゾートとしてすぐれているのであって、ゴルフ場だ、スキー場だ、テニス・コートだ、と形をととのえるだけが、リゾートではないと思っています。（中谷／溝口／木原 1991: 9）

先に見た分科会「リゾート開発と環境問題」の成果をまとめるなかで保母が示した、地域住民と都市住民の関係性から生み出される「本物のリゾート」のありようが、地域の観光事業者の口からより具体的に語られたのである。

おわりに

ここまで、『公害研究』という限定されたメディアではあるものの、その誌上に掲載された観光開発にかかわる論考が、一九八七年施行のリゾート法を境に変質した様子を明らかにした。繰り返しになるが、リゾート法の施行を契機に、観光開発やリゾート開発を国家という枠組みで捉えつつ、それらの開発をグローバルな文脈に位置づける視点が浮上した。加えて、地域の自然環境、文化、歴史だけでなく、内発性とも連関させながら、「本物のリゾート」や「真の豊かさ」が希求されるようになった。こうした動向は、「マスツーリズムの拡大とその反動」などと端的に表現されがちなリゾート法施行前後における観光をめぐる状況理解に対して、新たな視座を追加することになろう。

また、『公害研究』というメディアで観光開発やリゾート開発が俎上《そじょう》に載せられたことの意味を考えるならば、『公害研究』誌上でそれらが取り上げられることにより、観光が公害発生源の一つとして認識されるようになっていったともいえる。その意味において、本章でのもくろみは、新型コロナウイルス流行直前まで頻繁に耳目に触れた、「オーバーツーリズム、いわゆる観光公害」といった言説の批判的検討へとつながっていく(5)。観光による弊害を地域の許容量と関連づけて理解しようとする意識は、いかにして形成されていったのであろうか。「観光立国」という二〇〇〇年代以降における国家戦略のありようを「公害」から読み解く試みについては、今後の課題としたい。

【注】

（1）『公害研究』は、一九九二年九月より『環境と公害――自然と人間の共生を求めて』に改題される。

（2）これに該当するのは、国土庁長官、農林水産大臣、通商産業大臣、運輸大臣、建設大臣、自治大臣（いずれも当時）。

（3）日本環境会議は、公害研究委員会のメンバーが中心となり、一九七九年六月に設立された。http://www.einap.org/jec/about（最終閲覧：二〇二三年三月六日）。

（4）もう一つの分科会のテーマは「自動車排ガスと道路公害」。なお、一五日に開催された第一〇回総会において、「現行のリゾート法を即時廃止し、自然や歴史的景観を保存する環境アセスメントの法制化などを求める提言」が採択されている。「リゾート法の廃止など提言　日本環境会議」（『朝日新聞』一九九一年一月一六日朝刊：三〇面）。

（5）「観光公害」に焦点を絞ったものとしては、たとえば以下の先行研究が存在する。小池（1966, 1979）、天野（2016）。

【文献】

天野景太（2016）「〝観光公害〟概念の再定義――グローバル時代の社会／地域問題の解読を見据えて」（『日本観光学会誌』五七号、日本観光学会、四三～五〇頁）

石川貞二（1976）「観光開発のもたらしたもの――漁村の生活と環境の破壊」（『公害研究』六巻二号、岩波書店、二六～三五頁）

木原啓吉（1988）「リゾート開発と国立公園行政」（『公害研究』一八巻一号、岩波書店、二～七頁）

小池洋一（1966）「観光政策と観光公害」（『日本観光学会 研究報告』四号、日本観光学会、九～一四頁）

――――（1979）「再び観光公害について」（『日本観光学会 研究報告』一〇号、日本観光学会、三三一～三六頁）
中谷健太郎／溝口薫平／木原啓吉（1991）「真のリゾートとは何か――大分県・湯布院を訪ねて」（『公害研究』二一巻二号、岩波書店、二一～九頁）
保母武彦（1988）「住民が直接請求した景観保全条例――宍道湖・中海景観保全条例（案）」（『公害研究』一八巻一号、岩波書店、八～一四頁）
――――（1991）「リゾート開発と環境問題――第2分科会から」（『公害研究』二〇巻四号、岩波書店、五一～五五頁）
前田繁一（1999）「総合保養地域整備法」（前田繁一ほか『総合保養地域整備法の研究』晃洋書房、一～一一頁）
宮尾嶽雄／土田勝義（1974）「長野県の観光開発と自然破壊」（『公害研究』四巻二号、岩波書店、二二～二四頁）
宮本憲一（2014）「日本の公害の歴史的教訓――公害研究委員会五〇年の成果と課題」（宮本憲一／淡路剛久編『公害・環境研究のパイオニアたち――公害研究委員会の50年』岩波書店、三～四〇頁）
宗田好史（1988）「イタリア・ガラッソ法と景観計画」（『公害研究』一八巻一号、岩波書店、一五～二七頁）

第11章 観光の「ユートピア」、観光の「ヘテロトピア」
——メディアと観光の連関に見る現代社会の見当識（の可能性）

濱野 健

はじめに

近年の観光をめぐるさまざまな語りの隆盛は、社会成長や発展という神話に対する再帰性の高まりを背景とし、グローバル化という社会的な枠組みによって生じた新たな「外部」を顕在化して捉えようとする「観光コミュニケーション」だ。たとえば「観光立国推進基本法」（二〇〇七年）のような公的言説にて一目瞭然の、再生、復興、活性、絆、地元などといったタームはこうしたコミュニケーションに欠かせない。あたかもそれは観光を私たちの社会の理想を体現する「ユートピア」として位置づけているかのようだ。とくにウィズコロナの現在、そのような期待感はますます膨張してきているかに見える。対して観光社会学はこうした現象を検討するうえで、観光をめぐる社会のコミュニケーションの形式そのものを考察の出発点としてきた。それは、観光を観察することを通じて、私たちが生きている社会についてのある視点、いわば見当識を生み出そうとする探求である。その点で、観光も観光社会学それ自身も『ポスト戦後社会』（吉見 2009）への応答の一つの形式であろう。このような社会学的探求において「モビリティ」と「メディア」という二つの概念は、観光社会学ではきわめて重要な分析視点を与えている。なぜなら、このような分析視点に立脚した社会学は、移動とその媒介を手がかりに私たちの社会の「つながり」と「分断」の相互浸透を、その理解の基礎に置いているからである。

『観光化する社会』（須藤 2008）のリアリティはそうした二つの関係性の連関に注目してきたが[1]、そういった連関を把握することは容易ではない。なぜならそこで生まれるつながりやコミュニケーションのあり方は、対象把握可能なテクノロジーをその媒介のための必要条件としながらも、つねにそれが明確な対象化を伴うとは限らないからだ。だからこそ、メディアの視点から社会について考えるのは複雑だ。それは「つながっているのにつながっていない」または「つながっていないのにつながっている」という両義的関係性だからだ。そしてこれは観光（地）にとどまらず、私たちの社会関係に含まれた関係性一般の「わかりにくさ」だ。そこで、ほかにもこれに類似した同時代の「迂回路」を観察してみたら、現代社会の見当識へ接近できないだろうか。

そこでこの章では、マンガという対象へ迂回してみようと思う。マンガは作品論や表現論としてのみならず、その流通の性質からして観光のような社会的対象同様、大衆文化としての性質によって私たちの社会的見当識を広く媒介している。そこから観光（社会学）の問いにも通じる、ある種のコミュニケーション＝関係性を素描することにしたい。具体的には、浅野いにおによる連載作『デッドデッドデーモンズデデデデデストラクション』（以下、『デデデ』）を取り上げる。この作品は小学館の青年誌『週刊ビッグコミックスピリッツ』にて、二〇一四年二二・二三合併号から二〇二二年一三号まで連載された。浅野にとって四作目の連載となり、全一〇〇話合わせて一二巻が刊行された。二〇二一年に第六六回小学館漫画賞（一般向け部門）、そして二〇二二年には第二五回文化庁メディア芸術祭マンガ部門優秀賞を受賞するなど、この作品は一定の社会的評価を受けた[2]。現代的なメディア・コンテンツから（観光）社会学のあり方を捉え直してみるという本章のテーマにおいてこの作品を選択したきっかけは、それが私たちの同時代の社会意識をある独特の形式においてほのめかしているからだ。換言すれば、社会学者の佐藤俊樹（2010）が現代社会に見当識を与えようとする社会学的な欲望と共犯関係にあるコミュニケーション・メディアとして定義した、「社会学」的なコラージュに満ちていることに興味を惹かれたからだ。佐藤は、マスメディアで流布しているような社会学的言説を「社会学」（カッコ付きの社会学）とし、このカッコ付きの社会学と「リアル」な社会学を区別しながらも、そのいずれかを卓越化することはない。なぜならば現代社会におけるある種独特の見当識を提供するコミュニケーション・メディアとして、「社会学」は社会と社会学との間で共存しているからである。このような動機をきっかけに、作品で描かれるいくつかの社会像を媒介とし、そこから私たちが同時代について社会学的に論じる手がかりを探ることとしたい。日常とSF的な非日常世界を併記するこの作品の世界観は、私たちが日常を送る後期近代のある種の見当識とも部分的な共通点を有するかに見える。作品中のいくつかの「社会学」の断片を手がかりに、私たちの社会学的な見当識そのものをあらためて記述し直すことは、観光社会学による現代の見当識の探求をさらに押し広げることもつながることだろう。それがこの小論のささやかな試みである。

1. フラットな世界像

物語の舞台は私たちと同時代の東京である。三年前、小山門出と中川凰蘭そしてその友人たちの「日常」に突如現れた巨大円盤（通称「母艦」）と宇宙人（通称「侵略者」）。その「母艦」の影響で震災にも似た被害を受けた東京、そしてその「母艦」に対し米軍がためらいなく投下した新型爆弾による「A線」で汚染され立ち入り禁止となった区域が指定されている。作品内ではこうした一連の出来事が「8・31」と呼ばれている。米軍の攻撃後もなお墜落することなく渋谷を中心に東京上空を不気味に漂う「母艦」、ときとして地上に出現する「侵略者」、そしてその駆除を進める自衛隊など、ディストピア的な様相を呈した世界に陥った東京。しかし主人公たちはそのような非日常を日常の一部として受け入れ、その境界の消失した世界で友人や家族と暮らし、ありふれた「オタク」趣味に耽溺し、高校生活（のちに大学生活）を送る。

このような「日常」と「非日常」が並行して配置されたプロットは、社会における関係に偶発性の増大（あるいは不確実性の増大）に対する「わかりやすさ」「慣れ親しみ」を与えるサブカルチャーからの応答として、過去の社会分析のなかですでに類型化されている風景だともいえる（宮台／石原／大塚 2007; 佐藤 2023）。日常と非日常が乖離《かいり》することなく距離感が消失したかのように並行に位置している社会がもたらす独特の意識について、遠藤知巳（2010）はそれを「フラット・カルチャー」と呼んだ。社会の各領域の細分化は価値の序列を破綻させ、一見したところ各文化的カテゴリー間の並列的関係が実現しているかに見える。他方、その細分化した社会を見通す全体的なパースペクティブ、その先にある未来像＝ユートピア的イメージは捉えがたくなる。それによって「外部＝他者性」への感覚が低減する。こうしたフラットさに没入＝固執すること、「いま・ここ」を反復することが、不確実な未来指向に代わる社会の「リアル」を意識する手段であり、それは「親しさ」「共感」「同質性」などで閉じた、ある種の「マイクロユートピア」への没入に近い[3]。

「フラット」さと、その「外部」の見通しの悪さとの関係性は、私たちの「虚構」と「リアル」との差異に対する感覚を次第にぼやけさせてしまう。このような「リアルな虚構」は、『デデデ』における浅野の独特な表現形式において印象的だ。主人公たち、いわばキャラクターが、徹底的なマンガ的記号においてデフォルメされた身体性＝フラットさによって表現されるのに対し、その「日常」である背景画像は、実際の写真をトレースした上にさらに精緻な書き込みが加えられた、極端に写実的なイメージで書かれていることから、その二つの表現上のギャップが際立つ。このように、物語の（社会）背景を写実的に表現することで、一見するとそれが現代社会の「リアル」に肉薄した複製であるかのように見える。読み手にとってはまさに自身の同時代意識を媒介する写像であるかのように、いわば現実の「パロディ」に映る。しかし、そのような作品の表現方法は、実際には私たちの「リアル」と必ずや地続きとはいいがたい。なぜなら、そのような写真という「実在」に基づく背景画像は、実際にはさまざまな風景や物体の画像をモンタージュして合成した画像であり、そのことによって「どこにでもある（が実際にはどこにもない）風景」としての効果をもたらしているからだ（その点でそれは完全な虚構的世界像でもない）。この背景描写はいわば「パスティーシュ」である。現在では、高度なテクノロジーを媒介にしたメディア空間が、そのような次元を私たちの日常とフラットに結びつけている（長谷川 2014）。希望を語らなくとも日常ならいつまでも語り通せる。そうした日常において、私たちはそこに「リアルな虚構」を大きな屈託なく受け入れられる。そのような対象との距離感の消失こそ、フラットな社会意識の表れなのかもしれない。

2.「虚構的リアル」から「リアルな虚構」へ

物語の進行に伴い、門出や鳳蘭を取り巻く世の中の状況が不気味な方向へと変容していく。「侵略者」の排除と包摂をめぐる社会的な対立の激化や、「母艦」の技術を応用した軍事力の増強による日本と他国との対立。首都上空を浮遊する「母艦」の墜落は決定的であることがやがて明らかとなり、それに対するさまざまな応答や対応が物語の中盤を占める。読者は各単行本の物語の末尾で示される「人類終了まであと○○」というカウントダウンを受け取る一方、主人公たちだけがそうした事実からは遠く離れたままである。このようなSF作品にたびたび登場する「ユートピア／ディストピア」像についてフレドリック・ジェイムソン（Fredric Jameson）は、その「実現不可能な未来像」、換言すれば「虚構的リアル」に私たちの現代社会を断片的、あるいは部分的に捉え直すような契機が含まれると論じる（ジェイムソン 2010; 2011a; 2011b）。これまで人文・社会科学においてさまざまに論じられてきたユートピア観念（マンハイム 1968; 菊池／有賀／田上 2022）を検討し、それらのオーソドックスなユートピア論に顕著な全体性への希求を、ジェイムソンは戦略的に断念する。代わってジェイムソンは、大衆文化におけるユートピア／ディストピア表象を換骨奪胎し、その意義を新たにする（ジェイムソン 2011）。また同時に、このような部分的なあるいは断片的な未来像は、彼の後期近代資本主義社会におけるポストモダンの理論的考察とも一致するだろう。マンガのような大衆文化も、観光のようなレジャー体験も、さまざまな媒体を通して膨大な情報にアクセスするが、その消費の次元はつねに全体的であるとか総合的であるよりむしろ「断片的」なものだ[4][5]。

接続／切り離しが絶え間ない私たち（の関係性）、ポストモダン時代の「動物化」（東 2001）にどれまで耐えることができるのか。若林幹夫（2022）は、現代社会の「いま・ここ」に対する強烈な希求の結果としてのユートピア観念の不可能性を示唆し、代わって強化されるノスタルジア意識が現代社会に著しいことを論じている（若林 2022）。『デデデ』にてこの種のノスタルジアを喚起させる表象として、劇中劇（あるいは作中作というべきか）である『イソベやん』という少年向けコメディマンガの存在がある。『イソベやん』は8・31で命を落としたとされる門出の父親がマンガ編集者としてヒットさせた子ども向けマンガである。未来からやってきた「イソベやん」が、さえない小学生「デベ子」の求めに応じてさまざまな未来道具を与えるが、最終的には必ずデベ子が何らかのトラブルを招くという、明らかに『ドラえもん』をパロディ化したコメディである。「ドラえもん」＝「イソベやん」のように本編では「侵略者」も、主人公たちにさまざまなテクノロジーを与える。鳳蘭の時間移動も彼らの技術によるものであり、それは「タイムマシン」のパロディでもある（物語ではほかにも、『ドラえもん』では定番のさまざまな道具とほぼ同じ技術が登場する）。このようなプロットもまた、マンガというメディアを介した、過去に向けられたユートピアすなわち「昭和ノスタルジア」であり、それとは対照的な物語のディストピア的「現実」と対《つい》の関係にある。

観光社会学でもしばしば取り上げられるが、現代文化において「懐かしさ」というノスタルジアは、国内外を問わずさまざまな文化装置のなかに見ることができる(6)(須藤 2012)。現代のメディアや情報技術は、このようなノスタルジアを構成し喚起させるうえで決定的な役割を果たすが(デーヴィス 1990; Jameson 1991)、現代のノスタルジアとは、さまざまな情報がテクノロジーを介して切り取られ結びつけられるメディア化された社会における脱ユートピア、あるいは「虚構的リアル」から「リアルな虚構」への回帰にも見える。

他方、近年の観光社会学における、環境としての観光地が観光者に提供するであろう「パフォーマンス」という身体性への注目(アーリ/ラースン 2014)に関連した議論の延長において、「身体性」の次元からユートピアとしての可能性を論じたミシェル・フーコー(Michel Foucault)の議論へと接近可能であろう(フーコー 2013)。しかし若林は、テクノロジーに対立するものとして布置された身体に対するこのようなユートピア的視点を認める一方で、その対蹠《たいしょ》点としての「身体への回帰」がむしろノスタルジアの様相を呈している点を指摘している(若林 2022)。この議論に沿うならば、メディアに媒介された観光者の身体性とその疎外をめぐる議論もまた、リアルな虚構を回避しようとする「身体へのノスタルジア」の兆候なのかもしれない。

とはいうものの、ノスタルジックな体験というリアルな虚構を反復的に経験する行為に対し、ある独特の効果が生じる可能性を否定せずともよいのではないだろうか。とりわけ今日のメディアやテクノロジーを迂回することで経験される「ノスタルジア」は、「かつてあったリアルな何か」の延長であるかのように私たちに知覚させる。しかしながら、メディアによってそうした経験が繰り返し増幅されることによって、このような出来事が、行為者の意図を介さずに、ある種の創発性を生み出す契機となっていることに気がつくかもしれない。

3. 異種混交的な場所について

「母艦」とともに現れた「侵略者」が人間によって徹底的に排除されるなか、彼らの来訪とともにもたらされたテクノロジーは、その舞台となる日本の再生を背負う新たな技術として流用される。他方で主人公たちは、「侵略者」の乗った円盤が墜落したために命を落とした少年（かつてアイドルとして活動していた）の体を借りて地上で活動する「侵略者」の少年である大葉と出会い交流をもつ。やがて彼が所有していたテクノロジーを通して、主人公の一人である鳳蘭が、調査隊として地球にやってきた「侵略者」と幼いころに接触をもっていたことと、その秘密を門出と二人で共有したことがきっかけとなって互いを「絶対」と呼び合う情動的な友情が育まれるに至ったという、一連の過去の事実が明らかにされる。しかし、その関係は門出の自死という悲惨な結末によって一度は終止符が打たれることになり、鳳蘭は「侵略者」のテクノロジーにより未来をやり直すべく、別の時間軸から現在の時間軸へと移動してきたことが明らかにされる。連載初期からのプロットは、こうした「非現実」的な出来事によって「やり直された」世界であったことが明らかになる。

この後半の急転直下のプロットは、一見するとSF的な「お約束」のようにも見える。しかし物語を読み進めていくうちに次第に輪郭を帯びてくるのは、こうしたプロットによって物語世界に生じた異種混交的な場である。ジェイムソン流の「部分的なユートピア」、またはそれは単なる「虚構」というばかりではなく、この「ありふれた」プロットがむしろ、ある種の「ヘテロトピア」（フーコー 2013）の可能性を想起させる。ヘテロトピアとは、「ふつうは相入れず、また本来は相入れるはずもない複数の空間を一つの場所に並列するという規則を持つ」ことによって生じ、同時に「ヘテロクロニー（異時間）」により規定された場所である（フーコー 2013: 43）。それは「ある／ない」の間での、異種混交的な場所性によって特徴づけられている。さらにそれは近代社会において（めったに可視化されることのないまま）いつでもその存在（の可能性）をほのめかしてきたような場所とされている。このフーコーのヘテロトピア論がユートピア論の延長にあるのは明らかだ。ただしこのヘテロトピア論は、「未来」指向でもなければ、単純な「過去」への回帰でもないことに目を向ける必要がある。それは「未来」や「過去」ではなく、あくまでも「現在」の同位体として存在する（存在してきた）場所であって、その場所の存在を意識する契機がどのように生み出されるのか、その点がフーコーの議論の重要なポイントとなるだろう(7)。

この議論のなかでフーコーは観光を取り上げ、そのヘテロトピアの具体例に言及する。それは「ヴァカンス村」であり、そこは「祝祭」や「移行」「変容」において表されると言及している。そしてそこは「開かれ」かつ「あなたを外部にとどめておく」ような、開かれつつ閉じられた場所なのである。そして私たちは「ヴァカンス先としてそのような場所に滞在することができる」一方、「永住することはできない（そうしたらそこはヘテロトピアとしての場所性を失ってしまう）」場所であると説明している（フーコー 2013: 44-48）。彼はそのようなヘテロトピアに、「他のすべての空間の異議申し立て」

の可能性を見出すのであり、それゆえに現実社会の混乱や無秩序や不規則性とまったく対照的な完全で調和のとれた別の現実空間をもたらすと論じる。ヘテロトピアは不在と在の中間に位置する場所であり、それが観光者の楽園＝エンクレーブではないことは確かだ(8)。

このヘテロトピア論から、メディア化された観光についてどのように考えたらよいのだろうか。メディア化された観光体験も含め、観光は観光者にさまざまな媒介を通して、一度きりの機会と一度だけの場所においても複数の現実をもたらす、いわば異種混交的な場所として体験されたり生み出されたりしている。たとえば観光地におけるノスタルジックな消費も、見る、触れる、聞く、話す、遊ぶ、使う、買う、泊まる、食べる、撮る（投稿する）、こういった体験を繰り返すことで、それぞれが部分的（一時的）でありながらも、それらを並行して同時に体験するという独特の形式で観光は成立している。私たちは、たった一度の観光のなかにも部分的で異なったつながりを同時に経験できる。このようにメディア化された行為としての観光体験はまるで「タイムマシン」を使って幾度も同時代的な経験を反復しているかのようだ。フラット化された社会は、過去から未来への時間軸がおぼろげで、さまざまな場所が同時代のなかでパラレルに生じつつ、それぞれが思わぬ場所で結びついた痕跡も発見できる、異種混交的な体験であるようにも見える。

4. 異星人と「他者」

地球外からの来訪者、すなわち異星人としてある日突然現れた「侵略者」は、『デデデ』における物語の重要なファクターである。物語の後半には、人間から一方的に「侵略者」と名指され排除の対象とされる異星人が、過去に地球を離れた先住者であった事実が明らかになる。そのような背景をもつ「侵略者」は、人類に対して共感的な存在である（そして人間によって、一方的に殲滅《せんめつ》させられていく）。ここでは最後のトピックとして、その異星人の「他者性」について考えてみたい。

近代の「他者」概念について鈴木雅雄（2022）は、一九世紀末から二〇世紀初頭にかけてのSF前夜のフランス語圏文学に見る異星人表象という興味深いテーマから考察を行っている。自然神学的な世界観において異星人は人類同様、神の被造物として「異なれど同じ」、共約可能な存在として表象されていた。しかし近代は文学にも科学的合理性を介する世界の「外部」への意識という新しいパラダイムを持ち込んだ。それが異質なまま共約不可能な「他者」の発見につながった[9]。そこに追い打ちをかけるように、テクノロジーに代表されるような科学的近代合理性は人間の幸福を必ずしも保証しないというさらに深刻な不確実性ももたらした。その結果二〇世紀を経て「他者」となった異星人は、一方でその（破壊的）テクノロジーの所有者として畏怖されると同時に恐怖の対象になったのである[10]。

このような「他者」は、一方で接近＝包摂対象であり、他方では徹底的な忌避＝排除対象であるという二重性を有している。このような今日のSF作品における「他者」としての両義的な異星人像は、『デデデデ』においても主人公たちとの交流や相互理解のなかに描かれるが、他方で社会は「侵略者」が有するその「未知」のテクノロジーを解明＝所有したいという欲望と同時に、「侵略者」をただ排除の対象とみなす。ここではいわば部分的な関与が不在である。そこには「他者」とされたものの「統合」か「排除」の二者択一しか存在しない。こうしたコミュニケーションの二極化に注目したホストとゲストの関係性を捉えることは可能だろう。

しかし現在、私たちは常々複数の異なるメディアを同時に媒介し、同時かつ断続的なコミュニケーションを持続している。その経験において現代人の観光者としての輪郭、とりわけ「場所」に根付いたその感覚が、今までになくぼやけているのではないか。たとえば私たちがある観光地を訪問するときのプロセスを想定してみよう。それはSNSでイメージを獲得することに始まり、ネット記事で情報を検索し、移動手段を整え、その途中にもさまざまな情報に接続し、やがて現地で多彩な人と出会い会話を交わし、おみやげを消費し、乗り物に乗り、現地の味覚を味わい、さまざまな身体活動を経験し、それらの体験についてSNSを通じて拡散し、その投稿を介してさらなるコミュニケーションを交わす。ではその連続的な経験の過程において、私はどこからどこまで（いつからいつまで）「観光者」だったのだろうか。メディアを媒介とした観光の経験は場所に規定されないで、自宅でも、職場でも、学校でも、ストリートでも「観光」は続いている。そしてそこで出会う人や物とのかかわりは、自身にとって、あるいは相手にとって誰が「他者」であるのかを状況的に定めることが次第に不確かになっているように見える。たとえば観光者であっても、その訪問が繰り返されることや、ライフスタイル移住者と呼ばれるような短期、長期あるいは恒久的な定住者へと移り変わることも、もはや決して起こり得ないことではなくなった。その意味で、現代の観光者はかつてゲオルク・ジンメル（Georg Simmel）が描いた、近代社会における両義的存在として、「よそ者」でもあり「定住者」でもあり、またそのどちらでもない両義性をもってそこにいる「異邦人」の姿を彷彿とさせる（ジンメル 2016）。

もちろん、デジタル時代の「異邦人」をめぐる社会環境はおよそ一世紀前の状況とは一線を画している。あまりにも細分化し多元化したコミュニケーションの連鎖のなかに巻き込まれているからこそ、私たちはそれをフラットにあるいは分断的に理解しようと決断しがちであり、そういったいわば反動的な見当識を無視することはできない。しかし、そうしたフラットな見当識とはまた別のやり方で、現代社会を観察し記述するための方法を模索すること。観光はそうした探求の対象となってはいないだろうか。

結びにかえて

本章では、あるメディアコンテンツを媒介に観光社会学は現代社会にどのように接近することができるのか、その可能性を探ることを試みた。ここで取り上げたコンテンツと観光のいずれもが、同時代の社会に現れた対象として何かしらの連環を有していることは明らかだ。そのような比較考察によって、互いをより深く考察する手がかりを得ることができるだろう。

そうした試みに促されて本章を執筆しながらも、その過程で生じたいわば再帰的な関心というものがあり、それをひとまずは社会学における「観光の対象性」に関する問いとしておく。観光はその地理的な区分やアクターの限定性によって、さまざまな学術領域における研究対象として、あるいはさまざまな実践の形式として半ば独立した状態でその姿を現している。しかしながら、私たちの社会においてモビリティの拡大とメディア（およびテクノロジー）が（私たちの「自我」も含めて）社会のあらゆる側面でその境界設定を解消／再構成しつつあるかに見える現在、観光社会学は観光の境界設定そのものについて、どのようにして対象化しているのだろうか。観光を通して社会について考え、観光から社会について書く、そうした今回の作業が媒介として産出した前記のような関心はやがて、それを探求するための新たな問いにつながるだろうか。

[注]

(1) たとえば「関係人口」という概念があるが、この概念はまさにこのような「移動」と「つながり」の関係性を示す一例である。それは「定住人口」でもなければ「交流人口」でもない、「地域と多様に関わる人々」（総務省 地域力創造グループ 2022）を主要なアクターと見る。アクターネットワーク理論（ANT）のような「媒介子」（ラトゥール 2019）をその観察対象として強調する、現在の社会科学の潮流とも重なり合ってはいないだろうか。

(2) 著者自身のエッセイ（浅野 2019）やインタビュー（島田 2021）なども存在するが、本章では作家論を目的としていないため、それらの資料内容の考察は留保した。

(3) このようなサブカルチャー的なマイクロユートピアへの没入が、不安や不確定性から距離をおく（ないことにする）ことはできても、それが解消されたわけではない。『デデデ』においても、この目前から消失したかのような「外部」の象徴のようにして、傾いたままで煙を上げながら主人公たちの頭上に浮かび続ける巨大円盤がしばしば画面上に描かれる（物語の後半でそれがついに墜落し東京はおろか世界を巻き込んだ災害を引き起こすに至る）。まさにそれは「不安の象徴」（ユング 1976）である。実際、物語が進行するにつれて、主人公たちには唐突なアクシデントによって親友や家族を失う事態も生じる。

(4) しかしジェイムソンは、こうした断片的なものや部分的なものを強調することで、ユートピアを断念せよと論じているわけではない。『アメリカのユートピア』(ジェイムソン/ジジェクほか 2018) にて、アメリカにおける国民皆徴兵制をあえて論じるが、その荒唐無稽な不可能性のなかにも、いわば彼が「兆候」と言及するような可能性 (の断片またはひらめき) が現れる契機が賭けられている。これは「不可能性の時代」という大澤 (2008) の現代社会診断を私たちがどう読み解くかという問いを提起する。これに類する議論として、ジジェク (Slavoj Žižek) やバディウ (Alain Badiou) の「キリスト教的転回」について論じた有賀 (2022) を参照。

(5) 見田宗介はマンハイムのユートピア論の読み直しから、人は幻想=大きな物語をもたずとも現実の変革に着手することは可能だと論じている (見田 1976)。その根拠は、私たちが現実的=日常的であったとしても、それをある種の虚構として認識していることもあるからだという。見田はサルトルの対自存在という概念を敷衍《ふえん》し、このようなユートピアを「対自的ユートピア」と呼び、日常に生きる生活者、あるいは大衆的な視点の重要性について触れている。社会の見当識が限りなく不可視化されたフラットな社会における、観光のような日常的実践をこういった視点から検証することもできるのではないだろうか。

(6) 観光 (開発) とノスタルジアについてはほかにも、川森 (2001)、天野 (2017)、須永 (2020) などを参照。ポピュラーカルチャー領域では「昭和レトロ」ブームにとどまらず、いまや「平成レトロ」もノスタルジックな記号と化しつつある (朝日新聞 2022)。

(7) フーコーのヘテロトピア論に立脚した批判的地理学の試みとしてはソジャ (2005) の「第三空間」論を参照。またフーコーとは異なる立場での批判理論としてのヘテロトピア論として、「弱い力」という概念からそれを論じるジャンニ・ヴァッティモ (Gianni Vattimo) の論稿を参照 (ヴァッティモ 2012)。また、本章と同じく観光社会学の視点からヘテロトピアとしての観光の可能性について触れた論稿として須藤 (2021) をあげる。ただしそこでは、アーリ（John Urry）とラースン（Jonas Larsen）に依拠した身体のパフォーマティブな次元に焦点を当てた行為論がその中心となっている。

（8）特権的な観光者によって占有されたリゾートを「ゲーテッド・コミュニティ」という場所として理解することも可能である。その「ユートピア」は、トマス・モア（Thomas More）がその空間的閉鎖性によって示すような、外部と徹底的に遮断された場所である（モア 1993）。しかしながらこうした「外部」の不在によって示される古典的ユートピア観に準拠したかのような空間はここでの議論と相容れない。

（9）鈴木は、このような「他者」の発見によって、「自己」という理解可能（とされた）範囲においてそれを対称化しようとする欲望が生み出され、のちに「無意識」が「発見」されたのではないかと指摘している。同著で鈴木も示唆するように、ANTの議論のなかで批判される「社会的なもの」あるいは「構造」などは、近代の知のパラダイムに対する同様の理解の枠組みに沿って把握可能であろう。

（10）たとえばH・G・ウェルズの火星人表象がその事例としてあげられている。

［文献］

浅野いにお（2014-2022）『デッドデッドデーモンズデデデデデストラクション（1）〜（12）』（ビッグコミックススペシャル）小学館

——（2019）『漫画家入門』筑摩書房

朝日新聞（2022）「平成、もうレトロ？　Z世代にブーム『目新しい』」（『朝日新聞』一二月六日夕刊

東浩紀（2001）『動物化するポストモダン——オタクから見た日本社会』（講談社現代新書）講談社

天野景太（2017）「レトロツーリズムの文化論——昭和の表象が織りなす観光のアクチュアリティ」（『日本観光学会誌』五八号、日本観光学会、二八〜三八頁）

有賀誠（2022）「キリスト教思想のユートピア的モメント――A．バディウとS．ジジェクのキリスト教的転回」（菊池理夫／有賀誠／田上孝一編著『ユートピアのアクチュアリティ――政治的想像力の復権』晃洋書房、一六三～一八四頁）
アーリ、ジョン／ヨーナス・ラースン（2014）『観光のまなざし　増補改訂版』（叢書・ウニベルシタス）加太宏邦訳、法政大学出版局
ヴァッティモ、ジャンニ（2012）『透明なる社会』（イタリア現代思想）多賀健太郎訳、平凡社
遠藤知巳（2010）「序論――フラット・カルチャーを考える」（遠藤知巳編『フラット・カルチャー――現代日本の社会学』せりか書房、八～四九頁）
大澤真幸（2008）『不可能性の時代』（岩波新書）岩波書店
川森博司（2001）「現代日本における観光と地域社会――ふるさと観光の担い手たち」（『民族學研究』六八巻一号、日本文化人類学会、六八～八六頁）
菊池理夫／有賀誠／田上孝一編著（2022）『ユートピアのアクチュアリティ――政治的想像力の復権』晃洋書房
佐藤俊樹（2010）「背中合わせの共依存あるいは『殻のなかの幽霊』」（遠藤和巳編『フラット・カルチャー――現代日本の社会学』せりか書房、三九三～四〇〇頁）
――（2023）『メディアと社会の連環――ルーマンの経験的システム論から』東京大学出版会
ジェイムソン、フレデリック（2010）『政治的無意識――社会的象徴行為としての物語』大橋洋一／木村茂雄／太田耕人訳（平凡社ライブラリー）平凡社
――（2011）『未来の考古学I――ユートピアという名の欲望』秦邦生訳、作品社
――（2012）『未来の考古学II――思想の達しうる限り』秦邦生／河野真太郎／大貫隆史訳、作品社
ジェイムソン、フレデリック／スラヴォイ・ジジェクほか（2018）『アメリカのユートピア――二重権力と国民皆

兵制』田尻芳樹／小澤央訳、書肆心水
島田一志編（2021）『コロナと漫画――7人の漫画家が語るパンデミックと創作』小学館クリエイティブ
ジンメル、ゲオルク（2016）『社会学――社会化の諸形式についての研究 上・下』居安正訳、白水社
鈴木雅雄（2022）『火星人にさよなら――異星人表象のアルケオロジー』水声社
須藤廣（2008）『観光化する社会――観光社会学の理論と応用』ナカニシヤ出版
――――（2012）『ツーリズムとポストモダン社会――後期近代における観光の両義性』明石書店
――――（2021）「日本における観光の変容とポストマスツーリズム（ニューツーリズム）の誕生」（上山肇／須藤廣／増淵敏之編『ポストマスツーリズムの地域観光政策――新型コロナ危機以降の観光まちづくりの再生へ向けて』公人の友社、一四～三二頁）
須永和博（2020）「『場所の力』を紡ぐ――タイ国プーケット旧市街におけるセルフ・ジェントリフィケーション」（『観光学評論』八巻二号、観光学術学会、一六一～一七四頁）
総務省 地域力創造グループ（2022）https://www.soumu.go.jp/kankeijinkou/index.html（最終閲覧：二〇二三年一月一六日）
ソジャ、エドワード・W（2005）『第三空間――ポストモダンの空間論的転回』加藤政洋訳、青土社
デーヴィス、フレッド（1990）『ノスタルジアの社会学』間場寿一／荻野美穂／細辻恵子訳、世界思想社
長谷川一（2014）『ディズニーランド化する社会で希望はいかに語りうるか――テクノロジーと身体の遊戯』慶應義塾大学出版会
フーコー、ミシェル（2013）『ユートピア的身体／ヘテロトピア』佐藤嘉幸訳、水声社
マンハイム、カール（1968）『イデオロギーとユートピア』鈴木二郎訳、未來社
見田宗介（1976）「ユートピアの理論」（徳永恂編『社会学講座11　知識社会学』東京大学出版会、二〇三～二二

○頁）
宮台真司／石原英樹／大塚明子（2007）『増補　サブカルチャー神話解体――少女・マンガ・性の変容と現在』（ちくま文庫）筑摩書房
モア、トマス（1993）『ユートピア』（中公文庫）沢田昭夫訳、中央公論社
ユング、カール・G（1976）『空飛ぶ円盤』（エピステーメー叢書）松代洋一訳、朝日出版社
吉見俊哉（2009）『ポスト戦後社会』（岩波新書）岩波書店
ラトゥール、ブリュノ（2019）『社会的なものを組み直す――アクターネットワーク理論入門』（叢書・ウニベルシタス）伊藤嘉高訳、法政大学出版局
若林幹夫（2022）『ノスタルジアとユートピア』岩波書店
Jameson, Fredric (1991) *Postmodernism, or, the Cultural Logic of Late Capitalism*. Durham, NC: Due University Press.

第12章 『ゴールデンカムイ』とアイヌ観光
――北海道平取町二風谷の事例から

須永和博

はじめに

日露戦争後の北海道、樺太を舞台にした漫画『ゴールデンカムイ』は、アイヌ語学者やアイヌ文化伝承者の協力のもと、精緻なアイヌ文化の描写が見られることが知られている（木内 2015; 木村 2016; 髙橋 2016; 中川 2019）。そのため近年では、同作品をきっかけに、アイヌ文化関連施設や伝承者のもとを訪ねる人も増えている。漫画というコンテンツを媒介に、先住民観光とコンテンツ・ツーリズムが融合したような独特の観光実践が生まれているのである。

本章では、『ゴールデンカムイ』のアイヌ文化表象について整理したうえで、同作品をきっかけに生まれた新たな観光実践の諸相について、平取町二風谷《にぶたに》の事例をもとに考察する。作者の野田サトルは、アイヌ文化に関する精緻な考証を行うとともに、現代のアイヌ工芸作家のもとを訪ね、彼らが製作したアイヌ民具をモデルに登場人物の装身具を描いてきた。そのため、『ゴールデンカムイ』のファンがアイヌ工芸家のもとを訪ね、その工房が「聖地化」していくといった現象も見られる。そこで本章では、同作品をきっかけに生まれた新たな出会いや接触がいかなる可能性をもちうるのか、あるいはそこにどのような問題をはらんでいるのかといった点について考えてみたい。

1.『ゴールデンカムイ』のなかのアイヌ文化

(1) 物語のあらすじ

まず物語の概要について確認しておこう。日露戦争の帰還兵・杉元佐一は、亡くなった戦友の妻が患う眼病治療の費用を稼ぐため、ゴールドラッシュに沸く北海道を訪れるのだが、そこで莫大な埋蔵金の存在を知る。一部のアイヌが和人の迫害に抵抗するために、秘密裏に金塊を集めていたが、それをある男が奪ってどこかに隠したのだという。その男は網走監獄に収監されており、同房の死刑囚二四人に金塊のありかを示す刺青を彫り、脱獄に成功したら金塊を半分渡すと約束したという。ただし、囚人に彫られた刺青は、全部で一つの暗号となっており、金塊のありかを知るには、全員の刺青人皮を手に入れる必要がある。その噂を聞きつけた屯田兵のはみ出し者が、金塊を手に入れようと囚人たちを強引に連れ出すのだが、途中で護衛の兵士が皆殺しにされてしまう。そして、囚人たちは森のなかに消えてしまうのである。

この話を聞いた杉元は、消えた囚人たちの行方を追う決心をするのだが、その直後にヒグマに襲われてしまう。それを救ったのが、アイヌの少女アシㇼパ(1)である。金塊を奪った男に父ウイルクを殺されたと語るアシㇼパは、父の死の謎を知るべく、杉元と手を組む。そして杉元は、アシㇼパと行動をともにするなかで、アイヌのさまざまな生活文化や知恵を学び、過酷な自然環境のなかで生き延びる術を身につけていく。作中では、アシㇼパが「杉元」と呼び捨てするのに対し、杉本は「アシㇼパさん」と呼び続ける。こうした杉元の姿勢には、北の大地で生きていくための知恵を授けてくれたアイヌの少女への敬意がうかがえる。

その後、杉元とアシㇼパは旅の途上で、陸軍第七師団や、新選組の生き残り、極東の少数民族独立のために帝政ロシアと戦うパルチザンなど、さまざまなライバルに遭遇し、金塊をめぐる争奪戦を繰り広げていく。以上、『ゴールデンカムイ』とは、北の大地を舞台に展開される、金塊争奪をめぐる冒険活劇ということができる。

（2）描かれるアイヌ文化

筆者が同作品のことを知ったのは、二〇一五年ごろのことである。ゼミの学生たちと北海道へ調査実習に出かけた際、ある伝承者の一人が「アイヌ文化の勉強にもなる」と紹介してくれたのが『ゴールデンカムイ』であった。実際、研究者の間でも、「アイヌ文化にある程度親しんでいる者でも勉強になる漫画」「大学でのアイヌ文化論のテキストとしても使えるレベル」といった評価がなされている（木内 2015: 75）。

そこでまず、『ゴールデンカムイ』に描かれたアイヌ文化の特徴について概観しておきたい。ただし、同作品で言及されるアイヌ文化は、精神文化から民具、食文化、言語など多岐にわたっており、ここでその全体像を述べる余裕はない。以下では、とくにアイヌ観光とかかわりが深いアイヌ民具に焦点を絞って、論じていくこととしたい。

同作品では、登場人物の装身具が精緻に描かれていることが知られている。たとえば第一巻第三話の表紙には、メノコマキリ（女用小刀）、サラニプ（背負い袋）、ユクケレ（鹿皮の靴）、イカヨプ（矢筒）といった、ヒロインの少女アシㇼパが身につけているものが一つひとつ紹介されている[2]。また第五巻第四七話では、オヒョウの樹皮を編んだアットゥシ織りについて、四ページにわたって詳細な描写がなされている。このように同作品では、数多くのアイヌ民具についての言及が見られる。

作者の野田は、アイヌ民具を描くにあたって、「アップの作画にも耐えうる細密な資料が手元に絶対必要だと考え」、実物資料を積極的に買い求めたという（野田 2022: 144）。たとえば、二風谷在住の木彫家・貝澤徹さんに製作を依頼したマキリ（小刀）は、登場人物の一人キロランケの装身具として作中に描かれている（毎日新聞 2019）。このように野田は、アイヌ文化伝承者のもとを足繁く訪ねて、そこでの聞き取りや購入した実物資料をもとにアイヌ文化を描き出していったのである。また、雑誌連載でミスがあれば、研究者の助言のもと、単行本化の際に修正することもたびたびあったとのことである。たとえば、第六巻第五〇話に登場する樺太アイヌの弦楽器トンコリは「形が良くない」という指摘を受け、描き直したという（ゴールデンカムイ公式サイト）。このように、『ゴールデンカムイ』に描かれるアイヌ文化は、アイヌ文化伝承者や研究者との協働の結果生まれたものといえるであろう。

二〇二二年に連載完結記念として開催された「ゴールデンカムイ展」は、こうした野田とアイヌ文化伝承者の関係をうかがい知ることのできる内容となっていた。同展覧会は六つのゾーンに分かれており、そのうちゾーン一とゾーン六に、アイヌ文化の紹介が含まれる。たとえば「ゾーン一：金塊争奪戦の開幕」では、杉本やアシㇼパをはじめ、主だった登場人物一九名の紹介が装身具の実物展示とともになされている。一九名のうち五名はアイヌ（北海道アイヌ・樺太アイヌ）であることから、彼（女）らの紹介コーナーでは、多種多様なアイヌ民具が展示されている。同様に「ゾーン六：命を繋ぐものたち」でも、北海道アイヌの生業や食文化のほか、樺太アイヌやウィルタ、ニヴフなど樺太の先住民族の「命を繋いでいくために生まれた文化の彩り」が、実物資料とともに紹介されている（野田 2022: 67）。

これらの実物資料には、博物館等からの借用資料のほか、野田が直接工芸家から購入したものも多数含まれている。とくに後者に関しては、製作者の名前が明記されているものも多い(3)。野田は、同展覧会で注目してもらいたいポイントの一つとして、「マキリや刺繍の繊細さ」をあげ、「すべての作家さんの作品に良さがあ」ると述べている（野田 2022: 144）。そこには、物語の世界だけではなく、いま・ここを生きるアイヌ文化伝承者の存在を同時に伝えていこうという野田の姿勢が見受けられる(4)。

2. フィクションと現実世界の架橋

二〇一四年に連載が始まった『ゴールデンカムイ』は、「マンガ大賞二〇一六」を皮切りに、手塚治文化堂マンガ大賞（二〇一八年）や日本漫画家協会大賞（二〇二二年）を受賞するなど、出版業界でも高く評価され、話題となった。そのため、道内の博物館でも『ゴールデンカムイ』とコラボレーションした特別展や企画展が相次いで実施されている(5)。これらの展示は、いずれも『ゴールデンカムイ』というコンテンツ作品を入口として、北海道の歴史やアイヌ文化についてより深く学んでもらうという意図で行われており、いわばフィクションの世界と歴史・文化という現実世界を架橋する試みといえる。

さらに二〇一八年には、北海道観光振興機構が中心となって「北海道はゴールデンカムイを応援しています。スタンプラリー」という誘客促進の施策が始められる。同作品の舞台が、小樽から札幌、日高、旭川、夕張、釧路、網走と全道に広がっていることから、観光者の広域周遊につながるような「スタンプラリー」を導入したのだという（田中 2020）。「スタンプラリー」では、道内各地の博物館等を主な対象として、各箇所でチェックインをするとＡＲ（拡張現実）を活用して漫画のキャラクターと写真撮影できるようになっている[6]。

しかし、『ゴールデンカムイ』が観光施策と結びつき、北海道の歴史やアイヌ文化が一方的に消費されていく状況については、一部で批判的な見解も提示されている。たとえば、フェミニズム批評の立場から『ゴールデンカムイ』を批判的に分析した内藤千珠子は、「ゴールデンカムイ」のテクストには、暴力や差別を不可視の領域に運び去る力学が見られ、容易《たやす》く観光化という「消費の力学」に絡め取られてしまう状況が生じかねないと指摘する（内藤 2022: 94-96）。そのうえで、「スタンプラリー」のようなイベントは、「植民地主義の支配形態が織り込まれた体験」であり、無数の人びとの身体がそれをたどることによって、帝国の暴力が身体化、実践されていくものであると批判している（内藤 2022: 95）。

また、藤崎剛人は、『ゴールデンカムイ』をきっかけにアイヌ文化への関心が高まったことは認めつつも、博物館の陳列品を眺めるような趣味の域を超えるものになっていないと指摘する。その論拠として彼は、「ファンの中には、現在進行形で生じている権利問題についてはむしろ勉強を拒絶している人も多い」点をあげている（藤崎 2022）。

大局的な観点から見れば、『ゴールデンカムイ』に誘発された観光に、差別や暴力を無菌化し、「開拓」の歴史やアイヌ文化を一方的に消費していく側面があることは否めない。たとえば、北海道は、近代が生み出したさまざまな問題を可視化する「ダークツーリズム」の潜在的可能性をもった土地であるが（井出 2018 参照）、「スタンプラリー」のような観光振興策が、植民地主義を含む近代の諸問題への自省を促すものになっているとはいいがたい。

しかし、より微視的な視点からアイヌ観光の現場を注視すると、内藤や藤崎が批判するようなまなざしの暴力とは異なる風景も浮かび上がってくる。たとえば、『ゴールデンカムイ』をきっかけに、観光者とアイヌ文化伝承者が出会い、個別具体的な関係を紡いでいくといったような、権力関係という視点だけでは語ることのできない現実も見られる。そこに見られる関係は、左地亮子がフランスの「ジプシー巡礼祭」のなかに見出そうとした「現れの空間」（アレント 1994）に近いかもしれない（左地 2021）。

ジプシーの姿を見ようと多くの観光者が集まるジプシー巡礼祭は、両者の非対称的な関係ゆえ「ジプシー動物園」と批判されることも多い。しかし左地は、巡礼祭で生まれるジプシーと非ジプシーの「予期せぬ」出会いのなかに、H・アレント（Hannah Arendt）のいう「現れの空間」の萌芽を見る。ここでいう「現れの空間」とは、人が民族や性といった属性に基づく「何（What）」ではなく、代替不可能な「誰（Who）」として相互に現れる空間のことである（アレント 1994）。左地はいう。

民族衣装をまといツーリスト用の「ジプシー」を演出していた女性が、ふと「私の」具体的な経験を話し始め、ツーリストがその言葉に耳を傾ける時、またマヌーシュが風にあおられたテントをめぐって、それまで互いに見知らぬふりをしていたツーリストと会話をはじめる時、そこには、人々が相互に見られ開かれ、互いの感覚によって具体的な「誰」として現れる契機がある。（左地 2021: 485）

このような「現れの空間」において、「何」に基づく不均衡な関係は完全に消失しないものの、「それらは『誰』として出会う諸身体の共在を通して揺さぶられる」（左地 2021: 485）。

「他者の前に身体を現す」という微細な経験に着目する左地の問題意識は、G・ハージ（Ghassan Hage）のいう「人類学的伝統」とも共鳴するものである。ハージによれば、批判的社会科学は、大きく二つの知的伝統に依拠してきたという。一つは、「社会学的伝統」と呼びうるもので、ある事象に内包する支配・非支配、暴力といった権力関係を明るみに出す。それに対して「人類学的伝統」とは、権力関係に疑問を投げかけることはしないものの、「制度化された権力の領域と併存する、構造化されず、偶発的で、期待も予測もされない、可能で潜在的な他の現実を明らかにしようとする」（ハージ 2022: 139）。権力関係に着目するあまり、それ以外の関係性の可能性を等閑視しがちがな「社会学的伝統」に対し、批判的人類学はより微細な現実に目を向けることで、権力から逃れる別の空間や関係性を見極めようとするのである。

以上のような論点を踏まえたうえで、次節では、『ゴールデンカムイ』をきっかけに生まれた観光者とアイヌ文化伝承者の新たな出会いや接触がいかなる可能性をもちうるのか、あるいはそこにどのような問題をはらんでいるのかといった点について考察していく。

3. 観光が生み出す「現れの空間」——平取町二風谷の事例から

沙流川流域に位置する平取町は、二〇〇七年に重要文化的景観「アイヌの伝統と近代の開拓による沙流川流域の文化的景観」に指定されるなど、生活に根差したアイヌ文化の継承が行われている地域として知られている。そのなかでも二風谷地区は、アイヌにルーツをもつ住民が七割を超えるともいわれ、道内でもアイヌ工芸生産が最も盛んな地域の一つとなっている(7)。

その二風谷で、アイヌ文化発信の中核を担っているのが平取町立二風谷アイヌ文化博物館である。そこでまず、二風谷アイヌ文化博物館が設立された経緯やその特徴について、確認しておきたい。

一九九二年に開館した同博物館の前身は、二風谷出身で参議院議員を務めた経験もある萱野茂が中心になって立ち上げた二風谷アイヌ文化資料館である。萱野は、二風谷を訪れる研究者がアイヌ民具を持ち去るのを危惧し、二〇代のころからアイヌ民具を徐々に買い集めるといったことをしていく。山仕事などをしてお金を貯めては、アイヌ民具を収集するという活動を継続し、その数は一八年で約二〇〇種二〇〇〇点にも達したという（萱野 1990: 170）。もはや自宅で保管するには限界があり、博物館の設立を模索した結果、平取町や北海道ウタリ協会（現・北海道アイヌ協会）などの支援を受けて、一九七二年に二風谷アイヌ文化資料館が開館した。

その後、平取町が二風谷ダム建設に伴う保証金で新たな博物館設置を計画するなかで、萱野のコレクションの大半を買い取り、町立の博物館を設立することを決めた。こうして一九九二年に開館したのが、二風谷アイヌ文化博物館である。これに伴い、旧二風谷アイヌ文化資料館は、主に萱野氏の功績を伝える萱野茂二風谷アイヌ資料館へと改組されている。

同博物館に所蔵されている資料の約九割は、二風谷を中心とする沙流川流域のアイヌ民具であるのまとまったコレクションを有する博物館はほかになく、萱野茂二風谷アイヌ資料館収蔵の資料とあわせて、一一二一点が重要有形民俗文化財「北海道二風谷及び周辺地域のアイヌ生活用具コレクション」に指定されている。（須永 2020: 373）。アイヌ文化は、地域的な多様性が大きいとされているが、これほどまでに特定地域

しかし、同博物館は、過去のアイヌ文化のみを展示しているわけではない。たとえば、展示の一角には、二風谷在住のアイヌ工芸家やその作品を紹介するスペースがある。また、伝統的な民具だけでなく、アイヌ文様を取り入れた現代アートも展示されている。このように同博物館では、アイヌ文化が決して過去のものではなく、現在もさまざまなかたちで受け継がれていることを、メッセージとして強く発信しているのである。[8]

二風谷アイヌ文化博物館の周辺には、イオル再生事業[9]の一環として復元されたアイヌの伝統的家屋チセが立ち並ぶ、「二風谷コタン（集落）」が整備されている。チセの一部は二風谷民芸組合に管理

が委託され、夏季の観光シーズン中はほぼ毎日、アイヌ工芸家による製作実演が行われている。また、工芸家の工房も点在し、これらの工房を結ぶルートを「二風谷アイヌ匠の道」として整備・発信していく取り組みも行われている（二風谷アイヌ匠の道）。こうしたチセや工房は、博物館とともに、観光者の多くが立ち寄るスポットとなっている[(10)]。

さらに二風谷アイヌ文化博物館では、二風谷民芸組合と連携しながら、アイヌ文様の木彫りや刺繍の体験学習も行っている。日常的に木彫りや刺繍をしない観光者は、博物館でさまざまなアイヌ工芸を見ても、その高い技術についてリアリティをもって理解することは意外と難しい。しかし、いざ自分で実際に体験してみると、一つひとつの作業がいかに難しく、高い技術を要するものであるか、身をもって理解する。それゆえ体験学習は、観光者のアイヌ工芸に対するまなざしを変容させる可能性をもつものである（須永 2020: 375）。

以上のような製作実演や体験学習の場は、アイヌ文化の伝承活動に携わってきた工芸家の方々から、二風谷の暮らしやアイヌ文化についてさまざまな話を聞く機会にもなっている。言い換えれば、二風谷では単に博物館の展示を見るだけでなく、地域のアイヌ文化伝承者に直接出会い、さまざまな対話が生まれる空間が構築されているのである（須永 2020: 375）。

二風谷には、『ゴールデンカムイ』の発表以後、同作品のファンが訪れる機会が増えているという。復元されたチセをバックに、『ゴールデンカムイ』の登場人物に扮《ふん》したコスプレで写真を撮影するだけの観光者もいるが、チセや工房などに出向き、地元の伝承者と交流を試みる観光者も少なからずいるようだ。たとえば、二風谷で民芸品店「北の工房つとむ」を営む木彫家の貝澤徹さんは、ここ数年で明らかに若い女性の来訪が目立つようになってきたと語る。また、マキリの注文も相次ぎ、現在は完成まで三年待ちの状態だという。その多くは、『ゴールデンカムイ』をきっかけに二風谷を訪れた人だという。

前述したとおり、貝澤さんは『ゴールデンカムイ』の登場人物の一人、キロランケのマキリを製作したことで知られている。そのお礼に野田から送られてきたサインを工房に飾っていたところ、SNS等で口コミが広がり、ファンが訪れるようになったという。そして一部の来訪者は、野田のサインの周りに『ゴールデンカムイ』とコラボした菓子や酒などのグッズ置いていき、次第に「ゴールデンカムイ・コーナー」のようなものが出来上がっていった。それがSNSで拡散して、さらにファンが訪れるというような状況が生まれているという。

貝澤さんの工房は、作業場を兼ねており、出張等の予定がない限りはほぼ毎日、早朝から夕方まで店を開けているという。作業スペースには、多種多様なノミや彫刻刀が置かれ、貝澤さんが製作したアイヌ工芸やアート作品が並んでいる。貝澤さんは、お客さんがやってくると、作業の手を止め、ときにお茶菓子やコーヒーをふるまいながら、アイヌ工芸や二風谷の暮らしに関するさまざまな話をしてくれる。そのため、貝澤さんの工房を訪れるという経験は、単に聖地化した「ゴールデンカムイ・コーナー」を一目見て写真を撮るという予定調和なものではなく、予期せぬ偶発的なコミュニケーションが生まれる「郵便的」（東 2017: 158-159）なものとして捉えることが可能である。言い換えれば、工房訪問を通じて生まれる個別具体的な出会いと対話によって、新たな理解や関係へとつながっていく潜在的な可能性が見て取れるのである。

二風谷の工芸家のなかには、東京等で定期的に個展を行う人もいる。たとえば、狭義のアイヌ工芸にとどまらず、ネクタイや名刺入れ、ピアスなど日用品にアイヌ文様を取り入れるデザイナーとしても活躍する関根真紀さんは、道外での個展や製作実演等を積極的に行う工芸家の一人でもある。二〇二二年九月、東京・京橋のギャラリー・モーツァルトで開かれた関根さんの個展には、『ゴールデンカムイ』をきっかけにアイヌ文化に関心をもつようになった人が多数訪れたという。関根さんは、個展開催中は毎日在廊し、お客さんと話をするように心がけているという。筆者がギャラリーを訪れた際も、さまざまな来訪者と談笑する関根さんの姿が印象に残っている。そこでは、実家が民芸品店とライダーハウスを営んでいたこと、それゆえ幼少のころからアイヌ工芸に触れて育ったこと、旅人との出会いの記憶など、関根さん自身の個人の物語が、ざっくばらんに語られる。

かつてV・L・スミス（Valene L. Smith）は、ホスト・ゲスト間で非人間化した関係が形成されてしまう観光のメカニズムについて指摘した（スミス 2018: 12）。観光産業の拡大は、ホストがゲストを「観光者」というラベルで捉え、そして観光者もまたホストを無人格な対象物として見るような状況を生んでしまうというのである。それに対して、上述したような『ゴールデンカムイ』をきっかけに生まれる出会いの空間には、「誰（Who）」性を伴った身体的相互行為が見られる。言い換えれば、「和人」や「アイヌ」といった同一性ではなく、代替不可能な「唯一性」をもった存在として相互にかかわり合う、非人間化に抗する空間が生成されているのである（左地 2021 参照）。

4. 記号化という隘路を超えて

しかし、観光という回路を通じた出会いと対話が、きわめて限定的な空間でしか生起し得ないということにも自覚的であるべきであろう。石原真衣が指摘しているように、一九九七年のアイヌ文化振興法によって、アイヌとは「アイヌ文化を継承する人びとである」というマスター・ナラティブが支配的になり、そこにアクセスできないアイヌ当事者がいることを不可視化することにつながってきた（石原 2022）。こうしたマスター・ナラティブのもとでは、対外的に「アイヌである」ことを表明し、文化伝承に参画してきたアイヌのほうがむしろ少数派であるという現実は忘却されていく（北原 2022: 25-26 参照）。いうまでもなく、明治以降の植民地主義的な暴力が、そうした現実をつくりだしてしまったわけであるが、観光の文脈でそのようなことを省みたり、あるいは文化伝承の外側で生活するアイヌの日常に目を向けることは、ほとんどなかった（吉本 2021: 186）。

こうした問題含みな状況に対する一つの応答として、人類学者の吉本裕子は同化政策の影響によって「文化継承の機会を失った」一古老のライフヒストリーを軸に、アイヌ文化とは直接結びつかない労働経験などにも言及する展示を企画した[11]（吉本 2021）。従来、「アイヌのことではない」とされてきた山仕事の苦労話や労働歌など、一人の古老の微細な日常実践を丁寧にすくい上げることで、マジョリティに受け入れられやすいドミナント・ストーリーとは異なるオルタナティブ・ストーリーを紡いでいったのである。吉本によれば、このようなミュージアム観光の経験は、「文化を消費するだけの一回性の営みではなく、アイヌを身近な他者と捉えて理解し、自己を顧みる（省みる）契機にもなった」という（吉本 2021: 191）。

こうした一古老のライフヒストリーの一端は、「二風谷コタン」にあるチセで毎週土曜日（夏季のみ）に開催されている「ユカラと語り部」でも触れることができる。同事業は、アイヌ語を学ぶ地域住民が、ユカラ（英雄叙事詩）などの口承文芸を来訪者に披露することを目的としているが、同時に地域の暮らしやアイヌ文化とのかかわりなど、発表者の個別具体的な物語も語られる。発表者の多くは、吉本が企画した展示に登場する古老と同世代であり、多かれ少なかれ差別や偏見から逃れるために、アイヌの慣習を封印されて育った経験をもっている。そのため、彼（女）らが語る個人の物語には、主流社会に同化せざるを得なかった時代のことや、晩年になっていかに文化の取り戻しを試みてきたのかといったことが含まれる。このような個人の語りに直面したとき、マジョリティである和人の来訪者は自らのポジショナリティを自覚せざるを得ない。近代以降続いていた暴力や差別から、いかに目を逸らしてきたのかに否が応でも気づくのである。

吉本が述べるように、二風谷には、観光者が期待するモノ・コト（アイヌ文化）とともに、一方的な消費に回収されないモノ・コトの両方がそろう場所の力が存在している（吉本 2021: 190）。言い換えれば、東浩紀のいう「誤配」、すなわち予期しないコミュニケーションが生まれる回路が、二風谷におけるアイヌ観光には備わっているといえる。『ゴールデンカムイ』をきっかけに、二風谷を訪れた観光者がその「誤配」に巻き込まれたとき、そこに新たな理解や関係性が生じる萌芽が誕生するのである。

［注］

（1）アイヌ語には、日本語にない閉音節（子音で終わる音）が散見される。本章では、閉音節に該当する箇所を小文字のカタカナで表記している。

（2）当該箇所での明確な説明はないものの、アシㇼパが身につけている衣服は、イラクサの茎の繊維からつくられたテタラペ（樺太方言で「白いもの」の意）と呼ばれるものである。北海道アイヌの間では用いられない素材で、樺太アイヌの父ウイルクのものを受け継いだとされている（MOE編集部 2021: 12; 野田 2022: 14）。このように、同作品ではアイヌ文化内部の多様性についても意識的に言及されている（中川 2019 参照）。

（3）筆者が確認した限り、同展覧会には五名の二風谷在住アイヌ工芸家の作品が展示されていた。

（4）ただし、「ゾーン一」でアイヌの文化財と旧日本軍の軍服や持ち物がフラットに並べられていることに関して、藤崎剛人は「迫害の歴史が抹消されている」と批判している。かつて屯田兵としてアイヌの土地を奪ったという歴史を踏まえれば、両者の歴史的な物品を同様に消費するという態度は、迫害の歴史の不可視化することにほかならないからだという（藤崎 2022）。

（5）たとえば、「『ゴールデンカムイ』の中の小樽」展（小樽市総合博物館、二〇一六年）、「『ゴールデンカムイ』とアイヌ民具の世界」（平取町立二風谷アイヌ文化博物館、二〇一八年）、「ゴールデンカムイ　トゥラノ　アプカシアン――杉元佐一とアシㇼパが旅する世界」展（国立アイヌ民族博物館、二〇二一年）などがある。

（6）当初一一施設を対象にスタートしたスタンプラリーは、二〇二二年時点で四七施設まで拡大している。

（7）二〇一三年には、二風谷イタ（盆）と二風谷アットゥㇱが、北海道初となる「伝統的工芸品」（経済産業省）に指定されている。

（8）二風谷アイヌ文化博物館では、二〇二一年度地方創生臨時交付金を活用して、一〇名の二風谷在住工芸家の作品を一括購入している。翌二〇二二年には、その作品を展示・紹介する企画展「アイヌ伝統工芸のわざ――

コロナ禍の博物館活動」が開催された。

（9）イオル再生事業とは、アイヌ文化を育んできた自然環境の再生に焦点を当て、伝統工芸に必要な自然素材の確保や利用が行える空間を整備することを目的としたものである。平取町では、アイヌ工芸に利用する樹木を植林する「イオルの森」、伝統的家屋チセなどを復元する「コタンの再現」、トマ（ゴザ）などの材料となるヨシやガマ、雑穀類を栽培する「水辺空間」の三つのプロジェクトが行われている。

（10）平取町では、二〇一九年のアイヌ政策推進法施行以後、アイヌ文化振興のためのさまざまな交付金事業が行われている。たとえば、アイヌ工芸伝承館ウレシパなど新たな交流拠点が整備されたほか、二〇二二年にはアイヌ文化伝承者の活動拠点・イオル文化交流センターも完成した。さらに二〇二四年には、老朽化した民芸品店が立ち並ぶ通りが整備されるという。

（11）同展示は、二〇一七年「エカシの記憶を辿って――昭和のアイヌのくらし」展として、二風谷アイヌ文化博物館の企画展として公開され、翌年には北海道立北方民族博物館で巡回展として再公開された（吉本 2021: 182）。

【文献】

東浩紀（2017）『ゲンロン0　観光者の哲学』ゲンロン
アレント、ハンナ（1994）『人間の条件』（ちくま学芸文庫）志水速雄訳、筑摩書房
石原真衣（2022）「先住民という記号――日本のダイバーシティ推進における課題と展望」（石原真衣編『記号化される先住民／女性／子ども』青土社、一五九～一八八頁）
井出明（2018）『ダークツーリズム――悲しみの記憶を巡る旅』（幻冬舎新書）幻冬舎
貝澤徹（2022）「『ゴールデンカムイ』との出会い」（野田サトル著、集英社企画・編集『「ゴールデンカムイ展」公式図録』集英社／読売新聞東京本社、七五頁）

萱野茂（1990）『アイヌの碑』（朝日文庫）朝日新聞社
木内朝進（2015）「漫画で身につくアイヌ文化知識――野田サトル『ゴールデンカムイ』」（『部落解放』七一四号、部落解放社、七二～七五頁）
北原モコットゥナシ（2022）「神秘と癒し――アイヌ文化発信の陥穽」（石原真衣編『記号化される先住民／女性／子ども』青土社、一九～四七頁）
木村元彦（2016）「『ゴールデンカムイ』『シュマリ』『天下御免』エンタメ作品でアイヌ民族を知る」（『週刊金曜日』二四巻三二号、金曜日、三二～三三頁）
ゴールデンカムイ公式サイト https://youngjump.jp/goldenkamuy/（最終閲覧：二〇二三年四月二八日）
左地亮子（2021）「身体的現れの政治――フランスのジプシー巡礼祭を事例に」（『文化人類学』八六巻三号、日本文化人類学会、四七七～四八七頁）
須永和博（2020）「先住民観光とミュージアム――二風谷アイヌ文化博物館の事例から」（川口幸也編『ミュージアムの憂鬱――揺れる展示とコレクション』水声社、三六五～三八八頁）
スミス、ヴァレン・L（2018）「序論」（スミス、ヴァレン・L編『ホスト・アンド・ゲスト――観光人類学とはなにか』市野澤潤平／東賢太朗／橋本和也監訳、ミネルヴァ書房、一～二二頁）
髙橋優子（2016）「現代日本の福音（エヴァンゲリオン）22　野田サトル『ゴールデンカムイ』」（『福音と世界』七一巻八号、新教出版社、五八～六一頁）
田中洋一（2020）「『北海道はゴールデンカムイを応援しています。スタンプラリー』による博物館を活用した北海道の観光施策」（『博物館研究』五五号二巻、日本博物館協会、一一～一四頁）
内藤千珠子（2022）「ヒロインとしてのアイヌ――『ゴールデンカムイ』における傷の暴力」（『思想』一一八四号、岩波書店、九一～一〇八頁）

中川裕（2019）『アイヌ文化で読み解く「ゴールデンカムイ」』（集英社新書）集英社
――――（2022）「『ゴールデンカムイ展』に寄せて」（野田サトル著、集英社企画・編集『「ゴールデンカムイ展」公式図録』集英社／読売新聞東京本社、四四頁）
二風谷アイヌ匠の道　http://nibutani.jp/（最終閲覧：二〇二三年四月二八日）
野田サトル著、集英社企画・編集（2022）『「ゴールデンカムイ展」公式図録』集英社／読売新聞東京本社
ハージ、ガッサン（2022）『オルター・ポリティクス――批判的人類学とラディカルな想像力』塩原良和／川端浩平監訳、明石書店
藤崎剛人（2022）「アイヌ文化をカッコよく描いた人気漫画『ゴールデンカムイ』の功罪」（『ニューズウィーク日本版』ウェブ版、五月二三日）https://www.newsweekjapan.jp/fujisaki/2022/05/post-39.php（最終閲覧：二〇二三年四月二八日）
毎日新聞（2019）「アイヌとともに・カムイのいざない（七）　作者が訪れた工房の工芸家　人気漫画の効果期待出会いの入門書に」（『毎日新聞』一二月一〇日朝刊）
MOE編集部（2021）「未来へつなぎたいゴールデンカムイとアイヌの物語」（『MOE』四三巻一二月号、白泉社、四～三五頁）
吉本裕子（2021）「現代の先住民観光と博物館――アイヌ-古老のライフストーリー展示にみる観光の可能性」（『観光学評論』九巻二号、観光学術学会、一七九～一九五頁）

第13章 トラベル・ライティングが生み出す観光的想像力
――ウィルフレッド・セシガーが描き出す観光的リアリティのコネクティビティ

安田　慎

はじめに

二〇一九年、ドバイの街中の書店をふらりと歩いていたとき、ある一冊の本が筆者の目に入った。エイドリアン・ハイエス（Adrian Hayes）という探検家が記した『セシガーの足跡（*Footsteps of Thesiger*）』というタイトルの書籍を、なぜか「今ここで買わなければならない」と妙な焦燥感に駆られ、その場で購入したことが思い出される。

当時、トラベル・ライティングや旅行記に必ずしも興味関心があったわけではない筆者が、なぜあのときにその本を買わなければいけないと思い込んで購入したのかは、いまだに不明である。しかし二〇二三年になって、研究室の本棚にあったこの本を再び手に取り、冒険の題材となったウィルフレッド・セシガーという人物について本書で一章を書きたいと思って、今まさに筆を執っていることを考えると、世の中の巡り合わせとはなんとも不思議なものである。この不思議さを思い返すたびに、イスラームでいうところの神の采配としての「カダル（定命）」と呼ばれるものが現世にはやはり存在する、と信じたくなるのだ。

エイドリアン・ハイエスの『セシガーの足跡』は、一九四〇年代後半にアラビア半島の「空白な四分の一（rubʿ al-khārī, Empty Quarter）」と呼ばれるルブア・アル＝ハーリー（ルブアルハリ）砂漠を縦断したウィルフレッド・パトリック・セシガー（Wilfred Patrick Thesiger, 1910-2003）の足跡を、当時と同じかたちでたどった冒険旅行の記録をまとめたものである（Hayes 2012）。ラクダと案内人のベドウィン（遊牧民）二名とともに、五四日間をかけて砂漠地帯を通り抜けたこの冒険旅行記では、砂漠地帯の豊かな自然と、ベドウィンたちの生活が描き出されている。そこでは、二〇世紀中葉まで砂漠における過酷な環境を舞台に生活してきたベドウィンたちに対する望郷のまなざしと、都市化されて失われてしまったアラビア半島の原風景に対するまなざしが交錯する（Walker 2023）。

過去へのノスタルジーを再確認する「ロマン主義的まなざし」（アーリ／ラースン 2014）としてのハイエスの冒険旅行は、他の冒険家や旅行者たちによっても繰り返し模倣されてきた。エイドリアン・ハイエスに先立つ一九九九年には、カナダ人冒険家のブルース・キルクビー（Bruce Kirkby）が、四〇日をかけてルブア・アル＝ハーリー砂漠を縦断しているほかにも、ジェイミー・クラーク（Jamie Clarke）も同年にこの地域を縦断している。両者の探検はのちに旅行記となり、トラベル・ライティング業界で受容されてきた（Clarke 2000; Kirkby 2000）。二〇〇八年にはアラブ首長国連邦（ＵＡＥ）の映画監督マージド・アブドゥルラッザーク（Majid Abdulrazak）と、ＵＡＥとオマーンの俳優たちによって、セシガーに関する自主制作のドキュメンタリー映画も作成されている（Paradkar 2008）。

一部の冒険家たちに限らず、アラビア半島の砂漠に対する人びとのまなざしは、観光活動のなかでも活用されている。砂漠における自然とベドウィンの過去の生活環境をパッケージ・ツアーとして体験することも可能になるなかで、アラビア半島の情景は観光活動における「集合的まなざし」としても機能している。

このアラビア半島の情景にかかわるロマン主義的まなざしと集合的まなざしをたどっていくと、みなが前述のウィルフレッド・セシガーという、二〇世紀中葉の一人のイギリス人冒険家が描き出した世界観を模倣している点に気づく（Walker 2023）。外部の冒険家が描き出したアラビア半島の世界観が、観光者と地域社会の双方で共有されて内面化されていく点は、観光研究が論じてきた古典的なホスト・ゲスト論や、日本における観光まちづくり論とは著しく異なる展開がなされている点を示している。

この点について、観光社会学者である須藤廣の「観光的リアリティ」をめぐる議論を参照すると、異なった糸口が見えてくる（須藤 2014）。須藤廣は現代社会における観光について、「人の移動及び空間の共有の仕方をある方向に誘導することによって空間と時間の意味を生成するメディア」（須藤 2014: 46）としての役割を強調する。そこでは、「観光者は『観光』という装置をとおして、場所の知覚のあり方や、場所への関わり方を身につける。人々を体験へと参与させる装置として『観光』を考えると、観光（地）のあり方は『メディア』のあり方に似ている」（須藤 2014: 45）と指摘する。それゆえ須藤は、「観光（地）の形態がどのように観光的リアリティを作り出し、そのリアリティに対し観光者（あるいは他のアクター）がどのように立ち向かおうとするのか」（須藤 2014: 44）を議論することで、現代社会の特徴を解明する一つの参照軸を提示しようとしていく。須藤の関心に寄せて論じるのであれば、二〇世紀中葉にウィルフレッド・セシガーが記したトラベル・ライティングが生み出していくアラビア半島の「観光的リアリティ」もまた、現代社会における現実世界を生成する「メディア」として機能している、と論じることが可能であろう。

そこで本章では、二〇世紀を生きたウィルフレッド・セシガーのアラビア半島における冒険旅行記（『アラビアの砂漠（*Arabian Sands*）』）を題材に、観光的リアリティが生み出す現実世界について論じていきたい。その際、ウィルフレッド・セシガーのトラベル・ライティングが生み出してきた観光的リアリティの内実と、観光的リアリティによってもたらされる現実世界の特徴について明らかにしていく。

1. ウィルフレッド・セシガーとアラビア半島

『アラビアの砂漠』の著者であるウィルフレッド・セシガーは、その生涯の多くを冒険に費やした、生粋の冒険家であったといえる。セシガーは一九一〇年にエチオピアの首都アジスアベバで、イギリス人公使館員の息子として生まれた。幼少期をエチオピアで過ごしたのち、イギリスのイートン校とオックスフォード大学のマグダレン・カレッジ（Magdalen College）で中等・高等教育を受ける。一九三〇年には、幼少期からの友人でもあったエチオピア皇帝ハイレ・セラシエ一世の戴冠式に個人的な招待を受けて、エチオピアへと渡っている（Maitland 2006: 51-82）。

エチオピア滞在時にはイギリス王立地理学協会（Royal Geographical Society）の援助を受けて、エチオピア国内と周辺への調査旅行を行っている（Maitland 2006: 83-121）。一九三五年からはスーダン政治局の仕事に従事し、ダルフール地方や上エジプトに滞在していた。第二次世界大戦の開戦当初にはスーダン防衛軍（Sudan Defence Force）に参加して、エチオピアのレジスタンスたちの支援を行い、その後もイギリス軍の一員として東地中海地域や北アフリカ地域を歴訪していった（Maitland 2006: 122-256）。セシガーはアラブ地域の滞在中に、各地のベドウィンや砂漠地帯の調査旅行を繰り返し、遊牧民の豊かな生活文化にシンパシーを感じるようになっていく。

一九四三年からはエチオピア皇帝の政治顧問としてエチオピアに戻るが、中東諸国にかかわる過程でアラビア語やアラブの慣習に慣れ親しむようになると、アラブ諸国の調査旅行を繰り返すようになる（Maitland 2006: 257-262）。一連の調査旅行の過程で、セシガーは遊牧民としてのベドウィン文化に徐々に興味関心をもつようになり、砂漠での彼らの生活により注目するようになっていった。

一九四五年から一九五〇年にかけてのセシガーのアラビア半島における探検は、さまざまな偶然が重なるなかで実現したものである。中東バッタ防御班（Middle East Anti Locust Unit: MEALU）に所属していた昆虫学者のO・B・リーン（O. B. Lean）は、アラビア半島南部におけるバッタの生態調査を行うのに最適な人物を探す過程で、セシガーに白羽の矢を立てた（Maitland 2006: 257-262）。中東諸国を歴訪してきたセシガーにとっても、アラビア半島での調査は魅力的なものに映ったようだ。

一九四五年四月にアラビア半島のジェッダに渡ると、セシガーは四月から五月にかけてジェッダを拠点にサウジアラビア国内や周辺諸国におけるバッタの生息調査を行っている（Pitt Rivers Museum 2023）。その後、ルブア・アル＝ハーリー砂漠内でのバッタの生息域を調査するために、現地のベドウィンの助けを借りながら砂漠内へと足を踏み入れることになった（Maitland 2006; Pitt Rivers Museum 2023）。

イエメンやオマーンにおける調査では、バッタの生息域を見つけるには至らないまでも、現地のベドウィンとの交流が深まるきっかけとなった。その過程で、セシガーはベドウィンの力を借りながら、アラビア半島の「空白の四分の一」と呼ばれるルブア・アル＝ハーリー砂漠を縦断する冒険旅行を徐々に標榜するようになる。すでに一九三〇年代にベルトラム・トーマス（Bertram Thomas）とセント・ジョン・フィルビー（St. John Philby）によってアラビア半島内陸部の砂漠地帯の調査は行われていたが、セシガーは彼らが踏破していなかった領域へと足を踏み入れようとした（Thesiger 2010 [1959]）。セシガーはイエメンやオマーンにおける中東バッタ防御班の調査旅行に従事する合間に、ルブア・アル＝ハーリー砂漠を縦断する冒険旅行の準備を進めていく。

一九四五年一〇月から翌年の二月にかけて、アラビア半島南部のサラーラ（現・オマーン領）からイエメン・ハドラマウト地方のタリームまで調査する行程で砂漠の外延をたどると、一九四六年一〇月にはサラーラを起点に本格的にルブア・アル＝ハーリー砂漠を縦断する冒険旅行へと出かける（Maitland 2006: 263-306; Thesiger 2010 [1959]: 121-160）。現地のラーシド族やバイト・カスィール族のベドウィンたちの助けを借り、セシガーはのどの渇きと飢えに苦しみながらも、砂漠内の井戸をたどりながら一二月にはアラビア半島北東部のアブダビ（現・UAEの首都）に到着する（Thesiger 2010 [1959]）。

その後、オマーンの内陸部を経由してサラーラへと帰還すると、一九四七年一二月に再びラーシド族とバイト・カスィール族のベドウィンたちと砂漠を縦断する冒険旅行へと出かける（Thesiger 2010

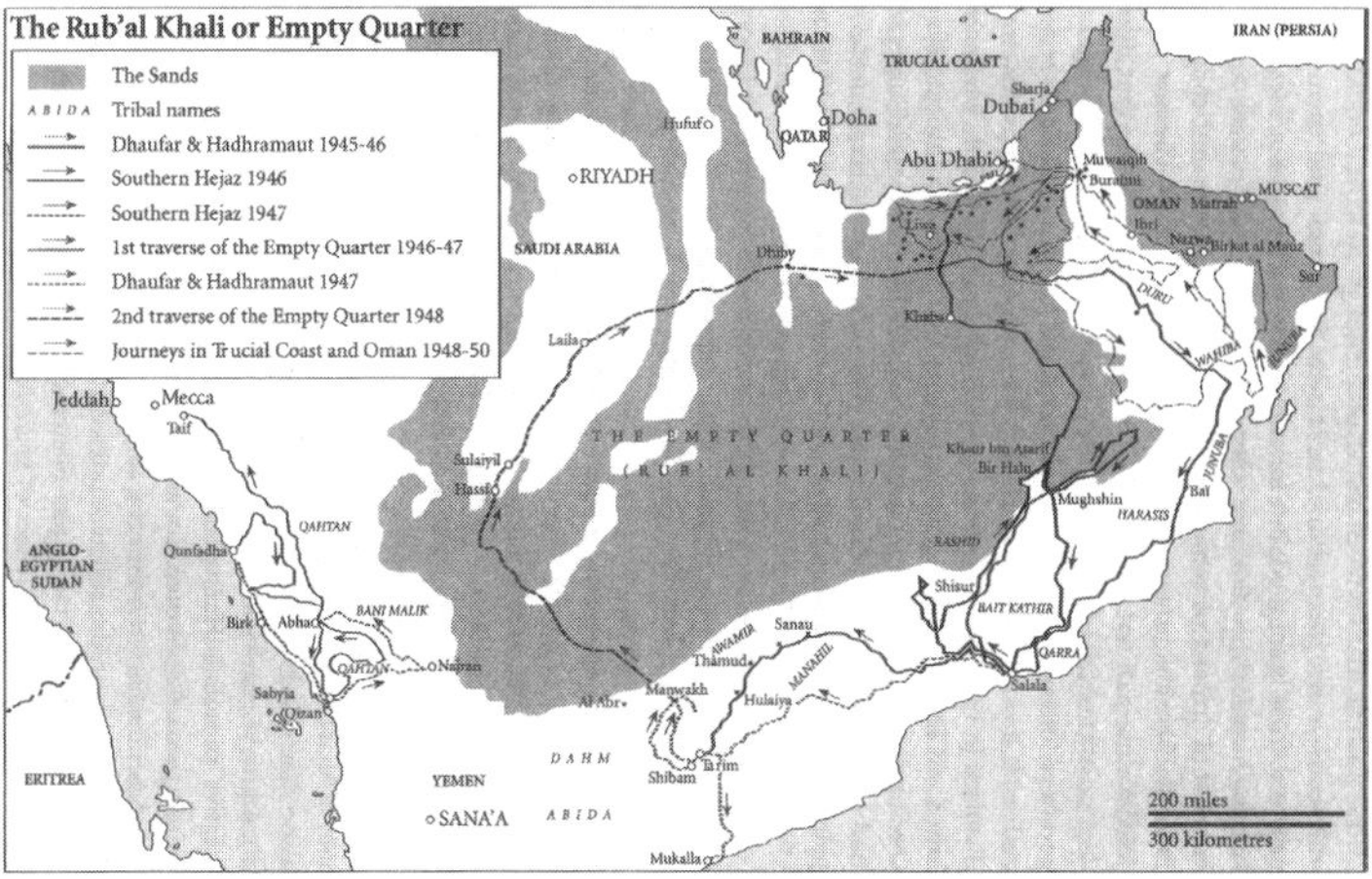

図1　ウィルフレッド・セシガーのアラビア半島の旅行行程
（Maitland 2006: 276）

[1959]: 180-230）。この冒険旅行では、周囲の他のベドウィンたちに警戒されて行路を制限されたほかにも、サウジアラビア領内のアル＝スライール（al-Sulayil）において一時拘束されるといった経験をしながらも、不毛の大地を抜けてリーワー・オアシスを経由し、一九四八年三月にはアブダビへと再び到達した（Thesiger 2010 [1959]: 230）。二度目のアブダビ到達後は、一九五〇年までバハレーン（バーレーン）やオマーン領内への調査旅行を繰り返し、アラビア半島各地のベドウィンや首長たちとの交流を深めていった（Thesiger 2010 [1959]: 230-279）。

アラビア半島における冒険旅行以後のセシガーの人生を振り返ると、一九五〇年代にはイラク南部のティグリス・ユーフラテス川沿岸の湿地帯（マーシュ・アラブ）へと冒険の舞台を移し、一九五八年までの七年をかけて現地住民との交流を深めてきた（Maitland 2006: 307-333）。その後もケニアやイギリスを滞在拠点としながら冒険旅行や執筆活動を行う。

一九五九年には『アラビアの砂漠』を、一九六四年には『湿地のアラブ人(*The Marsh Arabs*)』を刊行し、冒険旅行作家としての地位を不動のものとする(Maitland 2006: 401)。その後もイランや南アジアをはじめ、世界各地への冒険旅行を展開していった(Maitland 2006)。

一九七〇年代以降には、『最後のノマド(*The Last Nomad*)』(一九七九年)、『ノマドのビジョンたち(*Visions of a Nomad*)』(一九八七年)といったベドウィンにかかわる著作とともに、『砂漠、湿地、そして山脈(*Desert, Marsh and Mountain*)』(一九七九年)と『私が選択した人生(*The Life of My Choice*)』(一九八七年)という二つの自伝を出版している。あるいは、ケニアでの滞在記『ケニアでの日々(*My Kenya Days*)』(一九九四年)をはじめ、過去の冒険旅行も含めて多数の旅行記を執筆してきた(Maitland 2006)。

2. 語られる過去、構築される現実

セシガーの二度にわたる砂漠の縦断旅行の成果や、五年にも及ぶアラビア半島での数々の調査旅行は、イギリス王立地理学協会のジャーナルや関連するメディア、そして母親や親族に宛てた私信のなかで語られてきた(Maitland 2006)。彼自身は必ずしもトラベル・ライティングというかたちで、アラビア半島の冒険旅行を広く一般社会に公表しようとは考えていなかったようである(Thesiger 2010 [1959]: 15)。しかし、セシガーの友人のグラハム・ワトソン(Graham Watson)が出版を強く勧めたことから、『アラビアの砂漠』は生まれた(Thesiger 2010 [1959]: 15)。

この旅行記のなかで、セシガーは砂漠地帯における豊かな自然環境や、過酷な環境下で生き抜くベドウィンたちの逞《たくま》しさを余すことなく描き出していく（Thesiger 2010 [1959]）。とくに、彼の主要な冒険旅行に同行したサリーム・ビン・カビーナ（Salīm bin Kabīna）と、二回目の冒険旅行以降に同行したサリーム・ビン・ガバイシャ（Salīm bin Ghabaisha）という二人の青年をはじめとしたベドウィンたちの姿を、写真と生き生きとした文体とともに描き出している。そのほかにも、旅行のなかで接してきたベドウィンたちの日常生活や、アラビア半島の砂漠地帯に広がる彼らの広大なネットワークを書き記していく過程で、砂漠を「不毛な大地」としてではなく、豊かな自然と人びとの営みが息づく空間として描き出してきた。

『アラビアの砂漠』は、未踏の地であったアラビア半島内陸部の空白地帯を明らかにするとともに、近代化によって失われつつあった砂漠の遊牧民たちの生活を生き生きと描き出した著作として評価されていく（Maitland 2006）。それゆえ、『アラビアの砂漠』は一九六〇年代以降も数年ごとに版が重ねられ、二〇世紀中葉のトラベル・ライティングの古典としての地位を確立していった。

セシガー自身は、一九五〇年以降アラビア半島に足を踏み入れる機会がなく、一緒に旅行をした二人の青年たちをはじめとするベドウィンたちと交流する機会もなかった。一九七〇年代になってセシガーは、中年になったサリーム・ビン・カビーナとサリーム・ビン・ガバイシャと再会を果たしているが、伝統的なベドウィンの生活文化をすっかり放棄し、都市部で近代的な機器に囲まれた生活を送るようになった彼らの姿に対して、失望感を露《あら》わにしている（Maitland 2006: 435-436）。同時に、石油によって急速に近代化が進んだアラビア半島の姿にも幻滅し、一九九〇年代に至るまでアラビア半島にかかわることを避けるようになっていた。

しかし、一九九一年に『アラビアの砂漠』のアラビア語訳が出版されると、セシガーの姿勢も徐々に変化していく（Maitland 2006: 453）。一九九〇年代以降に、UAEにたびたび足を運んで現地での交流を図っていくと、過去のベドウィンの姿を現地社会で積極的に語るようになっていく。急速な近代化・都市化によって過去の生活様式を失っていったアラビア半島の住民たちにとっても、セシガーが描き出した一九四〇年代のアラビア半島の姿は、自分たちの過去の生活様式や、祖先たちの活躍を知る貴重な機会となっていった。

二〇〇三年にセシガーが死去すると、二〇〇四年には彼が撮影した三万八〇〇〇点のネガフィルムや七一冊に及ぶ個人アルバムが、イギリス政府を経由してオックスフォード大学のピット・リバーズ博物館（Pitt Rivers Museum, University of Oxford）に寄贈されている（Pitt Rivers Museum 2023）。寄贈された資料については、二〇一一年にアブダビ文化遺産局（Abu Dhabi Authority for Culture and Heritage: ADACH）の資金を用いて、デジタル化や関連情報の整理が行われてきた。

セシガーのアラビア半島での足跡が整理されていく過程で、彼の足跡をたどろうとする機運も高まってきた（Maitland 2006）。そこでは、セシガーのトラベル・ライティングのなかで描き出されてきた、近代化・都市化以前のアラビア半島のベドウィンの姿を、「アラビア半島の原風景」として評価していくようになる（Walker 2023）。あるいは、セシガーが描き出した近代化・都市化以前のアラビア半島の姿を、「アラビアの原風景」として描き出すことによって、アラビア半島の地域性を際立たせる役割を果たしてきた。

3. 観光的リアリティが結びつける空間と時間

ウィルフレッド・セシガーというアラビア半島の部外者が描き出した砂漠とベドウィンの遊牧民の文化を、「アラビア半島の原風景」として表象していく過程は、一見すると奇妙な光景である。セシガーは著作のなかでアラビア半島におけるベドウィン文化は、必ずしも当地域を象徴するシンボルとしてではなく、むしろ「アウトロー」として描き出していた（Thesiger 2010 [1959]）。しかし、ベドウィンたちとともに旅行をしていく過程で彼が描き出してきた、素朴で、逞しく、情に厚いベドウィンの姿は、近代化・都市化のなかで西洋社会が失ったものと重なるものでもある。この点を、いかに考えていけばよいのか。

その際、前述の須藤の観光的リアリティをめぐる議論をさらに参照すると、この奇妙な関係がむしろ現代社会のなかで、現実世界を描き出すためには欠くことのできない社会的な実践となっている点が明らかになる。須藤は、観光的リアリティが単に地域イメージを消費するだけでなく、現実世界を再構成する力を有している点を強調する（須藤 2012, 2014; 遠藤／須藤 2018）。そこでは、「観光（地）が社会的文脈から次第に自立し、人工的にリアリティを作り出すようになったこと、その結果、観光（地）から〈舞台裏〉が消失し、同時に『再発見』、あるいは『再創造』される」（須藤 2014: 50）という点を指摘する。しかし、観光的リアリティを通じて再構成される現実世界は、つねに外部にオープンであるがゆえに不確実性をはらんでいる（須藤 2014; 遠藤 2017）。須藤はこの点について、「観光は、移動を伴う経験への参加を前提としている以上、統制からはみ出す偶有性を孕んでいる。観光が作り出す『儀礼』のなかから、共同性が予測不可能なかたちで生まれてくる」（須藤 2014: 52）としている。

須藤が提示する観光的リアリティが避けがたく内包する偶有性については、他の研究者たちによっても同様の議論が展開されている（東 2017; 福井 2020; 松本／塙 2022）。東浩紀は観光者をめぐる哲学上の議論を整理しながら、観光者がもたらす「誤配」によって、スモールワールドとしての世界がつなぎ変えられ、スケールフリーとなって新たな社会が生み出されていくさまを描き出す（東 2017）。同様に、松本健太郎はインターネット社会が流通するなかで、観光が新たな人やモノ、情報とのつながり方の可能性を見出していくのに対して（松本／塙 2022）、福井一喜は観光が資本や情報へのアクセスや結びつきの違いに起因する偏差を生み出し、社会格差を拡大させていく点を指摘する（福井 2020）。ただ、いずれの議論においても、観光的リアリティが、接続性としてのコネクティビティ（connectivity）の概念と密接に結びつきながら、現実世界を再構成していく点では、共通する見解を示している。

観光的リアリティがもたらすコネクティビティは、つねに外部に開かれていながらも、空間的・時間的な限定をも同時に生み出していく。ウルリク・グレッツェル（Ulrike Gretzel）とタズィム・ジャマル（Tazim Jamal）がデーヴィッド・ハーヴェイ（David Harvey）の議論を援用しながら論じるように、人間の経験や想像力は、空間的な枠組みだけでなく、時間的な枠組みにも強く規定されている（Harvey 1990; Gretzel & Jamal 2009）。むしろ、観光を経験することは、あらゆる想像の可能性を内包しながらも、限定された空間的・時間的枠組みに自らを布置し、そのなかで現実世界を構築していく行為であるともいえる。その点では、須藤は観光のもつ虚構性を指摘しながらも、その虚構性こそが人びとの想像力を喚起し、空間的・時間的な新たなコネクティビティ（接続性、つながり）を促進していくことを示す（須藤 2012）。それゆえ、観光的リアリティが生み出すコネクティビティは、現実世界に立脚して進むのではなく、身体的な移動による遊びによって喚起される人びとの欲望・希望・夢といった「観光的想像力」によって促進されていく（遠藤 2017: 31）。ここでは、観光的想像力が促進するコネクティビティによって方向づけられた空間・時間によって、私たちの現実世界が描き出されていくのである（須藤 2012, 2014: 遠藤 2017）。

以上の議論を踏まえると、ウィルフレッド・セシガーのトラベル・ライティングもまた、観光的想像力が喚起する観光的リアリティとして描き出すことができるのではないだろうか。近代化・都市化によってもはや存在しなくなったはずのアラビア半島の砂漠におけるベドウィンの生活文化が、トラベル・ライティングを通じて「アラビアの原風景」として発見されていく。ここでは、人びとの間で「アラビアの原風景」として想像されていく過程で、現実世界の空間・時間が方向づけられ、その都度、再構築されていくのである。

それゆえ、セシガーのトラベル・ライティングが生み出してきたこの「アラビアの原風景」をめぐる観光的リアリティは、アラビア半島における新たな空間的・時間的なコネクティビティを生み出し、現実世界を再構成してきたと捉えられる。その際、失われた伝統的なベドウィン文化をめぐる観光的想像力こそが観光的リアリティを生み出し、空間的・時間的なコネクティビティを生み出すとともに、現実世界を再編成する原動力となってきたと結論づけることができる。

4. トラベル・ライティングが描き出す観光的リアリティと現実世界

本章では、二〇世紀を生きたウィルフレッド・セシガーのアラビア半島における冒険旅行記を題材に、観光的リアリティが生み出す空間や時間の意味の生成のありようについて論じてきた。最後にこれまでの議論をまとめていきたい。

ウィルフレッド・セシガーが描き出したアラビア半島は、これまでの未踏地に関する情報を文章や写真を通じて伝えた功績もさることながら、世界各地の近代化のなかで失われつつあった、伝統的な生活世界を鮮やかに描き出した点で、西洋社会だけでなくアラビア半島の人びとによっても、望郷の対象となってきた。とくに、一九九〇年代以降に伝統的なベドウィン文化を知る世代が少なくなるなかで、過去の記録としてのセシガーのトラベル・ライティングの内容に焦点が当たるようになっていく。その過程で、過去のベドウィン文化が近代化・都市化以前の「アラビアの原風景」として、現実世界の空間と時間を規定する情景として活用されていった。

セシガーが描き出したアラビア半島をめぐる観光的リアリティは、関係者の間で繰り返し語られていく過程で、アラビア半島を取り巻く空間や時間を、現代社会と結びつける役割を果たしてきた。とくに、人びとがアラビア半島の現代社会を描き出す過程で、空間的な枠組みだけでなく、時間的な方向性が定められていったといえる。その際、セシガーが描き出した、近代化・都市化を境目とする時間軸を基軸とする社会的なコンセンサスが、アラビア半島の関係者たちの間で徐々に生み出されてきた。それゆえ、アラビアの原風景としてのセシガーの記述こそが、現代のアラビア半島における空間的・時間的なコネクティビティのあり方を規定する役割を果たしてきたといえる。

以上の議論を踏まえると、トラベル・ライティングのなかで表現されてきた観光的リアリティは、観光的想像力という名の空間的・時間的なコネクティビティによって、人間社会が避けがたく帯びる空間や時間の意味を生成する役割を担ってきたと結論づけられる。むしろ、トラベル・ライティングのなかで描き出されてきたナラティブたちは、空間のみならず時間的な意味やコネクティビティを生み出し、私たちを社会的存在へと昇華させる役割を担っていく。それゆえ、オープンで不確実性に満ちあふれているトラベル・ライティングによる観光的リアリティのコネクティビティこそが、私たちにあらゆる可能性を開かせてくれるのだ。そして私たちは今日もまた、「トラベル・ライティングの魔力」（安田 2022）に取り憑かれていくのである。

〔文献〕

東浩紀（2017）『ゲンロン0　観光者の哲学』ゲンロン
アーリ、ジョン／ヨーナス・ラースン（2014）『観光のまなざし　増補改訂版』（叢書・ウニベルシタス）加太宏邦訳、法政大学出版局
遠藤英樹（2017）『ツーリズム・モビリティーズ――観光と移動の社会理論』ミネルヴァ書房
遠藤英樹／須藤廣（2018）『観光社会学2.0――拡がりゆくツーリズム研究』福村出版
須藤廣（2008）『観光化する社会――観光社会学の理論と応用』ナカニシヤ出版

――――（2012）『ツーリズムとポストモダン社会――後期近代における観光の両義性』明石書店
――――（2014）「観光メディア論の試み――観光的リアルの構造とその変容」（『観光学評論』二巻一号、観光学術学会、四三～五四頁）
福井一喜（2020）『自由の地域差――ネット社会の自由と束縛の地理学』（流通経済大学社会学部創設30周年叢書）流通経済大学出版会
松本健太郎／塙幸枝（2022）『コンテンツのメディア論――コンテンツの循環とそこから派生するコミュニケーション』新曜社
安田慎（2022）「トラベル・ライティングが生み出す魔力――コンタクト・ゾーンとしてのE・レインのエスノグラフィー」（遠藤英樹編『フィールドワークの現代思想――パンデミック以後のフィールドワーカーのために』ナカニシヤ出版、一二九～一三九頁）
Clarke, Jamie (2000) *Everest to Arabia: The Making of an Adventuresome Life*. Waterloo: Azimuth.
Gretzel, Ulrike and Tazim Jamal (2009) “Conceptualizing the Creative Tourist Class: Technology, Mobility, and Tourism Experiences.” *Tourism Analysis* 14(4): 471-481.
Harvey, David (1990) “Between Space and Time: Reflections on the Geographical Imagination1.” *Annals of the Association of American Geographers* 80(3): 418-434.
Hayes, Adrian (2012) *Footsteps of Thesiger*. Dubai: Motivate Publishing.
Kirkby, Bruce (2000) *Sand Dance: By Camel Across Arabia’s Great Southern Desert*. Toronto: McClelland & Stewart.
Maitland, Alexander (2006) *Wilfred Thesiger: The Life of the Great Explorer*. Dubai: Motivate Publishing.
Paradkar, Shalaka (2008) “Majid Abdulrazak’s Dream Film.” *Gulf News* 4 July. https://gulfnews.com/lifestyle/majid-abdulrazaks-dream-film-1.25661（最終閲覧：二〇二三年一月一〇日）

Pitt Rivers Museum (2023) http://web.prm.ox.ac.uk/thesiger/index.html（最終閲覧：二〇二三年一月一〇日）

Thesiger, Wilfred Patrick (2010 [1959]) *Arabian Sands*. Dubai: Motivate Publishing.

Walker, Janny (2023) *The Arabian Desert in English Travel Writing since 1950: A Barren Legacy?* London: Routledge.

第14章 映画の偶景／偶景の映画
——『インド夜想曲』におけるガイドブック表象を手がかりに

松本健太郎

はじめに

小説にせよ、映画にせよ、何らかのフィクションが現実の旅を誘発することは、さほど珍しいことではないだろう。かくいう筆者は大学生のころ、一か月ほどかけてインド各地を独り旅したことがある。インドの首都デリーから入国したのち、アグラー、ボンベイ（現・ムンバイ）、バンガロール（現・ベンガルール）、トリバンドラム、ゴアなど、いくつかの都市を訪ね歩いた。それから三〇年ほどが経過した今となっては、それらの地名やそこで遭遇した出来事が断片的に想起される程度にまで、旅の記憶はおぼろげなものになりつつある。しかしそれにもかかわらず、その一連の旅路、あるいは、その経験の連鎖を思い返そうと試みるときには必ず、ある映画を、すなわち本章で取り上げる『インド夜想曲』を、なぜかそれに付随して想起してしまう。むろん本作は虚構でしかないわけだが、筆者が実際に体験した現実の旅と記憶のなかで癒合しているのである。それにしてもある場所を想起するうえで、それにかかわるフィクションを参照してそれが遂行されるのは、われながら不思議なことだとも感じられる。

　そのとき携帯した手帳を見返すと、インドに入国したのは一九九五年三月一日と記されている。それより少し前の出来事だったろうか。筆者はテレビを通じて放映されていた『インド夜想曲』をたまたまＶＨＳに録画し、ビデオテープが擦り切れるほど繰り返し視聴していた。なぜ、このフィクション作品に対して強烈な関心を抱いたかというと、それがあまりにも奇妙というか、映画としては異様と思われる構図を内包していたからである（本作は、映画に表象された旅を徹底的に分析する経験をもたらした点において、筆者にとって「旅の入口」であると同時に「研究の入口」であったことは間違いない）。

　さて、『インド夜想曲（*Nocturne Indien*）』は一九八九年に公開されたアラン・コルノー監督による映画作品である。フランスの俳優ジャン＝ユーグ・アングラード演じる主人公が、失踪した友人を探してインド各地を旅するロードムービーだが、そのもとになったのは一九八四年に執筆された同名の小説であり、これにより原作者のアントニオ・タブッキは一九八七年にメディシス賞の外国小説部門を受賞している。なお、本作に関する先行研究を紐解くと、しばしばその曖昧さ、あるいは、その捉えがたさを示唆する言辞が散見される。一例をあげるならば、花本知子はそれを「完全かつ明確に理解されることを拒むような、捉えがたい側面をもつ物語」であると位置づけ、さらに本作品が「判断不可能なもの」を包含していると洞察している（花本 2004: 106）。では、本作のどこが「奇妙」かつ「曖昧」なのだろうか。筆者はかつて「反映画としての『インド夜想曲』――映画の記号世界と、その外部のロケ地との関係を題材として」と題する論考のなかで、その難解さを以下のように整理したことがある。

なぜ本作品が難解であるかというと、それは第一に、主人公がもつ名前が流動的で、しかもそのアイデンティティも不明瞭な状態にとどまり続ける（つまり主人公の記号としての様態が「流動的」である）からであり、第二に、スクリーンの映像空間がその外部の現実空間と奇妙なかたちで結びついており、ゆえに映画の意味世界が「非完結的」だからであり、第三に、主人公がクライマックスの場面で「映画をつくるという欲望」を吐露し、そこに至る旅路を自作自演の劇中劇（あるいは映画内の映画）として回顧しようとする等、メタフィクショナルな性格をそなえているからだと考えられる。（松本 2014: 162）

「ロシニョル」（フランス語）、「ルーシノル」（ポルトガル語）、「ナイチンゲール」（英語）といったかりそめの名前――これらの異称はすべて「夜鳴きウグイス」という意味をもち、同じ対象から派生した別のシニフィアンである――で指呼される主人公は、イエズス会の古文書を調査する研究者を自称しているが、どうやらそれは旅の二次的な目的でしかなく、むしろ本当の目的は友人を捜すことにあるようだ。なお、その友人というのは「グザヴィエ・ジャナタ・ピント」という名のインド系ポルトガル人で、ゴアの海岸で消息を絶ったとされている。主人公は「I'm looking for Xavier.」と語り、その友人を追ってインド各地を巡り、ボンベイからマドラスへ、そして最終的にゴアへと至るのである。

しかし物語の進行に合わせて、この映画の骨子であったはずの「主人公＝追跡者／グザヴィエ＝被追跡者」という構図は捻《ね》じれを見せ始める。旅の途上、マドラスの神智学協会を訪問したとき、主人公はある宗教家に送られた手紙からグザヴィエの足跡を知ることになる。その文面によると、彼は「夜の鳥（night bird）になる」との謎めいた言葉を残して失踪した、というのである。そして、主人公はその手紙の発信地たるゴアへと赴くのだが、不思議なことに映画の終盤にさしかかると、彼の旅の目的は何の前触れもなく突如変更されてしまう。もともと彼はグザヴィエを捜す追跡者であったわけだが、それが追跡される側の視点から「ナイチンゲール氏」について、すなわち追跡者について語り始める（今度は「I am looking for Mr. Nightingale.」と語ることで、主人公は追う／追われるという既存の関係性を転倒させてしまうのだ）。

図1　アグアダ城跡のホテルにおける会話の場面

さらにその後、主人公はアグアダ城跡の高級ホテルを舞台として、たまたま夕食をともにすることになった女性を相手に自身を映画監督のようなものだと語り（とはいっても、むろん実際に映画をつくっているわけではなく、映画の断片を妄想する主体として自らを規定しているにすぎない）、その監督としての全体を見通す視点から、ゴアに至るまでの追跡劇を自作自演の芝居として振り返る（図1）。そして女性と会話しつつある今その瞬間こそがストーリーのクライマックスにあたり、じつはそのストーリーのなかで、主人公は被追跡者としての立場から（女性の気づかないうちに、追跡者であったはずの）もう一人の自分と視線を交わしていたのだ、と打ち明けて見せる。そして、そう聞かされた相手の女性は、当然のことながら深く混乱することになる。つまるところ、この映画のなかで主人公は追跡者から被追跡者へと移行し、さらに両者を含む追跡劇を映画として構想する監督としてふるまおうとするのである。そのようなアイデンティティの多面性は、まるでボンベイ近くのエレファンタ島で彼が対峙する三面の相貌をもったシヴァ神の像のようでもある。

美しい映像、および錯綜した構造をそなえる『インド夜想曲』に魅了され、花本が「判断不可能なもの」を含むと表するそれを繰り返し鑑賞することによって、筆者はその解釈をより深めたいと希求するようになった。そして「コンテンツ・ツーリズム」なる概念を知る由もなかった時代に、そのロケ地を訪ね歩きたい、主人公が実践したような旅を自らもしたいと欲望し、インド旅行を計画することにしたのである。本章では筆者による個人的経験に依拠したうえで、その旅を導いた『インド夜想曲』を分析の俎上《そじょう》に載せつつ、旅をめぐるイマジネーションの組成をいくつかの視座から考察していくことになる。

1.『インド夜想曲』のガイドブック性

筆者は当時、日本を出国する際にガイドブックを携行しなかった。だがその代わりに、小説版『インド夜想曲』をバックパックに詰め込んだのである。ちなみに本書であるが、それはある意味で「ガイドブック」的な存在といえる。というのも作者であるタブッキは冒頭で、物語の舞台となった「場所のリスト」（図2）を掲げたうえで、その企図を以下のように語っているからである。

この本に出てくる場所

1 カジュラーホ・ホテル、Suklaji Street 番地なし　ボンベイ
2 ブリーチ・キャンディー病院、Bhulabai Desai Road　ボンベイ
3 タージ・マハル・インターコンチネンタル・ホテル、Gateway of India　ボンベイ
4 鉄道休憩室、ヴィクトリア・ステーション、Central Railway　ボンベイ
宿泊には未使用の鉄道乗車券あるいはインドレイル・パスが必要
5 タージ・コロマンデル・ホテル、5, Nungambakkam Road　マドラス
6 神智学協会、12, Adyar Road, Adyar　マドラス
7 バス停留所、マドラス＝マンガロール街道、マンガロールの約５０キロ手前、正確な位置は不明
8 Arcebispado e Colégio de S.Boaventura, カラングーテ＝パナジ街道、旧ゴア　ゴア
9 スアリ・ホテル、Swatantrya Path, 番地なし、Vasco da Gama　ゴア
10 カラングーテの浜、パナジより約２０キロ　ゴア
11 マンドヴィ・ホテル、28 Bandodkar Marg, Panaji　ゴア
12 オベロイ・ホテル、Bogmalo Breach　ゴア

図２　小説版『インド夜想曲』における
「場所のリスト」

この本の主人公が旅したいくつかの場所へは、私自身も行ったことがあるので、かんたんな道案内をつけるのが適切と思われた。地図上の場所のリストが、現実だけがもつ威力を発揮して、《影》の探求であるこの《夜想曲》になんらかの光をもたらすかもしれないという錯覚が私にこんなことをさせたのかどうか、よくわからない。それとも、こんなつじつまのあわない行程を愛してしまっただれかが、いつか、これをガイドブックとして活用するかも知れないという、ばかげた希望がさせたことか。（タブッキ 1993: 5）

『インド夜想曲』はフィクションであるが、しかし実在の場所と結びついたそれは、ある種の「ガイドブック性」を帯びている。「現実だけがもつ威力」――それをそなえる当該のリストは、「つじつまのあわない行程」を読者へと提示し、読者を「旅人」へと変換する目的で配置されているのだ。

付言しておくと、花本はタブッキが小説世界で描出して見せた旅路について、「通常考えられる効率的な旅行のルートとは異なるもので、移動に無駄があり、ゆえに突飛な旅行のルートであると認めることができる。そして、物語全体のなかで語られる主人公の突飛な行程を読書行為によってたどっていく読者も、主人公の〈脈絡のない旅程 percorsi incongrui〉に同伴することになるだろう」と指摘している（花本 2004: 111）。つまるところ、小説の読者は虚構的水準で主人公の〈脈絡のない旅程〉に同伴し、しかるのちに読者、すなわち「つじつまのあわない行程を愛してしまったただれか」が「場所のリスト」をガイドブック代わりに活用して旅に出るという、現実的な水準へと至る一連の流れが想定されているわけである。

なお、小説版と映画版の双方では、作中で主人公による旅の導きとなっているガイドブックが登場している――ロンリープラネット社が刊行した *India: A Travel Survival Kit* という実在のそれである。花本はこのうち小説版について「物語中の存在であるために、ある種の虚構性を帯びている」と断りつつ、実在する名称をタブッキが採用したことで、「虚構と現実の間の敷居を超えそうに見えて実際は超えないガイドブックが物語に登場することによって、フィクションと現実のあいだの微妙な遊びが生じる」と指摘している（花本 2004: 114）。

ともあれ『インド夜想曲』では二つのガイドブック――すなわちタブッキが小説の冒頭にガイドブックとして添付した「場所のリスト」、および実在のガイドブック *India: A Travel Survival Kit*――によって「現実」と「表象」の間の錯綜した関係性が組織されることになる。しかも、そのうち前者の「リスト」によって、タブッキは読者の旅が小説の記号世界を超えて生成されることを夢想したが、原作が読者に要請する「外部への誘い」は、コルノーによる映画版では別のかたちをもって提示されることになる。すなわち、主人公の正体がロケ地に固有の情報を経由しない限り判明しないという特異な設定によって踏襲されている、と考えうるのだ。

2.『インド夜想曲』の外部参照性

映画版『インド夜想曲』では既述のとおり、「スクリーンの映像空間がその外部の現実空間と奇妙なかたちで結びついており、ゆえに映画の意味世界が『非完結的』」という特徴が認められる。というのも、主人公が何者であるのかを作中の情報のみでは特定し得ず、ロケ地を訪れることによりそれをイメージさせる仕掛けが導入されているからである。

本作において、主人公は謎めいた人物、すなわち名前および役割の双方において流動的な存在として表象されている。実際にそのエンドロールを確認すると、主人公だけが名前を付与されていない事実に気がつく（つまり役者ジャン＝ユーグ・アングラードに対応するはずの役名のみが欠損しているのだ）。それでは、彼はいったい何者なのか。主人公の正体を見極めるために（換言すれば、主人公を一つの記号として捉えたとき、それが指し示す「指示対象」を見極めるために）映画終盤に現れる次の場面に注目してみよう。主人公は古文書を調べるため、ゴアのボアベンチュラ大司教館を訪れる。そして晩課で留守にしている神父を礼拝堂で待つのだが、そこでキリストの絵や像や十字架を見つめながら、不意に何かを思い出したように立ち上がり、急いでその建物を退出するのだ。

図3-a　パナジ教会

図3-b　聖カジュタン教会

何の変哲もないように見える当該の場面には、映画館における通常の鑑賞体験では気づきようのない設定が組み込まれている。というのも、この同一の建物の内部で繰り広げられているように見える一連のシーンは、じつは二つの教会で撮影された映像を編集して成り立っているのである。つまり主人公が大司教館を訪問する場面では、ゴアの新市街にあるパナジ教会が舞台となっている（図3-a）のだが、これに対して彼が退出する場面では、旧市街にある聖カジュタン教会が舞台となっている（図3-b）のである。しかも解釈上ここで重要と思われるのは、聖カジュタン教会に隣接するボム・ジェズ教会に、宣教師でイエズス会の創設者の一人、フランシスコ・ザビエルのミイラが今でも安置されている、という事実である。

ひと続きの場面を構成する二つのロケ地の意味を考えるうえで、「友人」の固有名は大きな手がかりになる。主人公は古文書を調査する研究者であったわけだが、同時に、彼が捜していた「グザヴィエ Xavier」とは、イエズス会の宣教師であった「ザビエル」と同じ綴りである。ちなみに「映画」（もしくはその「断片」）を妄想しながら旅を続ける主人公は、その自作自演の追跡劇の「監督」であると同時に「主人公」でもあるわけだが、彼はその劇中劇のなかで、いわばザビエルの「亡霊」として永遠の眠りにつくことのできない不眠の人物を演じ、現代のインドを彷徨《さまよ》いながらザビエルを「友人」として捜し求め、結果的にボアベンチュラ大司教館のキリスト像の前で自らのアートマン（霊魂）を見出す、という文化的にも宗教的にもきわめて異種混交的な物語を密かに描き込んだのである。

重要なことは、「追跡の対象となる友人の名前」と「イエズス会の宣教師の名前」の一致は、ロケ地がその宣教師所縁の場所であるという事実を知り得ない観客にとっては、（実際に彼がロケ地を訪れそれに思い至らない限り）気づきようがない、という点である。当時の驚きをまだ覚えているが、実際に筆者はゴアを訪問して初めて、その隠された意味を「発見」することができた。映画版『インド夜想曲』はその小説版とは異なるかたちで、そのフィクションの受け手を「旅人」へと変換しようと企図する、いわば外部世界へと開かれたガイドブックに似た作品といえる。しかも筆者はその主人公の正体を追うべくゴアへと到達したわけだが、最終的にザビエルの遺骸が眠る教会でその「アートマン（霊魂）を見出す」という一連のプロセスは、主人公が体験したそれと同位にあるものといえるかもしれない。

3. 実在のガイドブックに紛れ込んだ虚構のページ

それでは、主人公による旅とはどのようなものなのか。本作はある意味で「メタ映画」であり、「映画のなかで映画監督が映画を語る」という構造を有しているが、その劇中劇の「監督」であると同時に「主人公」でもある彼は、旅路のなかで実際に直面しつつある状況を、自らが想像＝創造する一貫性を欠いた映画の一場面として不断に回収していく。見方を変えれば、本作品をロードムービーとして構成するあらゆる映像が主人公を取り巻く現実の光景であると同時に、主人公が仮構する物語の一場面である――そして彼は、その物語の主人公であり監督でもある――という二重所属性が認められるのである。

先述のとおり、『インド夜想曲』には実在のガイドブック――ロンリープラネット社が刊行した*India: A Travel Survival Kit*――が登場する。とりわけ映画版に登場するものは、その書影から一九八七年に刊行された第三版であることがわかるが、フィクションに登場するそれを実在のガイドブックと見比べてみると、興味深い事実が浮き彫りになる。というのも、実際のガイドブックには本来なら含まれないはずのページ（踊るシヴァ神を象《かたど》った「ナタラージャ」の像が印刷されたそれ）が紛れ込んでいるのである（図4）。物語の中盤、主人公はマドラスに向かう列車内で、ピーター・シュレミールという名の老紳士と会話を交わす。そして彼が自らの旅の目的を語る場面で、主人公がガイドブックを開くシーンにそのページが一瞬映り込むのだ。

なお、この場面で主人公は老紳士の名前を聞いた瞬間、自分の耳を疑う。そして「本名とは思えない」とつぶやくのだが、なぜ彼がそう感じたかというと、この「ピーター・シュレミール（Peter Schlemihl）」という名がシャミッソーの小説『影をなくした男』の

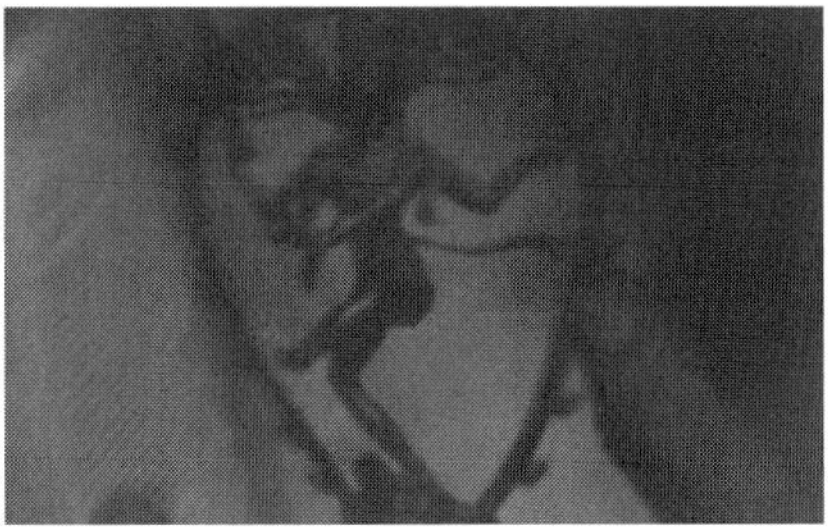
図4　実在のガイドブックに追加された虚構のページ

主人公のものだからである。この一九世紀に書かれた小説のなかで、シュレミールという人物は謎の男に乞われ、自らの影と引き替えに金を無尽蔵に生み出す「幸運の袋」を入手する。だが影を失ったがために世間に冷たくあしらわれ、結果的に不幸になるのだ。

付け加えておくなら、主人公の旅、あるいはそれを通じて構想される「映画」は、現実世界を表象する前記ガイドブックに加えて、虚構世界を表象するシャミッソーの小説や、フェルディナンド・ペソアの詩など、多種多様な文学的テクストとの関係性のなかで、換言すれば、それらとのネットワークのなかで「間テクスト」的に構成されていく。そしてその一連のプロセスにおいて、ロンリープラネット社のガイドブックは単に旅先の地理や文化を表象するものではない。そうではなく、それは「旅先の現実」と「主人公の想像」が混じり合い、新たな物語を生成するためのインターフェイスとして機能するのである。

4.「予想通りにはいかないことの物語」、あるいは偶景の映画

ホテルの窓から、人気《ひとけ》のない遊歩道の上に(日曜日の朝で、まだ早いのだ。遠くでは、少年たちが浜にサッカーをしに行く)、羊と尾をぴんと立てた小犬が見える。羊は犬に一歩一歩ついて行く。ついには羊は犬の上に乗ろうとする。

*

ある無人駅(アジラー)で、列車から降りたばかりの彼が道を走っていくのを私は列車の中か

ら見た。一人で、雨の中を、《書類を入れるために》私にねだった葉巻の空箱をしっかり持って走っていくのを。（バルト 1989: 35）

これら短文は、ロラン・バルト（Roland Barthes）が「偶景」のなかに書き記した、数あるもののうちの二つである（ホテルが、そして無人駅が舞台となっている）。彼はその晩年に「小説的なもの《ロマネスク》」を探求するなかで、偶発的に出会い記述の対象となる些細な出来事を「偶景《アンシダン》」として語った。花輪光は「小説家バルト？――解題に代えて」のなかで、当該概念を次のように表現している。

偶景《アンシダン》（incident）――偶発的な小さな出来事、日常の些事、事故《アクシダン》よりもはるかに重大ではないが、しかしおそらく事故よりももっと不安な出来事、人生の絨毯の上に木の葉のように舞い落ちてくるもの、日々の織物にもたらされるあの軽いしわ《プリ》、表記のゼロ度、ミニ＝テクスト、短い書きつけ、俳句、寸描、意味の戯れ、木の葉のように落ちてくるあらゆるもの。（花輪 1989: 154）

フランソワ・ヴァールがその理解の指針として提示するように、バルトが「偶景」という主題のもとに執筆した断片的なテクスト群には「〔本来あるべき〕構成された人物像や人格はまったく欠けている。要するに人格的な支柱のない小説の断片である。また、物語に必然的に一つの《メッセージ》を押しつけてしまうような物語の連続的な構成もすべて欠けている。《小説的なもの《ル・ロマネスク》》とは本質的に断片なのだ」（ヴァール 1989: 4）。バルトが拘泥した「偶景《アンシダン》」、それはある種の「断片」として立ち現れるが、まさに『インド夜想曲』で主人公が出会い、彼が欲望する映画の「断片」もまた、その概念との関係のなかで把捉しうるかもしれない。

主人公が「映画をつくるという欲望」を吐露するのはクライマックスの場面であるが、しかし彼の「作者」としての役割はすでに本作の序盤で暗示されていた。彼は失踪した「友人」を捜すために、ボンベイにあるキング・エドワーズ記念病院の医師ガネーシュに会う。そしてその医師から「友人」の職業を尋ねられた際、こう答えるのである――「物語を書いていた。予想通りにはいかないことの物語。思い違いや誤解。たとえば生涯を通じて旅を夢見た男の話……」。（中略）主人公はその場面で、回診する医師に随伴して病院の廊下を歩きながら、劇中劇の内側に視点を置き、その「役者」という立場から外部にいる友人を物語の「作者」として表現するのである。ただし、ここで「物語」といっても、それは何らかの一貫性や連続性をそなえたものではあり得ない。そうではなく、彼が創出する物語とは、あくまでも旅の途上で遭遇する偶発的な出来事に充ちた、「思い違いや誤解」にあふれた断片的なものでしかない。

主人公が妄想する映画のなかでは、彼が旅先で出会うあらゆる状況が物語の断片として回収されていく。ゴア新市街の河畔に所在するマンドビー・ホテルに到着した彼は、それまでの発言を翻して「ナイチンゲール」を捜し始める（この名前は、彼がそもそも呼ばれていた「ロシニョル」と翻訳可能な関係にあるわけで、突如それを聞かされた映画の観客たちは少なからず戸惑うことになるだろう）。たとえば、ホテルのフロント係に対して、唐突にナイチンゲール氏の居場所を尋ね、それに対して「バンコクかも。あるいつも旅を。多忙な事業家ですから」という、明らかに的外れな返答がなされることになる。あるは、ホテルのレストランにおいて、「ナイチンゲール氏好みの酒を」という台詞《セリフ》でもってワインを注文し、怪訝《けげん》な表情を浮かべた給仕との間でちぐはぐな会話が展開される。これらの場面において、フロント係が実業家の別人を話題にしていること、そして給仕が単に話を合わせていることは一目瞭然なのだが、これらのシーンが典型となるように、主人公は旅先で遭遇する他者の言葉を拾いながら、それを自己が紡ぐ「予想通りにはいかないことの物語」へと回収していくのである（これらの発言を引き出すのは、ホテルのスタッフに対して半ば強引に手渡されるチップである。それはある意味で、主人公が妄想する映画への「出演料」ともいえるだろう）。

これまで詳論してきたように、『インド夜想曲』では物理的な場所（たとえば、ロケ地となった教会）や物質的なモノ（たとえば、実在するガイドブック）などとの関係性のなかで、あるいは、それらが織り成す動的なネットワークのなかで、主人公の奇妙な旅＝物語は進展していく。そして彼は適宜、*India: A Travel Survival Kit* を参照しながらもそれを「台本」として絶対視することなく、むしろそこに記載された情報を恣意的に拾い上げたり、あるいは、それ以外の（小説や詩など）テクストを参照したりしながら、物語の「断片」を探索していく。そしてそれは、ガイドブックに追加された虚構のページが示唆するように、旅の途上において「物理的な現実」と「想像的な虚構」を混ぜ合わせる営為にほかならない。

結びにかえて

旅先で遭遇するあらゆるものは、体験の主体が紡ぐ物語の断片である。そしてまた、その人物による旅は、現実のガイドブックや虚構の文学作品など、あらゆるテクストを参照する可能性を前提としつつも、特定の何かを唯一の「台本」とすることなく、それらの網の目のなかで進展していく。筆者は『インド夜想曲』が表象する主人公の旅にあこがれてそのロケ地へと旅立った。本章のタイトルが示すように、この映画は「映画の偶景」、すなわち、物語的連続性に回収され得ない「断片」の集積によって織り成されるが、他方でそれは、その受け手を旅へと誘い、彼自身が「偶景の映画」を創り演じるための契機を提供するかもしれない。

既述のとおり、筆者は旅立ちに際してガイドブックを持参しなかった。というのも、ガイドブックに頼り過ぎるあまりそれを、自らの体験を既存のイメージへと還元する強力な「台本」にしてしまうことを嫌ったがためである。その代わりに数冊の本――小説版『インド夜想曲』のほかには、ガンジーの自伝やキルケゴールの『死に至る病』などが含まれていたと記憶している――を荷物に忍ばせ、また、なるべくさまざまな人物と会話しそれにより

Ⓗおすすめできる政府直営Tourist Home

ドミトリーで素泊まり、1泊40Rs。この安さだから、外国人旅行者ばかりでなく、インド人も多い。ベッドも清潔、管理もしっかりしていた。ドミトリーには、リュックサックがすっぽり入るロッカーがあるので安心もできる。ただ、水の便が悪かったのと、蚊が多いのが難点だった。場所は、パナジ港を降りて右方向へ6～7分、小さな橋を渡れば右手に見える。Ⓦ200Rs。住所＝Patto, Panaji ☎45715（東京　K.マツモト）（'95）

図5 『地球の歩き方 インド '96～'97版』の表紙（左）と筆者が寄稿した記事

ルートを決めようと心がけながら、インド各地を旅してまわったのである。
その旅の過程においては、筆者なりに印象的な、「偶景」とも呼びうる出来事の断片に遭遇した気もしている。映画のロケ地となったゴアのパナジ教会を訪れた直後、とある年配の日本人男性から声をかけられた。その人物は『地球の歩き方』のライターか何かだったようで、そのあと近隣のレストランに入って話し込み、その流れで、彼の取材に協力する約束——とはいえ決して大げさなものではなく、そのとき宿泊していたドミトリーに関する記事（図5）を寄稿する、という程度の簡単なもの——をした。そしてその見返りに一杯ご馳走になったが、当時は大学生の貧乏旅行だったこともあり、その偶発的な出会いがとてもうれしかった。振り返ると、これは筆者（K．マツモト）による文章が活字化された初めての体験だったと思うが、同時にこれは、ガイドブックを持たない旅を実践しようと試みた筆者にとって、旅をめぐる「現実」と「表象」、あるいは「現実」と「虚構」の錯綜した関係性を思考する旅立ちの一歩だった、ともいえるかもしれない。

［文献］

ヴァール、フランソワ（1989）「編者覚え書き」（ロラン・バルト『偶景』沢崎浩平／萩原芳子訳、みすず書房、三〜七頁）
コルノー、アラン（2003）『［DVD］インド夜想曲』エプコット
タブッキ、アントニオ（1993）『インド夜想曲』（白水Uブックス　海外小説の誘惑）須賀敦子訳、白水社

花本知子（2004）「アントニオ・ダブッキ『インド夜想曲』の〈曖昧さ〉をめぐって」（『イタリア学会誌』五四号、イタリア学会、一〇六～一三一頁）
花輪光（1989）「小説家バルト？――解題に代えて」（ロラン・バルト『偶景』沢崎浩平／萩原芳子訳、みすず書房、一四四～一八一頁）
バルト、ロラン（1989）「偶景」（ロラン・バルト『偶景』沢崎浩平／萩原芳子訳、みすず書房、二一～七四頁）
松本健太郎（2014）「反映画としての『インド夜想曲』――映画の記号世界と、その外部のロケ地との関係を題材として」（『ことば・文化・コミュニケーション』六号、立教大学異文化コミュニケーション学部、一六一～一七四頁）

第15章 パリの墓地を歩く
――幾重もの疑似イベントをめぐる観光社会学

高岡文章

はじめに――無をめぐって

鎌倉・円覚寺に小津安二郎の墓がある。墓石には、ただ「無」の一文字が刻まれている。余分な演出を排したミニマルな映画で知られる小津らしい、簡素で、もの静かで、張りつめた墓である。

墓に刻まれた「無」の文字は、もちろん小津の生き様を表しているわけなのだが、同時に、墓と無をめぐるいくつかの錯綜した問いを、訪れる者に投げかけてくる。小津はすでにそこには、いや、もはやどこにもいない。不在としての墓。そうであれば、ほんらい、すべての墓に「無」と刻まれてよいのではないか。他方、墓はある。「無」と刻まれた石として、無として、そこにある。

かつて、小津の墓には（それなりに）自由に参拝することが許されていた。私たちは無と対面することができた。ところが、いつのころからだろうか、墓地の入口には関係者以外の立ち入りを禁じる（日本語と英語の）標識が置かれるようになった。訪問者は騒がしい野次馬、不謹慎な観光客、神聖さの対極にいる邪魔者なのか。無へのアクセスは、無に帰した。

無。墓と無。墓はあるようで、ない。ないようで、ある。

本章では、墓を訪れること、墓を拝むこと、墓地を歩くことについて考えてみようと思う。墓参りと観光の関係について、観光社会学の観点から論じてみたい。

墓について考えようと思い立ったのは、二〇二一年から二〇二二年にかけてパリで過ごしていたときのことだ。モンマルトルでも、モンパルナスでも、バスティーユでもそうだった。パリのどこに宿をとっても、たいてい、近くに大きな墓地があった。パリには市内だけでも一〇以上、近郊も含めると二〇以上の墓地があり、あてどなく歩いてもすぐに墓に出くわした。墓地は、パリにおいては広大な公園でもあり庭園でもある。美術館や教会を巡り、デパートやショップに足を運ぶ、といったことがもちろんパリで過ごす豊かな楽しみの一つなのだけれども、長く過ごしていると、そうしたことになんだか疲れてしまったり、飽きてきたりということもある。観光をしなければならないという義務感や焦燥感から解放されたいとき、よく墓地を歩いた。

墓地は毎日開いている。生真面目な管理人たちが、毎日決まった時刻に門を開け、決まった時刻に閉める。パリでは、墓地の時間が、日常に流れる時間と背中合わせにあるように思われた。墓はいつも近くにあった。墓がそこにある。まずはそのことから始めよう。

1. 近代・国民国家・まなざし

パリにはどうしてこんなに多くの墓地が街なかにあるのだろう。そして、それはいつからなのか。

前近代において、死はつねに生と隣り合っていて、とくに農村において墓は生活空間に内包されていた。二〇世紀になってもしばらく、ほとんどの人は自宅で死んだ。近代化のプロセスのなかで都市化が進展すると、死はノイズとして日常の世界から隔離され、不可視化されていく。大まかな見取図としては、このように教科書的に理解しておいてよいのだろう。しかし、こんにち私たちが知るような都市霊園は近代以降に誕生したという歴史的事実もまた、同時に思い起こしておく必要がある。

一八〇四年、初代セーヌ県知事フロショにより、パリに東墓地、南墓地、北墓地の三つが開かれた（石井 1997）。それぞれ、現在のペール・ラシェーズ墓地、モンパルナス墓地、モンマルトル墓地であり、とくにペール・ラシェーズはのちに世界各地の都市に建設される公営墓地の一つの原型になった。

パリで最も広大な敷地を誇るこの墓地には、開設後、一七世紀の作家ラ・フォンテーヌやモリエールの遺骸が移され、その後もバルザックやプルーストらの作家をはじめ、画家のダヴィッド、アングル、ドラクロワ、作曲家のロッシーニやショパン、歌手のエディット・ピアフ、イブ・モンタン、マリア・カラス、ジム・モリソン、学者ではミシュレ、ブローデル、メルロ＝ポンティ、ピエール・ブルデューら、時代を代表する著名人たちが埋葬されてきた。

頑丈な壁と威圧的な門で閉ざされた墓地は、さながら要塞のようであり、中世都市のようでもあるが、内部の空間はむしろ近代的な計画都市の様相を呈している。整然と区画整備がなされ、四角い墓石とともに、幾何学的な、秩序立った風景を形づくる。各区画には都市さながらに番地が割り振られ、開放的な見晴らしをもたらす大通りには一つひとつ名前がつけられている。墓地は、近代都市パリの写し鏡のごとく、いや、それに先んじるかたちで、直線的に、計画的に設計された都市空間である。

一九世紀パリの都市改造を指揮したセーヌ県知事オスマンもここペール・ラシェーズに眠っている。市内で二番目に広いモンパルナス墓地には、ボードレール、モーパッサン、ベケット、デュラスらの文学者や、エミール・デュルケム、ジャン＝ポール・サルトル、シモーヌ・ド・ボーヴォワールらの学者、エリック・ロメール、ジャック・ドゥミ、アニエス・ヴァルダらの映画監督、オペラ座を設計した建築家シャルル・ガルニエ、日本びいきで知られる元フランス大統領ジャック・シラクらが埋葬されている。

三番目に広いモンマルトル墓地には、スタンダール、ゾラ、ハイネ、デュマらの文学者、モロー、ドガらの画家、フランソワ・トリュフォー、ジャック・リヴェットらの映画人が眠る。

このように、パリの墓地にはきら星のごとき著名な文化人や政治家が埋葬されており、墓地を訪ね歩くことには、有名人に会いに行くような楽しさがある。

ただし、背筋が凍るような異様な妖気もそこには漂っている。死者の復活を信じるカトリックの教義により、一九六〇年代に至るまで信者の火葬は禁じられており、死者は土葬された。ここでは、死者が、生きたそのままの姿で墓石の下に眠っている。

一九世紀のパリに大規模な公設墓地が続々と開設された背景を、二つの視点から説明しておこう。まずは都市化である。近代化の進展に伴い、農村から都市へ多くの人びとが移り住む。混雑したのは住居や街路だけではなかった。死者たちの屍《しかばね》もまた過密状態に陥った。庶民の遺体は共同の墓穴に詰め込まれたが、いっぱいになるまで塞がれなかったため、「パリのあちこちに死体の積み重なった穴が口をあけているというありさま」だった（石井 1997）。街には悪臭が漂い、疫病がたびたび流行し、一部の墓地は閉鎖に追い込まれた。都市の公衆衛生のため、急いで近代的な墓地が整備された。当初は隠されるように場末に建設された墓地は、都市の急速な拡大のなかで、結果としてパリの一部へと包摂されていく。

もう一つ重要なのが、国民国家という視点である。国民国家とは、文化的に同質な共同体（国民）に基づく政治的組織体（国家）を指す。アーネスト・ゲルナー（Ernest Gellner）によれば、国民国家というシステムは、産業主義と民主主義に特徴づけられる近代社会の産物である（ゲルナー 2000）。急ごしらえで形成された国民の文化的均質性は脆弱《ぜいじゃく》であった。のちにモンマルトル墓地に埋葬される一九世紀の思想家エルネスト・ルナン（Ernest Renan）が述べているように、国民という概念は「日々の人民投票」に晒《さら》されていた（ルナン 1997）。

近代初頭の国家にとって、国民というまとまりの不安定さを克服することが、大きな課題であった。歴史家ミシェル・ヴォヴェル（Michel Vovelle）によれば、一九世紀のなかごろ、ロンドンやパリなどの大都市では、公共の広場に偉人の胸像が相次いで建立された（ヴォヴェル 2019）。胸像のモデルになるという特権は国王や聖人に独占されてきたが、やがて戦争の英雄が加わり、世紀末には科学や芸術の分野における有名人へと民主化されていく。近代都市の大通りや広場、公共施設の名称に彼らの名前が使用されていくのも、同じ時代の、同じ論理による動向である。ヴォヴェルによれば、公共の場における彫像と公営墓地における著名人の墓は「共鳴」している。墓地は、その時代を生きた作家や芸術家、政治家たちを「国民的」な英雄として顕彰することによって、文化的ナショナリズムを喚起し続ける装置なのであった。

写真1　ニキ・ド・サンファルが制作した猫のデザインの墓（筆者撮影）

ベネディクト・アンダーソン（Benedict Anderson）は、無名戦士の墓と碑ほど「近代文化としてのナショナリズムを見事に表象するものはない」と述べる（アンダーソン 1997）。無名戦士の墓は「故意にからっぽであるか、あるいはそこにだれがねむっているのかだれも知らない」。つまり無である。にもかかわらず、いや、だからこそ、そこには「鬼気せまる国民的想像力が満ちている」。国民というまとまりは、出版資本主義を媒介として「想像」されたものにすぎない。しかし、想像されているという事実は、決して国民が「偽りの仮装」であることを意味するものではない、とアンダーソンは強調する。国民という想像力の産物のために、人びとは殺し合い、あるいは、自らすすんで死んだ。無名戦士の墓は、国民という想像力が「鬼気せまる」リアリティを有していることを、日々、証明している。

故人とは縁もゆかりもない他者が興味本位で墓を訪れることを不謹慎だと罵る声もあるが、そのような非難はどこか的が外れている。なぜなら、国民が墓を見ることは国家の維持にとって不可欠であり、墓はまなざしの対象として整備されたのだから。

墓はナショナリズムの装置であると同時に、アートでもある。モンパルナス墓地には、灰色の墓石が居並ぶなかに、ひときわ色鮮やかな猫の彫刻が佇《たたず》んでいる（写真1）。一目見てフェミニズム芸術家ニキ・ド・サンファルのものとわかるその作品は、彼女のアシスタントを長く務め、エイズにより若くして亡くなったリカルド・ムノンのためにニキが制作したもので、墓石というよりも、芸術作品である。墓は、まなざしの対象として、そこにある。

墓石を「映える」アートとして構築するという着想は、ニキの発明ではない。モンパルナスにもモンマルトルにも、オーギュスト・ロダンの彫刻が墓石として置かれているし、ペール・ラシェーズは墓地全体が建築家アレクサンドル・ブロンニヤールによって設計されている。墓地は、宗教施設でありながら、同時に「野外美術館」（石井 1997）なのである。

2. 観光・疑似イベント・偶然性

墓地はそもそも、まなざしを前提に設計されている。イギリスの社会学者ジョン・アーリ（John Urry）が『観光のまなざし』のなかで強調したように、観光もまた、「見ること」である（アーリ 1995）。こうして、墓参りと観光の同型性が、次第に明らかになってくる。

パリのガイドブックを開けば、ペール・ラシェーズ、モンパルナス、モンマルトルなどの墓地が丁寧に紹介されている。そこには、住所、最寄り駅、見学可能な時間帯、埋葬されている有名人、見どころ（!）などが説明されている。墓地めぐりは、パリ観光の定番メニューの一つである。

墓地を訪れると、入口には園内マップが目立つように掲示されており、有名人の名前がアルファベット順に記され、彼らが埋葬されている大まかな場所がわかるようになっている。事前に申し込めばガイドツアーに参加することができる。園内に掲示されたQRコードにスマートフォンをかざせば、オンラインで園内マップを入手することもできる。至れり尽くせりにお膳立てされた墓地は、さながらテーマパークに似ており、観光客は答え合わせをするように、目当ての墓を探し歩く。

アメリカの歴史家ダニエル・ブーアスティン（Daniel Boorstin）は、戦後アメリカの大衆的な文化状況を鋭く分析し、『幻影の時代』を著した（ブーアスティン 1964）。彼は、自然発生的ではなく、誰かが計画し、たくらみ、煽動《せんどう》した出来事を「疑似イベント」と名づけて批判的に論じた。疑似イベントの典型的な現象として観光に着目した第三章「旅行者から観光客へ」は、社会学的な観光研究の先駆的な仕事として広く読まれ続けてきた。

ブーアスティンによれば、かつて旅行は命がけの活動であり、能動的な経験だった（ブーアスティン 1964）。そこには、つねに苦痛や危険が伴っていたが、その分、偶然の驚きや喜び、精神的な成長や達成があり、旅をすることには英雄的な意味合いが含まれていた。しかし交通機関の進歩や団体旅行の商品化、宿泊施設の整備、メディアの発達などが進展した一九世紀以降、旅は変質する。「旅行者の没落、観光客の台頭」と彼が呼ぶプロセスである。観光における感動や発見はあらかじめ周到に準備されていて、観光客の経験は陳腐化している。安価で便利で快適になった観光は、もはや活動や経験とは呼べず、空虚で、無意味な商品にすぎない、と彼は断じる。

ブーアスティンが、観光旅行と並んで現代社会における典型的な疑似イベントとしてあげるのが、有名人（celebrity）である（ブーアスティン 1964）。かつて、英雄はその偉大さによって尊敬を集めた。

宗教的、政治的、軍事的、科学的、芸術的な功績が、彼らを偉人にした。こんにち、英雄は消え去り、代わって有名人が姿を現した。私たちは、彼らがどのような偉業を成し遂げたのかをよく知らない。アインシュタインがいかなる法則を発見し、ポロックが何を描き、ジョイスやエリオットがどのような作品を残したのか、誰も知らない。私たちが知っているのは、彼らが有名であるという事実だけだ。ブーアスティンによれば、有名人とは、マスコミが都合よくつくりだした「人間的疑似イベント」である。

観光が疑似イベントであり、有名人も疑似イベントなのだとすれば、パリに観光に行って有名人の墓を訪れる行為は、二重の意味で疑似イベントといえるだろう。いや、亡くなった有名人に会いに行くという意味では三重の疑似イベントであり、墓はそもそも記号にすぎず、実体として虚無であると考えれば、有名人の墓めぐりは、幾重もの疑似イベントなのかもしれない。

墓参りという行為は、観光と同じく、まなざしに支えられている。墓参りは、観光がそうであるように、疑似イベントである。だとすれば、アーリが観光について述べたように、墓へのまなざしもまた「社会的に構造化され組織化され」（アーリ 1995）ていて、そこでの経験はブーアスティンのいうとおり「あらかじめ作りあげられ」（ブーアスティン 1964）ている、ということになるだろう。

ブーアスティンやアーリらが、観光のあり方を規定している社会的な制度や構造の存在を力説したのに対して、二〇〇〇年以降の観光社会学は、修正を試みてきた。ブーアスティンやアーリの理論のシャープな説明力に依拠しつつも、観光における行為や現象を、社会的な制度や構造の必然的な結果にすぎないかのようにみなす視点を、問いただしてきた。観光のすべてが事前に決定されていたり、

写真2　映画監督トリュフォーの墓（筆者撮影）

予定調和のままに進行したりするわけではないことを、後続の研究者たちは強調してきた。須藤廣はそれを「偶然性」と呼んだ（須藤 2008）。

パリで過ごしていたとき、モンマルトル墓地で、フランソワ・トリュフォーの墓を訪ねた。流浪の少年期を過ごしたトリュフォーは、批評家時代、既存の映画に対する痛切な批判を展開して「フランス映画の墓堀人」と呼ばれた。映画監督としてデビューすると、その鮮烈な映像作品の数々はやがてジャン゠リュック・ゴダールやエリック・ロメールらとともにヌーヴェルバーグという新しい映画運動を生み出していく。

トリュフォーの墓にたどり着き、写真を撮ろうとカメラを構えて驚いた（写真2）。何の変哲もないように思われた黒色の墓の表面に、空と雲と枯れ木と十字架が映っている。一片の絵画のようだと思った。しばらく見つめていて、さらに驚いた。風が枯れ木を揺らし、時間が雲を流していく。墓石がスクリーンとなって、なんとも詩的な映像を映し出していた。フランソワ・トリュフォー、死んでなお、映像作家だった。

もう一つ、感動があった。トリュフォーの墓の裏に、女優ジャンヌ・モローの墓を見つけた。二〇一七年に亡くなったばかりで、園内のマップやホームページの記載が間に合っていない。フランスでは、よくあることだ。だから、出会いは偶然だった。もちろん、あとでカチャカチャと検索すれば情報を探し出せないこともないだろう。しかし、少なくともそのとき、私にとってそれは偶然の出会いだった。

逆に、あるはずの墓が見つからないこともあった。園内マップによれば、トリュフォーの墓のすぐ近くに、同じくヌーヴェルバーグの旗手ジャック・リヴェットが眠っているはずだ。地図を繰り返し確認し、あたりを万遍なく探したけれど、残念ながら、ついに見つけることはできなかった。マップの表示が曖昧だったり、間違っていたりする。それもまた、ここではよくあることなのだ。

墓は、ないようで、ある。あるようで、ない。その偶然性もまた、観光の楽しみに違いない。

3. パフォーマンス・キスマーク・切符

フランソワ・オゾンの『Summer of 85』（二〇二一年日本公開）は、フランスの港町を舞台に少年同士のひと夏の儚《はかな》い恋を描いた青春映画である。終盤のクライマックスは、交通事故で死んだダヴィドの墓の上で、残されたアレックスが踊り狂う真夜中のシーンだ。アレックスのヘッドフォンに爆音で流れるロッド・スチュワートの名曲『セイリング』が鮮烈な印象を残す。亡くなる前、利発なダヴィドは、年下のアレックスに約束させていた。「どちらかが先に死んだら、残されたほうは墓の上で踊るんだ」。映画の原作は、イギリスの作家エイダン・チェンバーズ（Aidan Chambers）の小説『おれの墓で踊れ（*Dance on My Grave*）』である。dance on someone's grave とは、他人の不幸を食い物にするといった、本来はネガティブなニュアンスのある慣用句なのだが、アレックスはダヴィドの言葉をメタファーとしてではなく、字義どおりに受け止める。若さゆえの愚直さが、観る者の心を打つ。死んだ友の墓の上で踊る。その衝動を支えているのは、墓の下に友が眠っているというリアリティである。

観光で墓地を訪れて、有名人の墓の上で踊るような不埒《ふらち》な訪問者はさすがにいないだろう。しかし、彼らはただ行儀よく「見る」だけでもない。パフォーマンス的転回を経由した近年の観光研究は、アーリのまなざし論を批判的に捉え、観光とは「見る」だけでなく「する」行為でもあることを強調してきた。墓地ではさまざまな身体的パフォーマンスが見られる。

一九世紀の作家オスカー・ワイルドは、アイルランドに生まれ、パリに没した。同性愛を理由に投獄され、惨めな死を遂げるなど、波乱万丈の生涯を送った異端の作家は、ペール・ラシェーズ墓地に眠る。彫刻家ジェイコブ・エプスタインの手になるワイルドの墓石は、それ自体が芸術作品である。しかし、作品を彫ったエプスタインも、墓を管理するパリ当局も、そして葬られているワイルド自身も予想しなかったであろう事態がそこには待っていた。訪問者たちが、誰からともなく白い墓石にキスマークをつけるようになったのだ。一時期、ワイルドの墓は無数のキスマークであふれた。なりふりかまわずひたすら愛に生きた作家への、現代人からのオマージュだったのだろうか。

ところが、口紅の成分によって次第に墓石の損傷が目立つようになる。二〇一一年、アイルランド政府の基金により墓石は修復され、以降、キスマークをつけられないよう、墓は大きなガラス板で囲われるようになった。ガラス板にはフランス語と英語で注意書きが貼られ、墓にいかなる印もつけてはならないこと、違反すると修復代が請求されることが厳格に記されている。しかし、私が訪れた二〇二二年には、墓を囲うガラス板にさえもキスマークやハートマークが残されていた（写真3）。

観光とはこのようなものなのだろう、と思った。どんなに神聖な場所であっても、どれほど芸術的価値の高いものでも、観光客はそれを観光の文脈において楽しむ。そこには、観光ならではの快楽や、論理や、ゲームの規則がある。須藤はそれを「観光的リアリティ」と呼んだ（須藤 2014）。

写真3　オスカー・ワイルドの墓を防護するガラス板にもキスマークが残されている（筆者撮影）

二〇二一年、ヌーヴェルバーグを代表する俳優ジャン＝ポール・ベルモンドが亡くなり、モンパルナス墓地に埋葬された。彼の父で彫刻家のポール・ベルモンドの墓も同じモンパルナス墓地にあるのだが、国民的スターの墓と勘違いして訪れる人もいるのだろう、父ポールの墓には「ここにジャン＝ポール・ベルモンドは埋葬されていません」との注意書きが置かれている。親子とはいえ別人である。「オーストリアにカンガルーはいません」とプリントされたTシャツを思い出し、苦笑してしまった。

注意書きには続きがあり、「この場所に敬意を払い、何も置かないでください」と書かれていた。たしかに、パリの墓にはキスマークやハートマークだけでなく、映画スターの墓に写真、作家の墓にペンといった具合に、さまざまなモノが

写真4　サルトルとボーヴォワールの墓の上に置かれた無数の切符（筆者撮影）

残されている。日本の神社に貼られた千社札のように、観光客は自らの訪問の印として、墓にモノを置いて帰る。

パリの墓に残されたモノのなかで最も不思議なのが、地下鉄の切符である。由来には二つの説があるらしい。

実存主義哲学の旗手で戦後フランスを代表する思想家でもあったジャン＝ポール・サルトルと、フェミニズム思想に重要な足跡を残したシモーヌ・ド・ボーヴォワールは、法的な婚姻は結ばずに互いの自由な恋愛を認めながら、生涯のパートナーとしてともに時代を駆け抜けた。二人はいま、モンパルナス墓地の一つの墓に埋葬されている。来訪者たちは二人の成熟した関係性のなかに深遠な愛を読み込むのだろうか、彼らの墓にもキスマークやハートマークがつけられている。しかし、さらに目をひくのが、墓の上に地下鉄の切符が大量に残されている光景だ（写真4）。風で飛ばされないように石で押さえられている。サルトルの言葉「切符を持たない乗客」に由来するとの説があるが、詳細は定かではない。

サルトルとボーヴォワールの墓から少し離れた同じ敷地内に、国民的歌手セルジュ・ゲンズブールの墓がある。ジェーン・バーキンの夫、あるいはシャルロット・ゲンズブールの父と説明したほうが通りやすいかもしれないが、フランスでは今でも絶大な人気を誇っているようだ。そして、このゲンズブールの墓にも切符が残されている。デビュー作「リラの門の切符切り」に由来するという説があるようだが、こちらも詳細ははっきりとしない。

きわめて興味深いことに、墓の上に切符を置いて帰るという奇妙なパフォーマンスは、モンパルナス墓地の他の墓や、さらにはモンパルナス以外の墓地でも観察された。墓に切符を供えるというふるまいが、台本も指示書もないままに、パリの墓地観光におけるお定まりの儀礼として観光客に共有されている。種子が風に吹かれて遠くへ飛んで花を咲かせるように、切符は墓から墓へと運ばれていく。墓に切符を置くというパフォーマンスが、その都度、その場で再生産されていく。

観光とはこのようなものなのだろう、と思った。ここで「なぜ？」と問うても虚《むな》しい。起源や由来は解釈学的な混乱をきたし、動機はもはや霧の彼方へと消え去っている。しかしその観光パフォーマンスは形式的に模倣され、反復され、継承され、感染していく。このような、特有のいい加減さ、幾重もの疑似性とでも呼びたくなるような破天荒さが、観光にはある。

おわりに――観光が墓をつくる

墓は無であり、疑似イベントである。しかし、それは墓が存在しないということを意味しない。墓はある。墓は確かにある。墓は、人びとの想像力を巻き込みながらリアリティを獲得していく。墓地を訪れ、墓石をまなざし、キスマークをつけたり切符を置いたりする観光的なふるまいこそが、その都度その都度、墓を墓として存立させている。

［文献］

アーリ、ジョン（1995）『観光のまなざし――現代社会におけるレジャーと旅行』加太宏邦訳、法政大学出版局

アンダーソン、ベネディクト（1997）『増補　想像の共同体――ナショナリズムの起源と流行』（ネットワークの社会科学シリーズ）白石さや／白石隆訳、NTT出版

石井洋二郎（1997）『パリ――都市の記憶を探る』（ちくま新書）筑摩書房

ヴォヴェル、ミシェル（2019）『死とは何か――1300年から現代まで　下』立川孝一訳、藤原書店

ゲルナー、アーネスト（2000）『民族とナショナリズム』加藤節監訳、岩波書店

須藤廣（2008）『観光化する社会――観光社会学の理論と応用』ナカニシヤ出版

――（2014）「メディアとしての観光――観光化とリアリティ変容」（遠藤英樹／寺岡伸悟／堀野正人編著『観光メディア論』ナカニシヤ出版、二二七～二五六頁）

ブーアスティン、ダニエル・J（1964）『幻影の時代――マスコミが製造する事実』（現代社会科学叢書）星野郁美／後藤和彦訳、東京創元社

ルナン、エルネスト（1997）「国民とは何か」（エルネスト・ルナンほか『国民とは何か』鵜飼哲ほか訳、河出書房新社、四一～六四頁）

おわりに

本書は、観光がつくりあげる独特の「（共同主観的）世界＝リアリティ」について書かれた論文集である。そしてまた、趣旨が読者にできる限り伝わるよう、映画・小説・マンガ・出来事等を取り上げつつ、観光とは何かという核心に向かって、それぞれの観点から掘り下げたものである。ただし、本書の執筆にあたって各著者たちとは、事例を科学的に検証することによって本質を語るといった、観光学のアカデミックな手続きから逸脱することもよしとするという趣旨をあらかじめ共有している。したがってここでは、アカデミックな批判は受けることを覚悟のうえで、それを飛び越える地点から、「観光」の本質に関する議論がなされている。

観光学の書籍では、観光の「成功例」（なかには失敗例もあるが）を中心とした事例研究的なものが多い。そのため読者には、観光がつくりあげる「世界」とは何かという議論を中心とした、観光の「底流」（ときに美学や哲学）を語る本書の議論は奇異に映るかもしれない。しかしよく見れば、現代社会においては、「観光的なもの」つまり「観光」の論理を一つのシステムとして構成する領域が、従来の観光領域を超えて身近な生活世界に浸透し、独自の進化・深化と広がりをもちつつあることがわかる。この論集はこのような「観光」の論理を増殖させつつある「世界」に向けて応用可能な、観光文化システム分析の基礎を提供するものである。

一九七〇年代以降、日本社会は（他の先進国社会も）モノの生産を基礎とした社会から、情報の生産を基礎とした社会、さらに新奇な体験の提供を基礎とした社会へと向かっていった。モノの消費に比べ情報や体験の消費を考えるうえで、他者と分かちもつ「世界＝リアリティ」解釈の社会的共有のあり方についても、十分に視野に入れざるを得ないだろう。このことについては、ジョン・アーリがミシェル・フーコーから受け継いだ「まなざし」という視点が観光研究者を魅了したことはいうまでもない。アーリが多義性や複雑性を抱える「脱組織化された（disorganized）」現代社会の特徴を分析した「ポストモダン」社会の研究者だったことからもわかるように、このことは（よく勘違いされるように）世界解釈の「社会決定論」を唱えるものでは決してない。そしてアーリ同様に、私たちも本書を通じて、観光が世界によって「つくられる」だけのものではなく、世界を「つくる」ものだということを示そうと考えている。もっと正確にいおう――「まなざす」ことは「つくられる」ことであると同時に「つくる」ことでもあり、両者は決して切り離すことができないと。

私たちは世界を、ただ単に、客観的に「まなざして」いるわけではない。世界を「まなざす」ことは、世界にかかわろうとする人間の行為なのだ。「まなざし」の制度化とは、客体と主体との関係のなかで現れる行為の結果でしかない。したがって、情報化、体験化が進んだ社会のなかで、「観光的なのもの」が「世界」の前面へと押し出されているということは、世界に対する私たちの関係のあり方がそのように変容しているということである。こういった世界に対するかかわりの「変容」のあり方こそ、まさに目を向けるべきものだということが、本書の執筆者に共通する観点である。

したがって、「かかわりの変容」を中心に描く本書は、観光の「本物」と「偽物」、「善きもの」と

「悪しきもの」といった価値判断からはやや距離をおいたものである。「観光的なもの」の論理とそれによって、つくり／つくられる開かれたシステムとは何か、といった基礎的研究こそが「観光学」の底流にあるべきだと考えるからである。本書はこういった基礎を打ち立てようとする試みである。

　本書を閉じるにあたり、本書が私、須藤の（法政大学）退職記念として編まれたものであることも明かさなければならない。学生のころから旅が趣味であった私を、社会学を通して「観光」を見る研究者へと導き入れてくれた仲間たち（とくに、一九九〇年代末に学会で出会い、「観光社会学」といった独自の領域の確立に、力を合わせて努めていただいた遠藤英樹先生）には大いに感謝をしたい。また、観光学の若き研究者たちが、私たちがつくりあげた「観光」という独自の「世界＝リアリティ」について、それぞれの個性を前提に、同じ論理世界で議論できることを（といっても決して「学派」といった狭いものではなく）誇りに思っている。とくに「たかが観光、されど観光」といった私の口癖を、見事に解説していただいた巻頭言を含め、私の著書についてところどころで触れている著者たちの鋭い洞察に心を打たれた。また、私の観光学関係の書籍を数多く出版していただいた明石書店の故・石井顧問、大江社長、小山編集担当には余りあるご尽力をいただいた。感謝したい。

　そして、これからもさらに、真／偽、善／悪、美／醜の二元論や予定調和の線形的論理では語り尽くせない現代観光の複雑性の領域を、仲間とともに活発に議論し合うことができればと願っている。見るもの／見られるもの、リアル／バーチャル、日常／非日常、内発的なもの／外発的なもの、客体的なもの／主体的なもの、移動するもの／移動しないもの等の境界が、いとも簡単に超えられる世界においては、なおさらである。

このような現代の多元的な「まなざし」を考えるに、シェイクスピアの戯曲『マクベス』の第一場第一幕に現れる三人の魔女（予定調和世界の外部と読める）たちの言葉が思い起こされる。彼女らの台詞《セリフ》はどうやら四〇〇年先に現れようとしている混沌としたヘテロトピア的観光世界にこそ当てはまる（書籍版 *The Tragedy of Macbeth* は一六二三年に出版されている）。そして、彼女たちの台詞の「マクベス」は「観光」と言い換えることができる。魔女たちが伝える多元的・複眼的「まなざし」こそ、現代の観光の「まなざし」の分析に似つかわしい。

魔女1：落ち合う場所は？
魔女2：あの荒れ地。
魔女3：そこで会うんだマクベスに。
全員　：きれいは汚い、汚いはきれい（Fair is foul, and foul is fair.）。
飛んで行こうよ、霧と汚れた空の中。

いったん舞台から退場。[1]

二〇二三年四月

須藤　廣

［注］

（1）ウィリアム・シェイクスピア『新訳 マクベス』河合祥一郎訳、角川文庫、二〇〇九年、九～一〇頁参照、一部改変。ここで筆者は物語の内容には踏み込むつもりはないので、これを観光のディストピアの予言とは考えないことに注意。

鍋倉咲希（ナベクラ サキ） 担当：第５章
立教大学大学院観光学研究科博士課程後期課程修了。博士（観光学）。立教大学観光学部助教。専門は観光社会学，モビリティ研究など。
［主な業績］「モビリティが生み出す一時的なつながり――東南アジアの日本人向けゲストハウスにおける観光者の交流を事例に」（『年報社会学論集』34，2021），「観光の『みる／みられる』が再編するアート――マレーシア・ペナンにおけるストリートアートの増殖と観光の論理」（『〈みる／みられる〉のメディア論――理論・技術・表象・社会から考える視覚関係』高馬京子・松本健太郎編，ナカニシヤ出版，2021），「ピースボート」「ゲストハウス」「Airbnb」「オーバーツーリズム」（『よくわかる観光コミュニケーション論』須藤廣・遠藤英樹・高岡文章・松本健太郎編著，ミネルヴァ書房，2022）

濱野　健（ハマノ タケシ） 担当：第11章
ウェスタン・シドニー大学人文部（College of Arts）博士課程修了（PhD）。北九州市立大学文学部人間関係学科教授。専門は家族社会学，文化社会学など。
［主な業績］『Marriage Migrants of Japanese Women in Australia: Remoulding Gendered Selves in Suburban Community』（Springer, 2019），『看護を学ぶ人のための社会学』（阪井俊文・須藤廣との共編著，明石書店，2022）

堀野正人（ホリノ マサト） 担当：第７章
横浜国立大学大学院教育学研究科社会科教育専攻修士課程修了。二松学舎大学文学部特別招聘教授・奈良県立大学名誉教授。専門は観光社会学，都市観光論など。
［主な業績］『観光社会学のアクチュアリティ』（遠藤英樹との共編著，晃洋書房，2010），『よくわかる観光社会学』（安村克己・遠藤英樹・寺岡伸悟との共編著，ミネルヴァ書房，2011），『観光メディア論』（遠藤英樹・寺岡伸悟との共編著，ナカニシヤ出版，2014）

安田　慎（ヤスダ シン） 担当：第13章
京都大学大学院アジア・アフリカ地域研究研究科５年一貫制博士課程修了。高崎経済大学地域政策学部准教授。専門は中東地域研究，観光人類学。
［主な業績］『イスラミック・ツーリズムの勃興――宗教の観光資源化』（ナカニシヤ出版，2016），『現代中東における宗教・メディア・ネットワーク――イスラームのゆくえ』（千葉悠志との共編著，春風社，2021）

山本朋人（ヤマモト トモヒト） 担当：第９章
鳥取県倉吉市出身。法政大学大学院政策創造研究科政策創造専攻修士課程修了。会社員。専門は観光社会学。
［主な業績］「ツーリズムに到来したダークネスについて――可傷性と近接性をめぐる試論」（『ポストマスツーリズムの地域観光政策――新型コロナ危機以降の観光まちづくりの再生へ向けて』上山肇・須藤廣・増淵敏之編著，公人の友社，2021）

高岡文章（タカオカ　フミアキ）　担当：第15章
慶應義塾大学大学院社会学研究科社会学専攻博士課程単位取得退学。立教大学観光学部交流文化学科教授。専門は観光社会学。
[主な業績]「ソーシャル・ディスタンスはなぜそう呼ばれるか――旅を再想像するための一考察」(『アフターコロナの観光学――COVID-19以後の「新しい観光様式」』遠藤英樹編著，新曜社，2021)，「参加型観光とその時代――『みる』から『する』へ」(『メディアとメッセージ――社会のなかのコミュニケーション』小西卓三・松本健太郎編，ナカニシヤ出版，2021)，『よくわかる観光コミュニケーション論』(須藤廣・遠藤英樹・松本健太郎との共編著，ミネルヴァ書房，2022)

■著者略歴（五十音順）

新井克弥（アライ　カツヤ）　担当：第4章
東洋大学大学院社会学研究科社会学専攻博士課程単位取得満期退学。宮崎公立大学国際文化学部准教授を経て関東学院大学社会学部教授。専門はメディア社会論，若者論，集合行動論など。
[主な業績]『バックパッカーズタウン　カオサン探検』(双葉社，2000)，『劇場型社会の構造――「お祭り党」という視点』(青弓社，2009)，『ディズニーランドの社会学――脱ディズニー化するTDR』(青弓社，2016)

鈴木涼太郎（スズキ　リョウタロウ）　担当：第6章
株式会社日本交通公社勤務を経て，立教大学大学院観光学研究科博士課程後期課程修了。獨協大学外国語学部交流文化学科教授。専門は観光研究，観光文化論，観光人類学。
[主な業績]『観光という〈商品〉の生産――日本～ベトナム 旅行会社のエスノグラフィ』(勉誠出版，2010)，『観光のレッスン――ツーリズム・リテラシー入門』(山口誠・須永和博との共著，新曜社，2021)

須永和博（スナガ　カズヒロ）　担当：第12章
立教大学大学院観光学研究科博士課程後期課程終了。獨協大学外国語学部教員。専門は文化人類学，観光研究，東南アジア地域研究など。
[主な業績]『エコツーリズムの民族誌――タイ北部山地民カレンの生活世界』(春風社，2012)，『観光のレッスン――ツーリズム・リテラシー入門』(山口誠・鈴木涼太郎との共著，新曜社，2021)

千住　一（センジュ　ハジメ）　担当：第10章
立教大学大学院観光学研究科観光学専攻博士課程後期課程満期退学。博士（観光学）。立教大学観光学部教授。専門は観光歴史学。
[主な業績]「観光」(『日本植民地研究の論点』日本植民地研究会編，岩波書店，2018)，「日本近代と観光」(『郷土史大系　観光・娯楽・スポーツ』竹内誠・白坂蕃・新井博編，朝倉書店，2021)，『帝国日本の観光――政策・鉄道・外地』(老川慶喜との共編著，日本経済評論社，2022)

■編著者略歴

須藤　廣（スドウ ヒロシ） 担当：第１章・おわりに
日本大学大学院文学研究科社会学専攻博士課程単位取得満期退学。北九州市立大学名誉教授。専門は観光社会学，文化社会学など。
［主な業績］『観光化する社会――観光社会学の理論と応用』（ナカニシヤ出版，2008），『ツーリズムとポストモダン社会――後期近代における観光の両義性』（明石書店，2012），『観光社会学 2.0――拡がりゆくツーリズム研究』（遠藤英樹との共著，福村出版，2018）

遠藤英樹（エンドウ ヒデキ） 担当：第２章
関西学院大学大学院社会学研究科博士課程後期課程単位取得退学。博士（観光学）：立教大学。立命館大学文学部地域研究学域教授。専門は観光社会学，現代文化論，社会学理論など。
［主な業績］『ツーリズム・モビリティーズ――観光と移動の社会理論』（ミネルヴァ書房，2017），『ワードマップ　現代観光学――ツーリズムから「いま」がみえる』（橋本和也・神田孝治との共編著，新曜社，2019），『Understanding Tourism Mobilities in Japan』（編著，Routledge, 2020），『ポップカルチャーで学ぶ社会学入門――「当たり前」を問い直すための視座』（ミネルヴァ書房，2021）

山口　誠（ヤマグチ マコト） 担当：はじめに・第３章
東京大学大学院人文社会系研究科博士課程修了。博士（社会情報学）。獨協大学外国語学部教授。専門は観光研究，メディア研究，歴史社会学。
［主な業績］『英語講座の誕生――メディアと教養が出会う近代日本』（講談社，2001），『グアムと日本人――戦争を埋立てた楽園』（岩波書店，2007），『ニッポンの海外旅行――若者と観光メディアの 50 年史』（筑摩書房，2010），『客室乗務員の誕生――「おもてなし」化する日本社会』（岩波書店，2020）

松本健太郎（マツモト ケンタロウ） 担当：第14章
京都大学大学院人間・環境学研究科博士後期課程修了。博士（人間環境学）。二松学舎大学文学部・大学院国際日本学研究科教授。専門は映像記号論，デジタルメディア論，観光コミュニケーション論。
［主な業績］『ロラン・バルトにとって写真とは何か』（ナカニシヤ出版，2014），『デジタル記号論――「視覚に従属する触覚」がひきよせるリアリティ』（新曜社，2019），『コンテンツのメディア論――コンテンツの循環とそこから派生するコミュニケーション』（塙幸枝との共著，新曜社，2022）など。

神田孝治（カンダ コウジ） 担当：第８章
大阪市立大学大学院文学研究科後期博士課程単位取得退学。博士（文学）。立命館大学文学部教授。専門は文化地理学，観光学。
［主な業績］『観光空間の生産と地理的想像力』（ナカニシヤ出版，2012），『現代観光地理学への誘い――観光地を読み解く視座と実践』（森本泉・山本理佳との共編著，ナカニシヤ出版，2022）

観光が世界をつくる
――メディア・身体・リアリティの観光社会学

2023年7月8日　初版第1刷発行

編著者　須藤　廣・遠藤英樹
山口　誠・松本健太郎
神田孝治・高岡文章

発行者　大江道雅

発行所　株式会社 明石書店
〒101-0021　東京都千代田区外神田6-9-5
電　話　03（5818）1171
ＦＡＸ　03（5818）1174
振　替　00100-7-24505
https://www.akashi.co.jp

装　丁　明石書店デザイン室

印刷・製本　モリモト印刷株式会社

（定価はカバーに表示してあります）
ISBN978-4-7503-5618-1